Essential Concepts in Sociology
3rd Edition

社会学基本概念

第三版

〔英〕安东尼·吉登斯 Anthony Giddens 著
菲利普·萨顿 Philip W. Sutton

王修晓 译

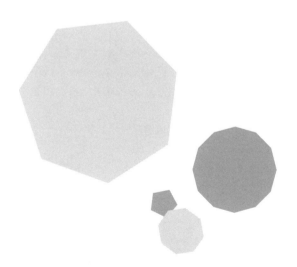

著作权合同登记号　图字：01-2023-0580
图书在版编目(CIP)数据

社会学基本概念：第三版/(英)安东尼·吉登斯(Anthony Giddens)，(英)菲利普·萨顿(Philip W. Sutton)著；王修晓译.—北京：北京大学出版社，2023.10
ISBN 978-7-301-34447-7

Ⅰ.①社… Ⅱ.①安… ②菲… ③王… Ⅲ.①社会学 Ⅳ.①C91

中国国家版本馆 CIP 数据核字(2023)第 168649 号

Essential Concepts in Sociology, Third Edition
Copyright © Anthony Giddens & Philip W. Sutton 2021
First edition published in 2014 by Polity Press
This edition is published by arrangement with Polity Press Ltd., Cambridge
Simplified Chinese Edition © 2023 Peking University Press
All rights reserved
简体中文版由北京大学出版社有限公司出版发行

书　　名	社会学基本概念(第三版) SHEHUIXUE JIBEN GAINIAN(DI-SAN BAN)
著作责任者	〔英〕安东尼·吉登斯(Anthony Giddens)　著 　　　菲利普·萨顿(Philip W. Sutton) 王修晓　译
责任编辑	陈相宜
标准书号	ISBN 978-7-301-34447-7
出版发行	北京大学出版社
地　　址	北京市海淀区成府路 205 号　100871
网　　址	http://www.pup.cn
新浪微博	@北京大学出版社　@未名社科-北大图书
微信公众号	北京大学出版社　北大出版社社科图书
电子邮箱	编辑部 ss@pup.cn　总编室 zpup@pup.cn
电　　话	邮购部 010-62752015　发行部 010-62750672 编辑部 010-62753121
印 刷 者	大厂回族自治县彩虹印刷有限公司
经 销 者	新华书店
	650 毫米×980 毫米　16 开本　22.5 印张　303 千字 2023 年 10 月第 1 版　2025 年 7 月第 4 次印刷
定　　价	79.00 元

未经许可，不得以任何方式复制或抄袭本书之部分或全部内容。
版权所有，侵权必究
举报电话：010-62752024　电子邮箱：fd@pup.cn
图书如有印装质量问题，请与出版部联系，电话：010-62756370

目 录

导　言 　　　001

主题一　社会学的思维方式　　　007
　　数字革命(Digital Revolution)　　　009
　　全球化(Globalization)　　　014
　　现代性(Modernity)　　　018
　　后殖民主义(Postcolonialism)　　　022
　　后现代性(Postmodernity)　　　027
　　理性化(Rationalization)　　　032
　　社会(Society)　　　036

主题二　社会学研究方法　　　041
　　理想类型(Ideal Type)　　　043
　　定性方法/定量方法(Qualitative/Quantitative Methods)　　　046
　　实在论(Realism)　　　051
　　反身性(Reflexivity)　　　055
　　科学(Science)　　　059
　　社会建构论(Social Constructionism)　　　064
　　结构/能动(Structure/Agency)　　　068

主题三　环境与城市生活　073

异化（Alienation）　075

环境（Environment）　078

工业化（Industrialization）　082

移民（Migration）　086

风险（Risk）　091

可持续发展（Sustainable Development）　095

都市主义（Urbanism）　099

主题四　社会结构　105

科层制（Bureaucracy）　107

资本主义（Capitalism）　111

消费主义（Consumerism）　115

劳动分工（Division of Labour）　119

教育（Education）　123

组织（Organization）　127

宗教（Religion）　132

主题五　不平等的生活机会　137

阶级（Class）　139

性别（Gender）　143

叠变（Intersectionality）　147

男权制（Patriarchy）　151

贫困（Poverty）　155

种族和族群（Race and Ethnicity）　160

社会流动（Social Mobility）　164

地位（Status）　169

主题六　人际关系与生命历程　　　　　　　175
　　社区/共同体（Community）　　　　　　177
　　家庭（Family）　　　　　　　　　　　　181
　　生命历程（Life Course）　　　　　　　　184
　　网络（Network）　　　　　　　　　　　188
　　性存在（Sexuality）　　　　　　　　　　192
　　社会化（Socialization）　　　　　　　　196

主题七　人际互动与沟通　　　　　　　　201
　　文化（Culture）　　　　　　　　　　　203
　　话语（Discourse）　　　　　　　　　　207
　　身份认同（Identity）　　　　　　　　　211
　　意识形态（Ideology）　　　　　　　　　215
　　互动（Interaction）　　　　　　　　　　220
　　大众媒体（Media）　　　　　　　　　　224
　　公共领域（Public Sphere）　　　　　　　228

主题八　健康、疾痛与身体　　　　　　　233
　　生物医学（Biomedicine）　　　　　　　235
　　医疗化（Medicalization）　　　　　　　239
　　病人角色（Sick Role）　　　　　　　　243
　　失能的社会模型（Social Model of Disability）　　247
　　社会自我（Social Self）　　　　　　　　251

主题九　犯罪与社会控制　　　　　　　　255
　　失范（Anomie）　　　　　　　　　　　257
　　越轨（Deviance）　　　　　　　　　　261
　　贴标签（Labelling）　　　　　　　　　265

道德恐慌(Moral Panic) 269

社会控制(Social Control) 273

污名(Stigma) 278

主题十　政治社会学 283

权威(Authority) 285

公民权(Citizenship) 289

公民社会(Civil Society) 293

冲突(Conflict) 297

民主(Democracy) 301

民族国家(Nation State) 305

权力(Power) 309

社会运动(Social Movement) 313

索　引 319

译后记 349

导　言

社会学起源于19世纪,但这个学科必须与时俱进,否则就可能变得无关紧要。究其根本,主要是因为我们的研究对象,即我们生活于其中且由我们共同创造的社会世界,本身就处在不断变化的过程中。冲突和战争、人口迁徙的新模式、多元文化主义、日益流动的性别关系、通信领域的数字革命、金融危机、全球性大流行病及恐怖主义,都只是社会学家尝试探究和理解的一些现象。鉴于研究主题如此广泛,社会学发展出多元的理论视角和多样的研究方法来帮助我们更好地理解人类社会,也就不足为奇了。这是试图理解和解释全球化世界的必然结果;与此同时,我们过去很熟悉和用得顺手的概念通常需要重新评估,必要时还要创建新的概念。在我们看来,本书所收入的,既有经受住了时间考验的成熟概念,也有一些更为晚近才涌现出来的新术语。

社会学概念的发展

有些社会学概念是这个学科结构的一部分,饱经风霜,经受住了社会剧烈变迁的重重考验。社会阶级、地位、资本主义、性别、贫困、家庭和权力等,是任何有志于"做"社会学的人都绕不开的核心概念。然而,还有一些概念是更为晚近才被提出来的,仍处于经历批判和争论的阶段。全球化、后现代性、反身性、后殖民主义、环境和失能的社会模型等,是概念词汇的一部分,代表了最近几十年一些重要的社会变迁。本书力图通过介绍社会学的基本概念,为读者提供一幅关于社会学概念演变和现状的地图,其中许多概念是19世纪末以来特定理论发展的有效路标。如果读者熟悉这些概念、它们的起源和其在当代社会的用法,就能更清楚社会学的研究主题是如何随着时间的推移而变化的。

社会学概念的发展,通常与各种理论和经验研究密不可分,这些理论和研究一般都需要新的概念来解释其发现。有些概念,如地位、阶级和风险等,已经在社会上广为流传。然而,一旦这些概念脱离日常生活,进入社会学的学术语境,人们就会系统讨论和完善它们,使之变得更为准确和有价值。其他的一些概念,如异化、道德恐慌、全球化等,是由社会学家创造出来的,用于研究各种相关的社会现象,而后"渗透"到了日常生活中,从而可能影响或改变人们对他们所处的世界的认识。这与自然科学的情况很不一样。无论自然科学创造出多少概念,它们都不具备改变动物和植物行为的可能。正如吉登斯强调的那样,这就是一个"单向"的过程。然而,在社会学领域,概念、研究发现和理论会反作用于社会,进而改变人们的思想、理念和行为。这表明,社会学研究是社会学家同他们研究的对象之间持续的"双向"过程的一部分。

这种双向过程意味着,社会学概念本身变动不居且开放包容,不仅社会学专业共同体可以进行修改和更正,在日常生活中人们也会根据现实的变化对其加以解读。因此,也可以说,有些(甚至大多数)概念"在本质上是不确定的"。换句话说,同一个概念在不同的理论中会有不同的使用方式。这种说法或许夸大了差异性和不一致性,因为实际情况是,社会学中相互竞争的理论相对较少,虽然它们似乎在各说各话,但其实内部一致性和整合性非常高。

由某个理论视角发展出来的概念,经常会被其他理论视角拿去用。例如,异化这个概念是由马克思提出的,这使他能更好地理解资本主义社会中工作的性质。然而,一个多世纪以后,工业社会学家复活了这个概念,脱离了马克思主义理论框架,用它来描述不同部门的员工对他们的工作及其工作环境的感受。在这个过程中,概念的内涵变了,虽然一些马克思主义者可能会反对,但有所改变的版本确实为我们提供了一些有益的见解,帮助我们理解不同的工作场所和管理体系如何影响员工的生活。

何为基本?

在这个新版本(第三版)中,我们更新了所有概念条目,并增加了两个新概念:**后殖民主义**和**数字革命**。这两个新概念已经广泛应用于许多研究领域,并且有望在社会学内部站稳脚跟,因此它们值得在本书占有一席之地。有必要在一开始就提醒读者的是,本书并不是,也不打算写成一部囊括所有社会学概念的综合汇编。我们精心选择了那些形塑了或者正在塑造各个社会学研究领域的关键概念。这些概念大致可以分为三种类型。首先是那些长期存在的概念,如权力、意识形态、社会、文化等。它们伴随了社会学发展的大部分时间,但仍然在激发辩论和指导当下的各种研究。其次是历史没有那么悠久,但对社会学这个学科具有重要影响的概念。这些概念,如性别、消费主义、身份认同等,启发了大量研究项目,重构了既有辩论,迫使社会学家重新评估自己早期的想法。最后是一些相对晚近的概念,如叠变(intersectionality)①、全球化、数字革命等。它们推动了许多具有创新意义和重要价值的研究项目,带领社会学家朝着新的方向进发。

典型的"关键概念"读本的目标通常是尽可能涵盖所有概念,但每个条目的内容相对简略。与此不同,本书呈现的概念条目在内容上更加丰富多元。我们的目标是对每个概念进行扩展讨论,把它的历史和理论背景交代清楚,展示目前最主要的用法,介绍相关的批评意见,最后为读者指出他们可以自行跟进的当代研究和理论文章。这种逻辑

---

① 在这里,我尝试提出一个新译法。学界通常将"intersectionality"译为"交叉性"。我在后文交代了采用这个新译法背后的斟酌和考虑。详解可见主题五的词条"Intersectionality"。——译者

结构使读者可以通过梳理社会学基本概念的发展过程,将社会学的历史和当下勾连起来。建议读者以书后的索引为指南,来查找出现于文本各处但没有放在目录上的许多其他概念。

所有的科学学科皆是如此,争论和分歧不仅不可避免,而且是必要的。我们所选的一部分概念无疑也会引起争鸣和讨论。有人可能会认为,我们遗漏了一些至关重要的概念,或者纳入了一些实际上已经过时的概念。这种情况很正常,尽管对一些读者来说,这可能显得有些怪异,即我们连在什么是"基本"概念这样的问题上也无法达成一致。然而,社会学的理论多样性意味着,不同的理论取向和视角会优先考虑或重视其中一些概念,同时忽略或者轻视另外一些概念。但请记住这一点,即使存在分歧,我们依然可以相互沟通和理解。之所以能做到这一点,其中一个原因就是,多年来,社会学的各种理论视角和解释框架在此消彼长的过程中,给我们留下了一整套可以共享的概念遗产。

本书使用指南

本书的概念条目分为十大主题,每个主题内部按照概念条目的英文单词首字母来排序。这种索引排序可以帮助读者快速定位他们感兴趣的概念条目。本书还是一本相对独立的入门指南,任何想要了解社会学基本概念的读者都可以阅读。同时使用我们另一本书《社会学:入门阅读》(*Sociology: Introductionary Readings* 2010)的读者会欣喜地发现,两本书存在某种结构上的对应关系,可以方便地根据主题检索概念与相关文献。在本书中,各个概念也是交叉索引的,在每个词条第一次提到某个相关概念时,会用黑体加粗的格式加以标示。我们还采取了一些便宜行事的办法。例如,**种族**和**族群**被放入一个条目,而不是分成两个独立的条目,这么做是考虑到这两个概念经常被放在一起讨论,尽管我们也在论述中明确了它们之间的关键区别。类似的策略还有**结构/能动**、**定性/定量**这样的用法。部分条目更像是某种理论或一般性的视角,而不是某个概念。例如,**全球化**,既可以当作一个概念,也可以视为一种关于社会变迁的理论;**失能的社会模型**则是研究特定社会中的失能问题的具体思路。本书收入这些概念是为了实现这样的目标,即为读者提供一幅关于当代社会学概念的准确的最新地图。

主题一

社会学的思维方式

Digital Revolution
数字革命

定义

20世纪中期以来,从模拟和机械技术向数字电子和计算机系统的转变。社会学意义上的数字革命,涵盖了这种大规模社会—技术变迁过程对社会、经济和文化等所有方面造成的影响。

源起与历史

关于数字革命的理论研究还没有定论,但对数字化的起源已有共识。一个关键的转折点是阿帕网(ARPANET)[①]的诞生,它是互联网的前身。阿帕网是一个试验性质的计算机网络,是美国国防部高级研究计划局网络项目(Advanced Research Projects Agency Network)的产物,目的是让美国各地的科学家能够便捷地直接交换信息。此后,这个网络日益扩展,广泛应用于大学、科研中心和商业领域(Athique 2013:13)。到1987年,这个网络已经连接了来自大学和研究机构的28 000台计算机;1994年以后,企业成为主要用户。随后,互联网在家庭中普及,一个全球性的多媒体资源库即万维网(worldwide web,WWW)成了它的核心特征。在世纪之交,高速宽带的出现给互联网的发展带来了无限可能。

在这一时期,数据数字化的重大技术进步极大地改变了电信(远

---

① 阿帕网,是美国国防部高级研究计划局信息处理技术办公室(Information Processing Techniques Office,IPTO)开发的世界上第一个远距离计算机封包交换网络,被认为是全球互联网的始祖和前身。这个网络自1968年提出,始建于1969年,最初为4个节点的试验网,1971年扩展到包括15个ARPA研究中心。阿帕网的主要特点包括:(1)资源共享;(2)分散控制;(3)分封交换方式;(4)采用单独的通信控制处理机;(5)网络协议分层化。这些特点往往被认为是计算机网络的一般特征。——译者

距离通信)。计算机的处理能力持续增强,互联网的速度也不断提升,使得流媒体、高速下载、交互式媒体(如博客、播客和全球可及的社交媒体等)成为可能(Negroponte 1995)。维基百科等在线网站是交互式的第二代互联网应用即 Web 2.0 技术的典范。正在进行中的数字革命得到了四大技术发展趋势的强力支撑:(1)计算机性能的持续迭代;(2)数据的数字化;(3)卫星通信基础设施;(4)光纤——允许我们用一根电缆传送多种信息。数字革命还包括无数的电子设备,比如计算机、平板电脑、智能手机、互联网电视和不断扩大的物联网等,它们都基于无线网络技术(Wi-Fi),已经成为我们日常生活中不可或缺的部分。现如今,人工智能(AI)、机器人技术和"大数据"标志着一个新的发展阶段的到来,人类正在快速走向自动化工厂、无人驾驶汽车、无人机递送系统、家用机器人,以及应用人工智能来生成新闻和教学的世界。

含义与解读

正如上面的例子所展示的,数字化极大地促进了全球的互联互通,大多数国家生活的方方面面都受其影响并为之改变。这也造成了严重的问题,例如工作场所发生重大转变,员工眼看着自己的岗位和角色被数字化重新塑造。如果要利用这些新技术带来的新机遇,那么就必须接入互联网。截至 2019 年,全世界大约有 40 亿人能够上网,这主要得益于 2000 年以后非洲、中东、拉丁美洲、加勒比地区和亚洲的网民数量的高速增长。由于数字化已经嵌入我们的日常生活,年轻一代变成了"数字原生代"(digital natives),他们在互联网、机器人和人工智能的时代融入社会并乐在其中。

卡斯特(Castells 2006,2015)指出,人类创造了一个网络化的全球化世界,由此产生了新的表达方式、社交、网络犯罪、工作、社会运动等。2019—2020 年在全球范围内爆发的旨在呼吁人们关注全球变暖的"反抗灭绝"(Extinction Rebellion)运动,大量借助社交媒体渠道,参与者经常在网上实时直播他们的抗议活动。这就是卡斯特所说的"网络化社会运动"的生动实例。以往独立的媒体形式和渠道现在也交织在了一起,这就是所谓的媒介融合(media convergence)。在这个过程中,互联网可以说发挥了无可替代的核心作用。举个例子,报纸的销量大幅下滑,新闻开始转移到网络上。与此同时,诸如网飞(Netflix)这样的全球视频供应商,也通过智能手机及其他设备的收看网络直播和回看功能,改变了人们看电视的方式。

对一些人来说,数字化还改变了资本主义的性质,进而改变了工作的世界。"零工经济"(gig economy)已经成形,员工都是自雇者,公司则摇身一变成了网络平台,只负责任务发包,从而摆脱了各种传统的雇主责任。斯尔尼切克(Srnicek 2016)从理论层面指出,我们或许正在进入一个"平台资本主义"(platform capitalism)时代。在这个时期,数据是资本主义扩张的关键资源——通过采集、挖掘和开发数据,来改进服务和产品,并进行销售以获取利润。这个模式的危险在于,随着公私边界日渐模糊,个人隐私和秘密会遭到极大的侵蚀。祖博夫(Zuboff 2019)把这种情况理论化为"监控资本主义"(surveillance capitalism),即企业利益正在劫持数字革命许诺的光明未来。监控资本家利用亚马逊 Alexa(智能助手)、智能恒温器、扬声器、路由器,甚至家庭安保装置等设备,收集各种数据加以分析,以预测消费者的行为,从而提升销售业绩。事实上,密集的监控已经成为许多关于数字时代的研究的关键议题。

批判与讨论

人类通信领域的数字化转型显而易见,但这种转型是否构成了一场真正的"革命",还有待商榷。正如祖博夫(Zuboff 2019)所指出的,别看各种令人眼花缭乱的新奇应用满天飞,但资本主义的逐利冲动依然是社会经济变迁的主要动力。到目前为止,工业化社会仍然清晰可辨,没有发生根本性变化。毕竟,制造芯片、平板电脑、智能手机、机器人和计算机还是离不开工业生产。因此,更为现实合理的做法可能是,把当前阶段看作工业化的延续,其特征是机器取代了人类和动物的劳动。

今天,网络可及性和拥有数字设备方面的不平等,被描述为一种数字鸿沟。但这些鸿沟仍然以有关失能(disability)、阶级、性别、种族和族群等的现有不平等为标志(Andreasson 2015)。早期采用数字技术主要是在全球北方(Global North),这加剧了既存的全球不平等,尽管北方和南方之间的差距正在逐渐缩小。数字化在某些方面可能确实是"革命性的",但它似乎无法改变长期存在的社会不平等模式。还有一些人承认数字化或许会带来巨变,但总的来说,结果是消极的,例如导致社会孤立,让人们的生活变得荒芜。许多批评者的共同观点是,网络经验在某种程度上"不真实"。

意义与价值

毫无疑问,数字革命这个概念将继续发挥重要作用。话说回来,需要指出来的是,当下围绕数字革命的各种辩论,已经超越了简单的非黑即白二分法。最新的研究拒绝承认这样的观点,即网络空间与现实的物质性社会世界存在本质区别。经验研究表明,网络生活并不是现实世界降维后的简化版本,而更多的是它的延伸。这在社交媒体领域的文献里体现得非常清楚,研究发现,大多数网民在虚拟世界里的互动对象,还是现有的朋友、亲戚和他们通过线下接触认识的人,而不是陌生人或匿名、不现实的"个人资料"。同样,拜厄姆(Baym 2015)认为,更现实的解读是,在今天,线上和线下的关系会相互转化,随着数字技术越来越多地融入我们的日常生活,这或许正是我们所期望的。

对于社会学家来说,数字革命提出了这样的问题:现有的研究方式能用于分析网络环境中的互动吗?我们现在需要全新的研究方法和工具吗?塞尔温(Selwyn 2019:2)直面这个问题,他认为,实际上,我们需要的是在社会学研究的所有方面引入一种积极的"数字"思路。原因是,几乎所有社会场景都受到了数字技术和数字化的深刻影响。例如,短信、电子邮件和社交媒体已经成为我们日常沟通的例行方式;与此同时,我们的休闲娱乐活动,如打游戏、看电影或电视、听音乐等,都转移到了线上。研究社会政策和政府政策的学者,现在已经无法忽视庞大的数字科层机构(digital bureaucracies)了,因为教育、医疗和福利等服务都是由它们来提供和递送的。在不久的将来,与传统的访谈、焦点小组和问卷调查相比,对通过物联网收集到的海量数据进行分析,更可能告诉我们真实的社会生活是什么样的。总之,塞尔温的主要观点是,数字社会学(digital sociology)不应该只是少数技术极客玩的小圈子,如果社会学不想被数字时代抛弃,发展数字社会学就是绝对必要的。

参考文献与进一步阅读建议

Andreasson, K. (ed.) (2015) *Digital Divides: The New Challenges and Opportunities of e-Inclusion* (Boca Raton, FL: CRC Press).

Athique, A. (2013) *Digital Media and Society: An Introduction* (Cambridge: Polity).

Baym, N. K. (2015) *Personal Connections in the Digital Age* (2nd edn, Cambridge: Polity).

Castells, M. (2006) *The Network Society: From Knowledge to Policy* (Baltimore: Johns Hopkins University Press).

—— (2015) *Networks of Outrage and Hope: Social Movements in the Internet Age* (2nd edn, Cambridge: Polity).

Negroponte, N. (1995) *Being Digital* (London: Hodder & Stoughton).

Selwyn, N. (2019) *What Is Digital Sociology?* (Cambridge: Polity).

Srnicek, N. (2016) *Platform Capitalism* (Cambridge: Polity).

Zuboff, S. (2019) *The Age of Surveillance Capitalism* (London: Profile Books).

Globalization
全球化

定义

促使地理上分散的人口距离变近、交流增多,从而形成单一的命运**共同体**或者全球**社会**的各种过程。

源起与历史

建立一个世界性的人类社会的想法,可以追溯到18世纪启蒙运动时期对于"统一人性"是否可能的讨论。全球化也可以从19世纪马克思对**资本主义**扩张趋势的洞察,以及涂尔干对**劳动分工**超越地域限制的研判中提炼出来。然而,直到1961年,现代意义上的"全球化"才第一次成为辞典词条,而经济学频繁使用这个概念,则要到20世纪80年代初(Kilminster 1998:93)。

社会学中讨论全球化命题的一个重要先驱是伊曼纽尔·沃勒斯坦,他提出了"世界体系理论"(Wallerstein 1974,1980,1989)。沃勒斯坦认为,资本主义经济体系超越国家边界,构成一个世界体系,这个体系的核心是相对富裕的国家,边陲是最贫困的国家,夹在两者中间的是半边陲国家。当代的争论源于20世纪70年代以来全球化的加速发展,原因在于跨国公司的增多及其**权力**,对**民族国家**衰落的担忧,超国家贸易集团和区域性政治经济实体(如欧盟)的崛起,交通方式廉价快捷使得跨国旅行和**移民**日益普遍,再有就是互联网的出现让全球即时通信成为可能。到了20世纪90年代,全球化概念已经进入社会学的主流话语体系,对这个学科几乎所有分支领域都产生了深刻的影响。

含义与解读

尽管大部分社会学家可以接受我们的定义,但对于全球化的根本原因是什么,以及全球化到底是好是坏,还是存在很多分歧。全球化提醒我们,这是一个变化的过程,或者说是一种促进世界相互依赖的社会潮流。但是这并不意味着一个单一的全球社会一定会到来。全球化有多个层面,包括经济、政治和文化等(Waters 2001)。

对一些人来说,全球化主要是一个经济概念,包括金融交易、贸易、全球生产和消费、全球劳动分工,以及一个全球金融体系(Martell 2017)。**经济全球化**促进了人口迁徙的增加,改变了人们出行和居住的方式,创造了一种更具流动性的人类存在形式。另一些人则觉得,**文化全球化**更为重要。例如,罗伯森(Robertson 1995)就想出了一个新概念——**全球在地化**(glocalization),这个概念融合了全球特性和本地要素,被用来捕捉本地社区如何积极改变全球化进程,使之适应当地独特的**文化**。也就是说,全球化过程是文化产品在世界范围内的多向流动。最后,还有一些人关注**政治全球化**,追踪区域性和国际性治理机制的建立和演变,比如联合国和欧盟。这些机构把民族国家和国际非政府组织聚集到共同的决策平台,以规范和协调新兴的全球社会体系。

有学者从理论层面把全球化分为几个关联的过程。贸易和市场交易经常在世界范围内进行。越来越多的国际政治合作,比如积极的"国际社会"概念或组建和派遣多国维和部队等,显示了超越国家边界的政治和军事协作的前景。信息技术快速发展和交通方式愈益发达(且更加便宜)也意味着,可以在全球范围内组织社会和文化活动。再有,人类活动的全球化也在加速。也就是说,全球贸易规模越来越大,国际政治活动越来越频繁,全球交通运输越来越发达,国际文化交流也越来越常见。全球层面的活动量正在增加。许多社会学家认为,自20世纪70年代以来,随着数字化、信息技术的出现,以及商品、服务和人员流动的加快,全球化的速度加快了。这个快速全球化的过程给我们的生活带来了广泛且深远的影响。2020年Covid-19的全球大流行就充分说明了这一点。世界某个地方的经济和政治决策,会对其他遥远的社会产生巨大的影响,而民族国家,长久以来一直是世界舞台上的核心行动者,现在似乎荣光不再,失去了一些权力和控制。

批判与讨论

全球化理论家认为,全球化过程极大地改变了人们的生活方式;也有一些学者持保留意见,认为这种观点有些夸大其词。批评全球化的人(又被称为怀疑论者)指出,尽管与过去相比,今天国家之间的交流和联系确实增加了不少,但尚未打造出一个统一的全球经济体系(Hirst et al. 2009)。相反,在欧洲、亚太和北美地区,出现了区域贸易加强的趋势。这三个区域性经济体的运作相对独立,怀疑论者因此总结说,那些相信一个世界性的全球经济体系已经出现的想法都是虚幻的。

同样,主张全球化削弱了民族国家作用的观点,也受到了不同程度的挑战。因为国家政府依据贸易协定和经济自由化政策来规范和协调经济活动,所以它们依然扮演着关键角色。主权国家建立联盟与合作并不必然导致主权的丧失。即使全球性的相互依赖日益加强,国家政府仍然保留了大量权力,并采取一种更加积极和开放的态度来应对快速全球化塑造的外部环境。因此,全球化并不是一个朝着紧密整合发展的单向过程,而是图像、信息和影响力双向流动的潮流,可能产生多种结果。

意义与价值

对于社会学而言,全球化构成了其基本概念背景。因此,近期关于不同主题的大量研究都涉及全球化,比如跨国恐怖主义、**社会运动**活动、**冲突**和战争、移民研究、环境社会学、多元文化主义,以及其他议题。随着研究的深入,人们也发现了大规模全球化的一些意外后果。例如,雷纳德(Renard 1999)对"公平贸易"市场萌芽和壮大的研究发现,尽管全球化进程为那些大型跨国公司所主导,但基于公平和团结的共享价值理念,经济全球化也创造出了许多小规模的利基(细分)市场,在这些领域里小生产者可以占有一席之地并不断成长。

现如今,全球化概念已经被广泛接受,成为社会学主流的一部分,几乎所有专门领域的研究都把它作为背景加以考虑。卢多梅托夫(Roudometof 2020)指出,全球化概念是当代社会科学和公共话语词汇中的一个关键元素,包含世界主义(cosmopolitanism)、文化杂糅(hybridity)、全球在地化、跨国主义(transnationalism)和跨文化主义(interculturalism)等。综合来看,这个复杂且丰富的概念,有助于社会学家更加可靠地把握那些超越国家边界的重大社会变迁和经济变迁。卢多梅托夫认为,与构建一个公认的关于全球化及其利弊的理论的各种尝试相比,这才是全球化概念最具价值的地方。

全球化的评估指标差别很大,然而,马特尔(Martell 2017)的一项研究回到了我们熟悉的主题——不平等。他提出,尽管许多社会学家把全球化部分或主要看作一种文化现象,但我们必须承认**资本主义**经济及物质利益所发挥的关键作用。马特尔把批评的矛头对准了世界主义理论,这一理论相信跨国政治空间正在出现,马特尔认为它们实在是过于乐观了。退一步讲,即使这样的政治空间确实存在,全球化也是不均衡的,它再生产了现有的不平等和不公平的权力机会。举例来说,全球自由迁徙意味着,"那些最不需要自由迁徙机会的富裕精英获得了最多的自由,而对自由迁徙机会最为渴求的穷人和没那么富裕的人则受到了最多的限制"(Martell 2017:251)。对于马特尔来说,文化变迁确实很重要,但资本主义经济仍然是塑造现代世界的关键驱动力量。

参考文献与进一步阅读建议

Held, D., McGrew, A., Goldblatt, D., and Perraton, J. (1999) *Global Transformations: Politics, Economics and Culture* (Cambridge: Polity).

Hirst, P., Thompson, G., and Bromley, S. (2009) *Globalization in Question* (3rd edn, Cambridge: Polity).

Kilminster, R. (1998) *The Sociological Revolution: From the Enlightenment to the Global Age* (London: Routledge).

Martell, L. (2017) *The Sociology of Globalization* (2nd edn, Cambridge: Polity).

Renard, M.-C. (1999) 'The Interstices of Globalization: The Example of Fair Coffee', *Sociologia Ruralis*, 39(4): 484–500.

Robertson, R. (1995) 'Glocalization: Time-Space and Homogeneity-Heterogeneity', in M. Featherstone, S. Lash and R. Robertson (eds), *Global Modernities* (London: Sage), pp. 25–44.

Roudometof, V. (2020) 'The New Conceptual Vocabulary of the Social Sciences: The "Globalization Debates" in Context', *Globalizations*, DOI: 10.1080/14747731.2020.1842107.

Wallerstein, I. (1974, 1980, 1989) *The Modern World-System*, 3 vols (New York: Academic Press).

Waters, M. (2001) *Globalization* (2nd edn, London: Routledge).

Modernity
现代性

定义

从18世纪中期的欧洲启蒙运动,到至少20世纪80年代中期,这一时期的特征是世俗化、**理性化**、民主化、个人化,以及**科学**的兴起。

源起与历史

"现代"这个词可以用来指称任何当代(contemporary)之物,尽管到16世纪末,古代和现代的对比在欧洲已经变成一个常识(Williams 1987)。一开始,现代化的概念,即把事物变得更为现代,被看作一种倒退;一直到19世纪,现代化才呈现出更积极的色彩。进入20世纪,在前面七十五年里,交通、住房、社会态度、时尚以及其他事物的现代化已经被广泛视为一种必然和进步。然而,在社会理论领域,"现代性"的含义要宽泛得多,指涉从18世纪中期一直到20世纪80年代的整个历史时段。启蒙哲学家抨击了传统、宗教**权威**和人们普遍接受的信仰,他们倡导这样一种理念,即只有通过理性思考、采用科学方法和追求自由平等才能实现人类的进步。社会学本身就是现代性的产物,其宗旨是通过科学方法来获取关于社会世界的可靠知识,从而对**社会**进行适当干预和改造,以增进全人类的福祉。

含义与解读

在欧洲,现代性时期被认为是封建主义之后的时段,是后封建社会所有特征的统称,包括工业化、**资本主义**、城市化和作为一种生活方式的**都市主义**、世俗化、**民主**制度的建立和扩散、科学技术在生产中的应用,以及人类生活各个方面的平等化运动。现代性也促进了理性思维和行动的增加,其特征是不带感情的"就事论事"的态度,这与传统社会的情感和宗教取向大相径庭。马克斯·韦伯把这一过程称为"世界的祛魅",它通过不断扩张的法理型资本主义在全球范围内传播。

作为一种社会形态,现代性在几个方面大获成功:突破了物质产品的生产极限,为相对富裕的国家创造了巨量财富,让人类社会的许多方面变得越来越平等。在 20 世纪,许多社会学家坚信,现代性是一种成功的社会模型,不管是主动追求还是被迫卷入,最终每个国家都会朝着这个方向发展。这个一般性命题后来演变为人们熟知的现代化理论,由沃尔特·罗斯托(Rostow 1961)推广开来。罗斯托指出,现代化过程包含几个发展阶段。首先是某个社会"追赶"现代化的先行者,它的经济开始增长。在传统的耕地或农业基础上,这个社会必须摆脱长期坚守的传统价值和制度,通过投资基础设施和新兴产业来推动现代化。紧接着,对先进技术的持续投资会促进生产力水平的提高,从而助推大众消费的兴起,于是一个可持续的经济增长模式就此建立。尽管中国的香港和台湾地区,以及韩国和新加坡遵循了与此类似的模式,但从当下来看,罗斯托的理论模型还是过于乐观了,因为许多国家和地区,尤其是非洲国家,并没有通过这条道路实现现代化。

对于一部分社会理论家,尤其是齐格蒙特·鲍曼(Bauman 1987)而言,理解现代性的关键是要把握其独特的**文化**和思维方式。我们可以用园艺来类比。现代的思维方式重视秩序,排斥混乱和随机。因此,如果把社会比作一座天然的花园,那么丛生的杂草和野生的环境就应该被驯化、修剪和改造。随着**民族国家**这个园丁的**权力**越来越大,驯服自然的手段也越来越多。这个比喻并不仅仅适用于国家,因为秩序井然是现代生活的一个普遍要求和特征。

批判与讨论

在部分社会学家看来,现代化理论无法解释全球体系中持续存在的严重不平等,而许多发展中国家也没有如理论预测的那样实现经济起飞。特别值得一提的是,近期的一些后殖民主义研究有力地论证了这一点,即关于现代性的诸多理论并没有给予殖民主义足够的重视(Bhambra 2007)。殖民扩张极大地促进了西方国家的经济繁荣,但却给被殖民地区造成了深重的灾难,实际上阻碍了后者的有效发展。因此,内生性经济发展的概念在本质上可能是一种意识形态,而不是科学解释。

针对现代性概念的第二个批评是,它有过度概括的嫌疑。批评者指出,它只是对部分(绝不是全部)现代社会的事后描述,且没有就现代化的起因提供任何有效的解释。原因在于,这个概念包含了一系列关键的社会过程,但往往含糊其词,而且大部分内容都是描述性的,而不是分析性的。因此,我们无法分清哪一个构成要素才是现代化进程的主要驱动力量。现代化的主要动力是资本主义经济,还是工业化?民主化在其中扮演了什么角色?城市化又处于什么位置,它是一个原因,还是一个结果?

新马克思主义学者抨击现代化理论隐含这样一种必然逻辑,即现代化将推动欠发达社会进入经济高速增长和繁荣的通道。现实情况是,放眼全球,相对贫困的国家被迫长期依附于相对富裕的国家,成为强大的跨国公司的原材料产地和廉价劳动力来源。因此,现代性这个概念本身过于模糊,现有的现代化命题也存在深层次的缺陷。

意义与价值

随着后现代理论思潮的出现,现代性似乎走到了终点,人们对这个概念进行了重新评估。一些社会学家坚称,我们还没有进入**后现代性**时期,最多不过是到了"晚期"现代性或者"反思"现代性的阶段(Giddens 1990)。这不是敲响了现代性的丧钟,而是提醒我们要直视现代性的消极方面,比如**环境破坏**。随着人们对科学作为通往真理之路的信心开始动摇,权威的合法性逐渐被削弱,社会生活变得越来越不确定(Beck 2009)。尤尔根·哈贝马斯(Habermas 1983)也指出,后现代理论家过早地放弃了他所称的现代性的宏伟计划。现代性的基本特征仅仅实现了一部分,我们应该继续推进和建设现代性,而不是甩掉它。还有很多事情等着我们去做,比如确保有意义的民主参与,为各个社会**阶级**争取平等的生活机会,实现真正的**性别**平等,等等。总而言之,现代性是一项未竟的事业,我们应该不懈努力,而不是轻易放手。

基于"多重现代性"的观点,一批较新的发展研究成果批评了将现代化非法等同于西方化的做法(Eisenstadt 2002)。这种观点既反对通往现代性只有一条道路的假设,也不认为应该照搬基于西方社会的标准化的现代化统一版本。世界各地关于现代性的经验研究告诉我们,这是错误的。事实上,通往现代性有很多路线,正所谓"条条大路通罗马"(Wagner 2012)。日本的现代性和美国的版本就很不一样。此外,就目前的情况来看,发展中的中国模式又是一条全新的道路。一些国家的现代性,甚至是美国的现代性,也没有如学者预测的那样变得世俗化,相反,宗教信仰得到了很好的持守,同时又拥抱了工业主义和技术进步。其他国家,比如沙特阿拉伯模式,不仅带有浓厚的宗教色彩,而且是有选择地学习西方模式,还加入了他们自己的独特方面。看来,多重现代性议程很有可能激发更多基于现实的评估,从而让现代性这个概念重新焕发生机,继续走向未来。

参考文献与进一步阅读建议

Bauman, Z. (1987) *Legislators and Interpreters: On Modernity, Postmodernity and Intellectuals* (Cambridge: Polity).

Beck, U. (2009) *World at Risk* (Cambridge: Polity).

Bhambra, G. (2007) *Rethinking Modernity: Postcolonialism and the Sociological Imagination* (Basingstoke: Palgrave Macmillan).

Eisenstadt, S. N. (2002) 'Multiple Modernities', in S. N. Eisenstadt (ed.), *Multiple Modernities* (New Brunswick, NJ: Transaction), pp. 1–30.

Giddens, A. (1990) *The Consequences of Modernity* (Cambridge: Polity).

Habermas, J. (1983) 'Modernity - an Incomplete Project', in H. Foster (ed.), *The Anti-Aesthetic* (Port Townsend, WA: Bay Press), pp. 3–15.

Rostow, W. W. (1961) *The Stages of Economic Growth* (Cambridge: Cambridge University Press).

Wagner, P. (2012) *Modernity: Understanding the Present* (Cambridge: Polity).

Williams, R. (1987) *Keywords: A Vocabulary of Culture and Society* (London: Fontana).

Postcolonialism
后殖民主义

定义

一场政治运动和知识运动,寻求更好地理解殖民体制对世界各个社会和全球知识生产的历史性和持续性影响。在社会学领域,后殖民主义理论家致力于让这个至今仍由西方学者和机构主导的学科"去殖民化"。

源起与历史

社会学自诞生之日起,就聚焦于对**现代性**时期的研究。现代性最早出现和发展于西欧和北美,之后逐渐向世界其他地区蔓延。西方现代化理论认为,虽然速度和时间各不相同,但所有国家最终都会在经济上取得发展。马克思主义批评家则指出,"欠发达"是殖民体制奉行的一种政策,即系统地掠夺被殖民国家和地区的资源,使其一直保持"欠发达"状态。

20世纪80年代以来,围绕殖民时期及其当代遗产的辩论,已经从经济欠发达理论转到更为广泛的**后殖民主义**议题。这场日益壮大的知识运动对社会学提出了严厉批评,因为社会学内含欧洲中心主义、在理论上忽视了殖民主义的重要性,以及缺乏来自全球南方(Global South)的学术声音(Bhambra 2014a)。后殖民主义观点可以追溯到20世纪初,而后殖民主义知识运动兴起于20世纪八九十年代。

巴姆布拉(Bhambra 2014b)指出,当代后殖民主义在很大程度上要归功于关于以下研究的辩论:一是霍米·巴巴(Bhabha 1994)试图以非西方的文化传统替代西方现代性主流叙事的争鸣研究;二是加亚特里·斯皮瓦克(Spivak 1988)对主导话语的历史发展的研究;三是爱德华·萨义德(Said 1978)对权力关系和知识生产的研究。萨义德(Said 1978)对"东方主义"(orientalism)①的系统论述,通常被认为是后殖民主义理论的奠基性作品。

19世纪和20世纪初,许多西方学者都在他们关于中东、非洲和亚洲的研究中讨论过"东方"问题,并将其与西方进行对比。萨义德尖锐地指出,在这个过程中,西方学者从来不是持一种客观中立的立场。相反,在这些比较研究中,东方通常被视为异类而加以夸张呈现,作为

---

① "东方主义"(orientalism),或译为"东方学",原是研究东方各国的历史、文学、文化等学科的总称,不是"东方中心主义"。在英语里,"orientalism"有三个基本意思:一是作为学术研究的一门学科,即所谓"东方学";二是作为一种思维方式的"东方主义",它以"东方"(the Orient)与"西方"(the Occident)之间本体论和认识论上的意义区分为基础;三是作为话语的"东方主义",其是与殖民主义和帝国主义对东方的宰制紧密联系在一起的。萨义德认为它是西方人藐视东方文化,并任意虚构"东方文化"的一种带有系统性偏见的思维方式或认识体系。——译者

正常且优越的西方的"他者",与西方相对立。对非西方学术界的排斥,让这种话语体系得以持续存在。由此,东方和西方表面上的文化差异,就成为解释西方在全球占据经济、工业和军事优势的一个关键部分。总而言之,在美化野蛮且残忍的殖民体制的过程中,东方主义发挥了至关重要的意识形态作用。

含义与解读

西方国家在 17 世纪至 20 世纪中叶采取的殖民主义国家政策,对全球发展产生了深远且复杂的影响,即便那些被殖民国家和地区取得了独立,这种影响也仍在继续。其中一些,如海地和南美洲的原西班牙殖民地,在 19 世纪初成为独立国家。还有一些,包括印度、马来西亚、新加坡、肯尼亚、尼日利亚和阿尔及利亚,实现独立的时间则要晚很多,有的甚至迟至 20 世纪后半叶。然而,殖民主义的遗毒让大多数新兴独立国家饱受严重经济劣势和政治问题的折磨。

后殖民主义理论认为,传统的社会学理论没有给予殖民主义广泛且深远的破坏性影响足够的重视,甚至没有正视和承认这种影响。对于关注当代生活的社会学理论来说,殖民主义并不是可以忽视的历史上的小插曲,而是塑造世界权力格局的关键因素,而且今天仍在继续困扰受过殖民统治的地方。除非社会学家承认殖民主义问题,否则他们对全球不平等和全球化进程的描述就是不可信的。

康奈尔(Connell 2018)指出,欧洲社会学几乎不关注来自全球南方的学者的研究,因而形成了根植于全球北方经验的以欧洲为中心的片面立场。这就是这个学科的创始人、主要理论视角和经验研究基础基本上只反映强势国家情况的原因之一。后殖民主义学者认为,我们需要来一场彻底的"去殖民化"运动,不仅仅是社会学,其他所有学科都应该如此。

此外,后殖民主义理论家还致力于将全球南方学者的研究成果,无论是过去的还是现当代的,引入社会学,以扩展这个学科的世界观。

例如,朱利安·戈(Go 2016)倡导为社会学构建一个"南方立场",这意味着"自下而上的社会科学"研究,关注在全球等级体系中处于底层的那些国家和地区的经验、关切和社会结构。在这个过程中,既有的以欧洲为中心的理论和概念将被逐一检验和评估。以欧洲为中心的社会学,已经向我们全面展示了享有各种特权的相对富裕国家的生活,但却系统性地忽视了这样一个问题,即这种发达状态与前殖民地的持续欠发达状态及其独立后的经历之间,到底有何关联。后殖民主义学者致力于为这些问题找到各种可能的解答。

批判与讨论

对社会学普遍不重视、忽略或者根本就没意识到殖民主义灾难性后果的指控相当有说服力,而且似乎为越来越多的年轻一代社会学家所接受。然而,对于我们应该做些什么和能够做些什么来改变这一局面,学界的共识就少得可怜。一些学者主张从头开始重新审视社会学这个学科;另一些学者则倡导建立一种真正意义上的全球社会学,既保留现有的各种视角和理论,又全面系统地与全球南方的学者合作。

在为社会学辩护时,我们可以注意到,社会学家向来关注全球不平等、比较发展、民族主义、全球政治和国际冲突等议题,这表明社会学可能并不像人们有时描述的那样孤立。同样,社会学通常被视为一门张开双臂、全身心拥抱其边界之外的思想和理论的学科,以至于有人认为它不够"科学"。最后,麦克伦南认为,要求任何学科完全超越其所处的物质和制度环境是不切实际的,社会学也不例外。他还指出,"几乎所有思想体系都不可避免地带有民族中心主义的色彩,无论是其关注的议题、研究的风格,还是可资利用的专业知识。更进一步来说,'去殖民化'或'后殖民化'的社会学究竟是什么意思,目前还不是十分清楚"(McLennan 2010:119)。

意义与价值

与本书的许多其他概念不同,"后殖民主义转向"(Olukoshi and

Nyamnjoh 2011)相对晚近才出现在社会学领域,尚处于不断演化的过程中。是故,现在就明确地说社会学和后殖民主义两者之间的关系会如何发展,还为时过早。可以确定的是,后殖民主义的介入打破了这个学科"一切照旧"的状况。此外,这个视角也引发了许多有见地的出色研究,尤其是在"去殖民化的社会学"实际上需要我们做些什么这个议题上。

康奈尔(Connell 2018)概括了一些关键议题和可能的解决方案。她指出,全球北方的社会学家往往只阅读和引用同一地区其他学者和理论家的著述。另外,社会学的学科建制也以欧洲和北美的精英大学为基地,这些地方集中了绝大部分高水平的期刊和大量的研究资助机构。社会理论的情况也大体如此,其中许多理论都是以适用于全人类为预设的,这表明西方社会学家依然牢牢占据这个学科的主导地位。于是,对于全球南方的学者来说,一个很自然的理性选择就是接受这些主导群体的研究方法和理论,努力在主流刊物上发文章。康奈尔把这种策略称为"外向型发展"(extraversion)。然而,这种外向型的社会学,可能只是简单地再生产而不是挑战现有的全球学术分工。

针对麦克伦南的上述批评,康奈尔建议,在实际操作层面上,去殖民化的社会学要致力于"纠正帝国主义和全球不平等所导致的各种扭曲和排斥,进而在全球范围内以民主为方向重塑这个学科"(Connell 2018:402)。这个去殖民化的事业需要以一种更加平衡的方式,重塑教学大纲,重新编写教科书和课程内容,以便纳入后殖民国家和地区的经验。此外,我们还要挑战既有的制度性权力基础,改变全球社会学从业者的构成,并以一种更加公平的方式来分配研究经费。

参考文献与进一步阅读建议

Bhabha, H. K. (1994) *The Location of Culture* (London: Routledge).
Bhambra, G. K. (2014a) *Connected Sociologies* (London: Bloomsbury).
—— (2014b) 'Postcolonial and Decolonial Dialogues', *Postcolonial Studies*, 17(2): 115-121.

Connell, R. (2018) 'Decolonizing Sociology', *Contemporary Sociology: A Journal of Reviews*, 47(4): 399-407.

Go, J. (2016) 'Globalizing Sociology, Turning South: Perspectival Realism and the Southern Standpoint', *Sociologica*, 2: 1-42.

McLennan, G. (2010) 'Eurocentrism, Sociology, Secularity', in E. G. Rodríguez, M. Boatcă and S. Costa (eds), *Decolonizing European Sociology: Transdisciplinary Approaches* (Farnham: Ashgate), pp. 119-134.

Olukoshi, A., and Nyamnjoh, F. (2011) 'The Postcolonial Turn: An Introduction', in R. Devisch and F. Nyamnjoh (eds), *The Postcolonial Turn: Re-Imagining Anthropology and Africa* (Bamenda, Cameroon: Langaa Research and Publishing Common Initiative Group), pp. 1-28.

Said, E. (1978) *Orientalism: Western Conceptions of the Orient* (London: Routledge & Kegan Paul).

Spivak, G. K. (1988) 'Can the Subaltern Speak?', in C. Nelson and L. Grossberg (eds), *Marxism and the Interpretation of Culture* (Chicago: University of Illinois Press), pp. 271-316.

Postmodernity
后现代性

定义

现代性之后的一个历史时期，但与之前的现代性相比，它的定义不那么明确，具有多元性和社会多样性。后现代性被认为始于20世纪70年代初。

源起与历史

社会理论中的"后现代转向"始于20世纪80年代中期，而后现代这个概念早在十年前就可见于**文化**和艺术领域。例如，在建筑领域，一种杂糅了多种既有建筑类型的奇特风格似乎逐渐"被接受并流行开来"，伦敦的劳埃德大厦就是典型。这种玩味地混搭各种流派和风格的方法,被称为后现代。在电影领域,导演大卫·林奇在很多作品,如1986年上映的《蓝丝绒》(Blue Velvet)里,创造了各种光怪陆离的场景,不同历史时期交错,传统的爱情和伦理故事里掺杂着露骨的暴力情节和离经叛道的性爱画面。后现代浪潮席卷而来,而直到20世纪80年代末,社会科学才终于迎头赶上。

19　　在将后现代思想引入社会学的过程中,最重要的一部作品无疑是让-弗朗索瓦·利奥塔(Lyotard 1984)的《后现代境况》(*The Postmodern Condition*)。在这部作品里,利奥塔提纲挈领地指出,现代**社会**的部分支柱已经坍塌。其中,他特别提到了**科学**,认为这种现代时期的主流知识形式的合法性正在逐渐丧失,因为越来越多的人开始转向本土知识形式,例如古老的民间知识、宗教信仰和生活常识。利奥塔认为,科学思维的去中心化是后现代社会来临的一个征兆。还有一些理论家对后现代社会理论产生过重要的影响,包括齐格蒙特·鲍曼(Bauman 1992,1997)和让·鲍德里亚(Baudrillard 1983,1995)。

含义与解读

后现代思想极其多样,关于所谓的后现代转向,不同理论家侧重的是不同的要素。大多数后现代理论家都反对社会理论家的这样一种努力,即从孔德、马克思直到吉登斯,他们都试图揭示历史的发展脉络和未来走向。对传统社会理论家而言,历史变迁的过程是有特定结构的,而且肯定"去往某处",也就是说,历史是进步的。例如,在马克思主义理论中,演进的方向就是从**资本主义**社会到更加平等的社会主义和共产主义社会。然而,后现代思想家普遍拒绝这种宏大理论。

对核战争或**环境**灾难的恐惧,以及持续不断的**冲突**和种族屠杀事件,无情地撕掉了现代文明社会的虚伪面纱,动摇了人们此前对科学、政治家和人类历史进步的信心。利奥塔把这个过程称为"元叙事"(metanarratives)的破产,正是这些讲述持续进步的宏大故事,引导社会普遍尊重科学家、专家和专业技术人员。相反,后现代性的特征是不可逆转的多样化和碎片化，万维网就是一个例子，它充斥着来自全世界几乎所有文化的海量图像、视频和其他资料。网上冲浪的经验可能没什么规律可言，因为我们会遇到一系列与自己的信念全然不同的价值观和理念。这种潜在的毫无方向的体验，是被大众媒体内容淹没的后现代文化的一个典型特征。

让·鲍德里亚指出，电子媒体已经切断了我们和历史的关联，让我们生活在一个嘈杂、空洞的世界里，这个世界到处都是让人眼花缭乱的符号和影像。对鲍德里亚来说，**大众媒体**的地位不断上升，模糊了现实及其表征（representation）之间的界限，只留下一个我们都生活于其中的"超现实"（hyperreality）世界。在这个世界里，我们对事件的认识和对社会生活的理解，高度依赖电视等大众媒体的呈现。在1991年海湾战争前后，鲍德里亚（Baudrillard 1995）连续发表了三篇颇具挑衅性的报纸文章，题目分别是《海湾战争不会爆发》《海湾战争并没有真的在进行》《海湾战争从来没有发生过》，就是为了说明，无论是像部队在科威特作战这样明显的"现实世界"事件（初级事实），还是与之相关的媒体报道（次级事实），实际上都是同一个超现实世界的一部分。

思考社会学所接受的后现代思想的一个好办法，是区分后现代社会变迁的主要原则同社会学理论说明和理解这一点的能力。在后现代社会理论家看来，大众媒体的飞速发展和扩散，新信息技术的出现和普及，人口跨国迁徙的增加，社会**阶级**身份的削弱，以及多元文化社会的兴起，所有这些社会变迁都指向一个共同的结论，即我们不再生活在一个由国家管理的现代世界。所以说，现代性已经死亡，我们正在进入后现代时期。由此而来的一个问题是，"现代"社会学是否能全面分析"后现代"世界：会有一种关于后现代性的社会学吗？抑或，后现代社会变迁如此剧烈，以至于现代理论和概念不再适用，应该全盘抛弃？我们需要为研究后现代世界建立一种后现代社会学吗？

[20]

批判与讨论

对后现代理论的批评有很多。一些社会学家认为，后现代理论家本质上是悲观主义者和失败主义者，他们被现代性的负面后果吓得屁滚尿流，干脆"把孩子和洗澡水一起倒掉"。然而，现代性明显也有可取之处，比如倡导平等、尊重个人自由、强调用理性的方法来处理社会问题等。与此同时，后现代理论所描述的一些社会变迁缺乏经验证据的支持。例如，社会阶级及其他集体形式不再构成我们的社会生活，任由个人受媒体影像的摆布，这种观点显然是一种夸张。虽然人们现在有越来越多的**身份认同**来源，但社会阶级依然是决定人们社会地位和生活机会的关键因素（Callinicos 1990）。

同样，与过去相比，媒体的影响确实不可同日而语，但这并不意味着人们完全被动地接受媒体灌输的内容。例如，大量的受众研究表明，电视观众通常会主动解读和分析媒体内容，基于自己的处境来理解它们。随着万维网的出现，人们现在可以接触到多种多样的信息和娱乐资源，其中很多都基于内容提供者和内容消费者之间的**互动**，这促使我们对主流媒体的输出有更多批判性的批评和评估。最后，即使后现代主义者提出的一些社会变迁确实存在且有影响力，但它们加起来是否算作一种超越现代性的彻底转变的证据，却依然是一个理论争论的议题。

意义与价值

鉴于社会学本身根植于现代主义的思路，后现代性这个概念的出现必然引发各种争议。如果我们放弃去把握和解释社会现实，不再寄希望于用由此获得的知识来改善社会，那么社会学还有什么意义？尽管如此，后现代性还是对这门学科产生了广泛而深远的影响。一旦打开了多元观点和多重解读的大门，社会学家就再也不能假定存在一个共同文化或共享价值观，而必须对文化多样性保持敏感。

在 20 世纪 80 年代和 90 年代,关于后现代性及后现代文化的书籍和文章喷涌而出,随处可见;到了 21 世纪,随着全球化概念成为社会科学的新焦点,"后现代转向"似乎戛然而止。一些学者指出,在本质上,后现代思想充其量只是一种学术时尚,现在已经过气了(McGuigan 2006;Nealon 2012)。这种看法是对的吗?

加纳尔(Garnar 2020)认为,后现代性这个概念依旧重要。他区分了作为一系列文化现象的后现代主义和作为一个超越现代性的时代的后现代性。前者已经发生重大转变,后者则仍然是我们这个全球时代的一个重要特征。加纳尔(Garnar 2020:5-6)特别强调了数字技术的作用,认为"技术贯穿后现代境况",这是后现代境况的一个要素,同时还有生产和消费、全球关系和权力结构等的变化。互联网、大规模计算、平板电脑、智能手机、卫星和有线电视都是"后现代技术"的表现形式。有了这些技术的加持,与后现代相关的游戏性、异质性和各种反等级实践等快速增加。再者,考虑到数字技术已经深度嵌入我们的日常生活,当下也许确实可以称为后现代时期。

参考文献与进一步阅读建议

Baudrillard, J. (1983) *Simulations* (New York: Semiotext(e)).

— (1995) *The Gulf War Did Not Take Place* (Bloomington: Indiana University Press).

Bauman, Z. (1992) *Intimations of Postmodernity* (London: Routledge).

— (1997) *Postmodernity and Its Discontents* (Cambridge: Polity).

Callinicos, A. (1990) *Against Postmodernism: A Marxist Critique* (Cambridge: Polity).

Garnar, A. W. (2020) *Pragmatism, Technology and the Persistence of the Postmodern* (Lanham, MD: Rowman & Littlefield).

Kumar, K. (2005) *From Post-Industrial to Post-Modern Society* (2nd edn, Oxford: Blackwell).

Lyotard, J.-F. (1984) *The Postmodern Condition* (Minneapolis: University of Minnesota Press).

McGuigan, J. (2006) *Modernity and Postmodern Culture* (2nd edn, Buckingham: Open University Press).

Nealon, J. T. (2012) *Post-Postmodernism: Or, the Cultural Logic of Just-in-Time Capitalism* (Stanford, CA: Stanford University Press).

Rationalization
理性化

定义

传统的观念和信仰被井然的规则和程序以及正式的手段—目的思维方式取代的漫长社会过程。

源起与历史

按照理性的原则行动,意味着一个人的行为合情合理,在行事之前仔细考虑过行动及其后果。在哲学领域,这被称为理性主义,可追溯至 17 世纪,指的是基于理性分析和逻辑推理的知识,与源于宗教信仰或者生活智慧的知识相对。很显然,理性根植于思考与行动以及知识的生产之间的关联。在社会学里,关于**社会**理性化的理论一般指一种过程,而不是事物的固定状态。理性化是马克斯·韦伯整个理论体系的核心。在韦伯看来,理性化以及相应的祛魅是一个世界历史性的漫长社会过程,是对**现代性**时期之独特性的任何现实理解的基础。新近研究关注的议题是:随着宗教和灵性信仰的复兴,理性化过程已经停滞了吗?或者,这一进程还在继续,只是换了新的方式?

含义与解读

考虑到韦伯的理性化命题对社会学的深远影响,这里我们继续集中讨论他的思想,而不是围绕理性和理性主义的哲学思辨。理性化是一个起源于西方的变迁过程。在这个过程中,社会生活越来越多的方面由手段—目的式计算和效率问题塑造。这和之前的社会完全不同,那时传统做法、风俗习惯和情感承诺主导了人们的思想和行动。韦伯认为,理性化得以巩固主要有三个原因:一是资本主义经济的增长及其对理性记账和测量的需求;二是倡导理性取向的科研机构的发展;三是**科层制**,它成了最主要、最有效的组织形式。

韦伯把理性分成四种基本类型:实践理性、理论理性、实质理性和形式理性(Kalberg 1985)。实践理性在这种情况下很明显,即人们普遍接受现实状况,基于怎样才能充分利用这种状况的务实考虑而行动。当人们试图通过思考自己的经验和寻找生活的意义来"把握现实"时,理论理性就开始起作用了。哲学家、宗教领袖、政治理论家和法律思想家等,都运用了某种形式的理论理性。实质理性则是根据社会生活特定领域的某种价值体系来指导人们的行动。例如,友谊往往涉及相互尊重、彼此忠诚和互相帮助的价值观念,这一价值束直接框定了我们在社会生活这一领域的行动。

韦伯所说的第四种理性类型是形式理性,即根据一系列一般性的或普遍的规律或原则,计算什么才是实现某一目标的最有效手段。随着科层制成为最广泛采用的组织形式,西方社会的理性化涉及的形式理性和计算不断增长和扩散,进入了越来越多的生活领域。经济决策是形式理性的最佳典范,尽管手段—目的式计算在生活的许多其他领域也越来越常见。例如,理性化的西方音乐采用一种通用的音符体系,以及标准化的节奏和音调测量方法,便于人们编曲并记录下来。从此,人人都可以演奏杰出天才音乐家谱写的乐曲,只要你会读谱和一种乐器。由此,音乐开始变得循规蹈矩,一切都是可计算、可预测的,那种灵感迸发、恣意表达的乐曲风格从此不见踪影。

随着**资本主义**和国家的科层制齐头并进、不断扩张,形式理性逐渐渗透到社会的大多数机构,挤占了其他组织形式的生存空间。韦伯清醒地意识到,这个过程很可能是永久性的,因为非个人化的科层制管理模式是人类迄今为止设计出的最有效的组织工具,几乎所有的组织机构(企业办公环境、工厂、政府部门等)都采用了这样一种形式。

科层制排斥任何个人喜好和情感联系,由此保证每个岗位上安排的都是最适合的人,以及职业晋升是基于个人展现出的能力和绩效。注意,这只是一种**理想类型**。同样,与资本主义逐利相关的复式簿记(一种独特的借贷记录方式),催生了一种鼓励工具理性行动的计算思维。此外,随着资本主义公司规模越来越大,分布越来越广,高效的管理也变得越来越重要。

尽管韦伯认为这种形式的理性化的发展不可避免,但他也看到了一些明显的危险。简单追求效率和技术进步会让社会变得越来越没有人情味,看起来像是控制我们命运的外在力量。用韦伯自己的话来说,社会变成了一个"铁一般坚硬的牢笼",我们无处可逃。另一个消极趋势是,手段开始反客为主,凌驾于目的之上。也就是说,科层制本来只是实现其他目的的一种手段,比如高效的公务员制度、有序的医疗服务和有效的福利体系等。但随着时间的推移,科层制的**权力**与日俱增,自主性也越来越强,它不再是其他目的的仆人,而是成为主人。在韦伯看来,理性化的过程产出非理性的结果,这在社会中随处可见。

批判与讨论

正如韦伯自己看到的,理性化并不一定会给我们带来进步和发展,相反,它有可能导致意想不到的消极后果,引发新的社会问题。然而,也有对理性化命题本身的批评。虽然资本主义仍旧是当今世界经济的主要模式,但传统的科层制是否继续主导当下的组织管理,却受到了越来越多的怀疑。近些年来,相较于韦伯所描述的那种垂直等级模式,各种基于**网络**结构的组织形式日益增多(van Dijk 2012)。由此而来的一个问题是:这种网络化的组织形式也会促进形式理性吗?有些学者还把理性化和**宗教**的未来联系起来讨论。部分社会学家指出,与人们普遍认为的衰退相反,宗教在20世纪晚期重新焕发生机,具体表现为宗教原教旨主义(fundamentalism)的兴起、电视福音布道运动的流行,以及各种新宗教的不断涌现。这是不是和韦伯的理性化命题背道而驰了呢?世界是被"重新赋魅"了吗?

意义与价值

20世纪80年代中期,**后现代主义**思想大行其道。在这个背景下,韦伯的理性化命题似乎显得有些过时,因为人们对**科学**的信心开始大打折扣,我们生活的世界好像也重新变得神秘起来(Gane 2002)。尽管如此,一些重要且有影响力的研究还在拓展韦伯的原创命题,使之更加贴近当下的社会现实。齐格蒙特·鲍曼在《现代性与大屠杀》(1989)一书中旗帜鲜明地反对这样一种观点,即纳粹有组织地大规模屠杀欧洲犹太人是一种毫无人性的野蛮行径,完全背离了现代性的进步方向。与这种观点不同,鲍曼明确指出,如果没有组织运输和保存记录的理性科层行政机构,以及作恶者和受害者合乎理性的行动选择,这个悲剧就不会发生。在这个意义上,理性并不一定是野蛮洪荒的防堤,不如说,只要具备特定条件,它也会成为野蛮的帮凶。

乔治·瑞泽尔(Ritzer [1993] 2021)用理性化命题来分析当下的快餐业。在韦伯生活的时代,现代科层组织是追求理性化的理想工具,但到了20世纪末,它变成了无处不在的连锁快餐店,最为典型的莫过于麦当劳:标准化的产品、高效的服务、可精确测量的员工绩效,以及统一的顾客体验。在近些年的研究中,瑞泽尔指出,麦当劳化已经不再局限于餐馆和商业楼宇这些"红砖水泥"的实体产业,网络世界也开始受其影响。例如,在他看来,亚马逊的商业模式,即注重可计算性和量化,给商品和卖家打分和排名,以及高度依赖算法和大数据,这些是麦当劳化的典型体现。和韦伯一样,瑞泽尔也认为,快餐业和电子商务的理性化模式本身带有极其非理性的一面:员工非技能化或低技能化,工作内容单调乏味,工作过程受到严密监控;同时,顾客体验越来越糟,浪费现象也很普遍。在征服混乱和不确定性的路途中,"麦当劳化"把我们关进了一个新的理性化的"铁一般坚硬的牢笼"。

参考文献与进一步阅读建议

Bauman, Z. (1989) *Modernity and the Holocaust* (Cambridge: Polity).

Gane, N. (2002) *Max Weber and Postmodern Theory: Rationalization versus Re-enchantment* (Basingstoke: Palgrave Macmillan).

Kalberg, S. (1985) 'Max Weber's Types of Rationality: Cornerstones for the Analysis of Rationalization Processes in History', *American Journal of Sociology*, 85(5): 1145–1179.

Ritzer, G. ([1993] 2021) *The McDonaldization of Society: Into the Digital Age* (9th edn, New York: Sage).

Van Dijk, J. (2012) *The Network Society* (3rd edn, London: Sage).

Society
社会

定义

一个大规模人类**共同体**内部的结构化社会关系和制度安排,不能化约为个人的简单集合或聚集。

源起与历史

社会这个概念可以追溯到 14 世纪,最初的含义是同伴/友谊(companionship)或者社团(association),这种用法一直延续到 18 世纪,人们会把上层阶级群体称为"上流社会"(high society)。我们还可以用这个术语来指称那些志同道合的人自发组成的社团,比如"公谊会"(即贵格会,Society of Friends),以及各种科研性质的"学会"。除此以外,还有一个更加一般化和抽象的定义,在 18 世纪晚期开始站稳脚跟(Williams 1987)。在这个一般性定义的基础上,社会学意义上的社会概念在 19 世纪逐渐形成。

我们可以理直气壮地说,社会一直是社会学最重要的概念。埃米尔·涂尔干就是在这个概念的基础上建立了社会学这样一门全新的学科,用于研究人类生活的集体现实,而非个人的问题和现象。在涂尔干(Durkheim［1893］1984)看来,社会是一个自成一体的独立实体,会对特定疆域内的个体产生广泛而深远的影响。在 20 世纪的大部分时间里,涂尔干的社会概念一直牢牢占据社会学的核心位置,直到 20 世纪 70 年代中期才受到质疑。关于新出现的世界性社会现实的理论,以及各种**全球化**理论,开始挑战涂尔干那本质上建立在民族国家基础上的社会概念。对全球性议题的研究促使学者将注意力转移到跨越国界的人口迁徙、商品交易和**文化**交流上。由此,进入 21 世纪,有人呼吁社会学应该全盘抛弃社会这个概念,转为研究可能更有前景的各种"流动"(mobilities)。

含义与解读

在社会学领域,社会概念至关重要,关系到这个学科从业者的自我**身份认同**。大量词典和百科全书都径直把社会学描述成"研究社会的学问",而社会也被普遍认为是特定疆域即**民族国家**内部的大型共同体。塔尔科特·帕森斯给社会补充了另一个重要特征,即社会具有"自我持存"的能力。换句话说,在没有外力协助的情况下,社会仅靠自身的构成要素也能维持再生产。在社会学这门学科的历史上,社会学家大部分时间都在研究、比较和分辨特定社会及其主要特征,这在既有的社会类型学里体现得非常明显。早期的版本,即区分第一世界、第二世界和第三世界,是为了捕捉全球范围内财富和经济生产方面的重要差异。当代关于发达国家和欠发达国家不同生存状态及前景的讨论,作用也大致相同。这些类型划分提醒我们注意全球不平等及国家之间的**权力**差异。然而,就一个国家内部的不平等及权力关系而言,这种粗略的分类框架几乎没有告诉我们任何事情。

此外,还有很多社会学家试图通过突出某个驱动因素来理解社会变迁,这也催生了许多类型划分,比如工业社会、后工业社会、资本主义社会、后现代社会、知识社会、**风险**社会,或许还有更多。从本质上说,以上所有变迁理论都没有脱离涂尔干基于民族国家的社会概念。但是,可以说,这种以偏概全的做法,即用社会变迁的某个方面来定义整个社会,其弊端和局限已暴露无遗。

批判与讨论

社会概念存在的一个理论问题就是其相对静态、类似物的性质,这很容易让人产生这样的印象,即个人和社会是毫不相干之"物"。很多社会学家认为这种二元论既无助益,又颇具误导性,其中,诺贝特·埃利亚斯(Elias [1939] 2000)最为旗帜鲜明。为了反对上述观点,他构建了"过程社会学"(process sociology),集中于不同层次的关系转变,小到个人**互动**,大到国家间**冲突**。埃利亚斯或许是第一个与这种二元论分道扬镳的社会学家,在他看来,二元论是西方哲学的遗产,长期以来一直束缚着社会学的思考和分析。

自 20 世纪末以来,各种超国家的社会力量对单个国家命运的影响力越来越大,导致社会这个概念遭到越来越多的尖锐批评。全球化也让人们对社会这个概念越来越不满,因为后者似乎无法捕捉全球性社会变迁的动态。现在,大型跨国公司的收入甚至超过了许多发展中国家的 GDP,它们游走于世界各地,寻找廉价劳动力来源和优惠的投资环境。各国政府必须联合起来,共同对抗跨国公司,以免陷入创造低薪就业机会的恶性竞争。诸如"基地"组织等恐怖主义团体在世界各地宣传动员、招募成员和发动恐怖袭击,迫使各国不断加强合作,以便有效打击它们。以上这些以及更多的例子告诉我们,高于国家的层面对社会生活的影响越来越大,社会学家必须直面这些变化并作出理论说明。毫无疑问,社会这个概念无助于我们理解全球性过程,反而阻碍了我们前进的脚步。

最近一次尝试超越社会概念的努力是约翰·厄里(Urry 2007)的

"流动"研究。厄里并没有完全否定社会的力量,但他认为确实存在一些其他的强力实体,比如跨国组织、区域性联盟等。除此之外,厄里还建议,社会学应该去研究流动,也就是那些跨越国界的运动过程,它们越来越多地影响到我们的日常生活。

意义与价值

由于全球化速度加快,大量研究开始勾勒这个过程的大致轮廓,试图把握它的未来走向。考虑到这些情况,有些学者认为社会这个概念(意味着一系列不相干的国家)前景黯淡。约翰·厄里(Urry 2000,2007)对"流动"的研究是一个很好的例子。在过去,主流社会学采用的是原初意义上的社会概念,即把社会看作一个有界实体,或多或少与民族国家有关。这暗含的假设是,各国足够强大,可以管控自己的发展,所以每个国家都走上了不同的轨道。然而,随着全球网络变得越来越强大,人口迁徙也越来越常见,国家的边界被频繁跨越,不再像以往那样被认为是难以逾越的。在这种全球化的背景下,社会这个概念与社会学分析渐行渐远。厄里认为,在当下,社会学家的任务应该是设计出新的方法,去理解人口迁徙和既存流动的范围,以及它们会创造出怎样的社会生活。

另一方面,沃尔比(Walby 2020)提出,我们不应该完全抛弃社会这个宏观概念,而是需要去发展它,使之足以应对全球化、殖民化和欧洲化(Europeanization)带来的各种挑战。她坚称,要实现这个目标,必须把两种主要的社会学传统有机结合起来:一种是将社会看作制度(机构)的集合(来自涂尔干);另一种是把社会看作不平等关系的总和(来自马克思)。这意味着,我们需要把经济、政治、暴力和公民社会等制度领域,与社会阶级、性别和族群不平等等体制联系起来考虑。

在借鉴"复杂性科学"近期成果的基础上,沃尔比(Walby 2020:2-3)尝试用"社会系统"概念来整合这两个传统。具体来说,她引入了"社会形成"(societalization)①这个概念,指的是各个社会系统紧密联系,但又没有达到完全融合的运动过程。这样,社会这个概念就依然有用,因为"民族国家构建、欧洲化和全球化,都是社会形成的实例",尽管这些过程的终点不是融合成单一的"社会"。有人说全球化将终结"社会"这个社会学的基础概念,也许这并不是必然的。

参考文献与进一步阅读建议

Durkheim, É. ([1893]1984) *The Division of Labour in Society* (London: Macmillan).

Elias, N. ([1939]2000) *The Civilizing Process: Sociogenetic and Psychogenetic Investigations* (Oxford: Blackwell).

Jenkins, R. (2002) *Foundations of Sociology: Towards a Better Understanding of the Human World* (Basingstoke: Palgrave Macmillan), esp. chapter 3.

Urry, J. (2000) *Sociology Beyond Societies: Mobilities for the Twenty-First Century* (London: Routledge).

—— (2007) *Mobilities* (Cambridge: Polity).

Walby, S. (2020) 'Developing the Concept of Society: Institutional Domains, Regimes of Inequalities and Complex Systems in a Global Era', *Current Sociology*, July: 1–18. https://doi.org/10.1177%2F0011392120932940.

Williams, R. (1987) *Keywords: A Vocabulary of Culture and Society* (London: Fontana).

---

① "societalization"是一个新近颇受关注的概念,一些文献对它进行了讨论。例如,魏斯(Anja Weiß)于2021年发表了"Re-Thinking Society: How Can Sociological Theories Help Us Understand Global and Cross-Border Social Contexts?"一文,概括了"societalization"在社会—空间维度上的五种理想类型,分别是民族国家、城市、狂欢节(carnival)、行业协会(guild)以及教会。《当代社会学》(*Current Sociology*)杂志有一期特刊(Vol. 69, No. 3, May 2021),主题就是"Theorizing Society across Borders: Globality, Transnationality, Postcoloniality",讨论了"societalization"问题。另外,美国著名文化社会学家亚历山大(Jeffrey C. Alexander)于2018年在《美国社会学评论》(*American Sociological Review*)上发表了一篇题为"The Societalization of Social Problems: Church Pedophilia, Phone Hacking, and the Financial Crisis"的文章,提到了这个概念,借助教会儿童性侵案、骚扰电话和金融危机三个实例来阐释"societalization"是如何超越不同体制的边界的。——译者

主题二
社会学研究方法

Ideal Type
理想类型

定义

研究者对某种社会现象的"纯粹"建构,只强调其若干主要方面,目的是为分析和比较现实世界的具体案例之异同提供某种参照系。

源起与历史

理想类型是马克斯·韦伯创设的概念,是其研究社会行动的社会学方法的一部分。对韦伯而言,采用自然**科学**的方法来理解和解释社会生活是不可行的。与自然世界里的其他生物不同,人类创造了一个充满意义的**环境**,因此,要理解他们的个体行动,我们必须把这些置于行动者所处的社会环境的背景下。当然,人类还创造了各种组织和社会制度,这些被一部分社会学家看作社会学的主要研究对象。但韦伯(Weber [1904]1949)坚持认为,对社会现象的全面说明必须建立在对个体行动的理解之上。这种思路被称为理解(Verstehen),韦伯用它来探究**资本主义**的起源和主要特征及其与宗教信仰之间的关系,各个社会的不同经济生活,**权威**和领导的类型,以及不同历史时期的组织类型。建构各种理想类型是韦伯研究方法的一个重要特征,这使他可以将宏观和微观两个层次的社会学分析联系起来。

含义与解读

理想类型是一种"主观构造",也就是研究者根据自己对特定社会现象的兴趣确定的标准而创建的。例如,社会主义、**民主**、网络犯罪、**消费社会**和**道德恐慌**等都是理想类型。然而,在建构这些概念时,我们的目的并不是为准确描述某种现象而尽可能去抓住它的所有特征。

韦伯指出,原因在于,社会学无法照搬自然科学的实验法,我们必须另辟蹊径以获取关于社会的可靠知识,而理想类型就是实现这一目的的一种有效工具。

比如,如果要理解以"基地"组织网络及所谓的"伊斯兰国"为代表的"新恐怖主义",我们可以从经验观察中辨别出一些典型特征,如网络遍及全球、组织形式松散、随机选择袭击目标、随时准备使用极端暴力手段伤害平民等(Lister 2015)。在此基础上,我们可以围绕这些关键特征来建构自己的理想类型。当然,新恐怖主义的现实案例表现出来的特征往往不止这些,在某些情况下,上述一个或若干要素可能缺失,而其他要素则更为突出。比如,"伊斯兰国"在叙利亚和伊拉克的活动就包括组建一支强大的军队,而不是一个松散的**网络**,这使得他们可以在短时间内攻下并持续占领某个地区。然而,在建构理想类型时,我们有意创造一种片面的模型,一种纯粹的形式,它在现实中不存在或不可能存在。新恐怖主义涉及的人、小组和组织的实际表现,很可能与我们的理想类型完全不同。这个工作的意义在于,为新恐怖主义勾勒出一个合乎逻辑的纯粹形式,便于我们将其与既往的恐怖主义进行比较,更容易地找出各种现实案例的相似之处和关键差异。因此,理想类型是一种启发式工具,社会学家可以借助它们来建构研究假设,开展比较分析。

理想类型类似于我们观察社会世界的一个立足点,有了这个参照系,研究者就可以针对感兴趣的现象提出具体的研究问题。因此,理想类型没有对错之分,韦伯的原意也不是让我们像对待科学假设那样用经验案例来检验它,如果发现反例就说它是错的。它们的价值在于启发后续研究,以及对我们的理解作出的贡献。假如理想类型没能帮助我们更好地把握现实,或者只是不能引出进一步的问题和研究,那么我们就应该毫不犹豫地抛弃它们,因为直白地说,它们毫无用处。

批判与讨论

批评家认为,韦伯的理想类型在社会学研究里作用有限。例如,诺贝特·埃利亚斯不留情面地挖苦说,我们完全可以直接研究"现实类型"或者经验案例,而不是把宝贵的时间用于建构理想类型。这个批评很到位。尽管如此,我们必须牢记,理想类型意味着"敏化概念"(sensitizing concepts),这属于研究的一个初级阶段,之后才会发展为正式的经验研究。

与这个概念本身相比,理想类型的问题更多在于它们的使用方式。特别是,理想类型一开始只是帮助研究者加深理解的启发式工具,但很快就变成了需要研究者为之辩护的真实类型。简言之,虚构出来的理想类型逐渐被当作真实的社会现象,不但无助于我们的理解,反而成为理解的障碍。塔尔科特·帕森斯甚至在韦伯自己关于"资本主义"的研究里发现了这种下滑,韦伯在构造出来的类型和独特的历史形式之间徘徊。在帕森斯看来,理想类型有助于我们在比较研究里识别某些社会现象的一般特征,但在面对具体的历史阶段和**文化**现象时就难以招架了,因为它们需要翔实的经验调查。

意义与价值

社会学家依然在使用各种理想类型,尤其是当他们碰到还没法完全理解的新兴社会现象时。一些社会学家选择回到韦伯的研究,以拓展它,填补空白,或是将其带到新的方向。例如,扎列斯基(Załęski 2010)注意到,韦伯关于宗教对世俗世界的不同态度的类型学研究,学界并没有给予足够的重视。在挖掘其对当代研究的意义和价值时,他尝试在逻辑上予以扩展。

韦伯的宗教态度类型框架包括入世禁欲主义、出世禁欲主义和出世神秘主义。入世禁欲主义(如清教和加尔文教)涉及努力"让世俗世界满足宗教要求"(Załęski 2010:320);出世禁欲主义(如基督教苦行者和隐士)坚信世俗世界没有任何宗教意义,因此拒绝接受其所提供的一切;而出世神秘主义(如佛教和婆罗门教)意味着,信徒通过冥想来获得更高层次的自我觉醒。在此基础上,扎列斯基补充了第四种宗教态度理想类型,即入世神秘主义,比如万物有灵论、伏都教(voodoo)巫术仪式,或者招魂术。尽管韦伯不认为这种类型很重要,但扎列斯基相信这在今天很常见,表现为"新时代"(new age)信仰和实践,以及对天使或魔鬼甚至外星人的信仰,所有这些都被认为会影响或塑造这个世界上的真实事件。卷入其中的人会感到自己正在和神秘力量"共同塑造现实世界"。

参考文献与进一步阅读建议

Lister, C. R. (2015) *The Islamic State: A Brief Introduction* (Washington, DC: Brookings Institution Press).

Parkin, F. (2009) *Max Weber* (rev. edn, London: Routledge), esp. chapter 1.

Weber, M. ([1904] 1949) 'Objectivity in Social Science and Social Policy', in E. A. Shils and H. A. Finch (eds), *The Methodology of the Social Sciences* (New York: Free Press), pp. 50–112.

Załeski, P. (2010) 'Ideal Types in Max Weber's Sociology of Religion: Some Theoretical Inspirations for a Study of the Religious Field', *Polish Sociological Review*, 171(3): 319–326.

Qualitative/Quantitative Methods
定性方法/定量方法

定义

两种基本研究方法,定性方法旨在深刻把握研究对象的理性思考和决策过程,定量方法则广泛运用各种测量手段对社会现象进行量化处理。

源起与历史

从学科发端之时,定量研究就是社会学的核心方法。涂尔干利用官方统计数据来量化自杀率,并比较其在不同社会之间的差异,是定量社会学的典型代表。在19世纪,社会学的奠基者致力于把社会学建设成为"**社会的科学**",考虑到这一点,我们就不难理解社会学家为什么倾向于采用定量方法,因为它旨在对社会现象进行准确、可靠的测量。定量方法也让比较研究和历史分析具有潜力,使得我们可以深入了解社会变迁的程度,无论是地理上的,还是时间上的。

定性(质性)研究最初是一种更专门的形式,更多的是给重要的大规模定量研究打打下手(under-labourer)。当时,定性研究工作通常被看作一个重要的前提条件,形式大多为小规模的试点研究,以澄清意义为目标。然而,从20世纪70年代开始,情况发生了变化,定性研究逐渐发展成为一种自成一体的研究方法。现在,越来越多的社会学家认为,事实上,定性方法要比定量方法更加高级和优越,更适合用于研究人类和社会生活。

含义与解读

定量研究通常以数值的形式,例如数字或者百分比,来评估某个社会问题的严重程度,或者持有类似观点的人口的占比。对于准确描绘社会图景来说,描述性统计信息特别有用。一个国家有百分之几的人属于工薪阶层?就业人口中已婚妇女的比例是多少?有多少人相信全球变暖?回答这些问题只能依靠定量方法,即选取有代表性的人口样本,并以此为基础来推出一般性结论。就样本规模而言,定量研究的要比定性研究的大很多,这样才可能进行统计检验。

借助推论统计分析,定量方法可以更上一个台阶。推论统计试图得出关于样本数据的一般性结论,比如,样本中观察到的组间差异不是随机产生的,在总体中同样可靠。推论统计被广泛应用于变量分析,即从具有相关关系的若干变量中寻找因果关系。近年来,随着计算机辅助软件程序的出现和发展,变量分析变得更加方便快捷。例如,知名的SPSS可以帮助研究者简化原始数据的处理,还具有各种自动计算功能。也许具有讽刺意味的是,与此同时,越来越多的社会学研究者开始转向定性方法。

定性研究包括以下方法:焦点小组、民族志、半结构或无结构问卷、面对面访谈、参与观察、传记研究、口述史、叙事研究、扎根理论,以及生活史。借助这些具体方法,社会学家试图理解社会生活的微观过程,以及人们是如何解释自己所处的社会位置并赋予它意义的。简言之,定性研究的目的是挖掘人们独特生活的内涵,而不是把社会作为一个整体来测量其形态和规模。定性研究在很多领域大获成功,其中之一就是为代表性不足或处境不利的群体代言。对无家可归者、自残行为、家庭暴力、童年经历以及其他更多领域的研究,都从定性方法中获益匪浅,因为这种方法可以帮助边缘群体自由发声。

定性方法的另一个优势是,有助于研究者提升研究结论的效度(validity)。在做访谈或者民族志的过程中,研究者可以告诉研究参与者自己是如何解读他们的各种回答的,并核实这种理解是否正确。访谈结束后,可以举行一个情况汇报会议,以排除任何可能的错误理解。在扎根理论中,传统的演绎法(先建构研究假设再加以实证检验)被完全颠倒了过来,研究者先通过访谈记录收集数据,再用排序、编码和分类等方法对数据进行系统分析,继而建构概念和理论。据说,概念和理论是从数据中"喷涌而出"的。上述所有这些,都意味着要把研究参与者纳入研究的整个过程,而不是像定量研究那样,严格区分研究者和研究对象。

批判与讨论

定性方法的普及给我们带来了许多有见地和价值的研究,有些社会学家开始担心定量方法有可能会失宠。在一次以对定量方法的态度为主题的全国性调查中,威廉斯等人(Williams et al. 2008)发现,在英国的社会学专业学生中,许多同学对处理数据和学习统计技术感到恐惧和焦虑。更令人担忧的是,样本中大多数学生对定量方法缺乏兴趣,因为在他们看来,社会学这个专业更接近人文学科,而不是科学学科。这种态度上明显的代际变化或许会危及社会学作为一门科学学科的地位,也会影响到研究资助的来源、力度以及招生前景。

尽管定性方法和定量方法看上去泾渭分明,但有些社会学家却认为,两者之间的差异没有我们想象的那么大。有些定性方法会采用数量化的测量手段,相应地,有些定量方法也会深入挖掘研究参与者充满意义的主观世界(Bryman 2015)。采用定性方法的研究者会利用计算机软件包来分析大量文本和访谈资料,即进行编码、分类和量化处理;与此同时,一些定量研究也会采用半结构式访谈,允许研究参与者超越固定框架的问卷作答。问卷调查开始关注人们的态度和意见,对意义和解释充满兴趣;同时,许多基于社会**互动**的观察研究也试图得出更具一般性的结论。

意义与价值

一些定性研究学者指出,测量和统计检验不适于研究创造意义的人类;与此同时,一些定量研究学者则认为,定性社会学家采用的许多方法主观性太强,不够可靠,受研究者本人影响太大。因此,越来越多的研究项目开始采用"混合方法"(mixed-methods),即既使用定量方法,也使用定性方法。与仅用一种方法得到的研究结论相比,能够同时经受住两种方法检验的结论,信度和效度无疑都来得更高。在采用混合方法的科研项目里,具体采用哪种方法,主要取决于研究问题的特点和现实操作的便利性。其中的一个优秀案例是,席尔瓦及其同事(Silva et al. 2009)为期三年(2003—2006)的一项关于文化资本和社会排斥的研究。项目综合采用了问卷调查、入户访谈和焦点小组三种方法收集资料,既用了定量方法,也用了定性方法。作者把他们的研究思路表述为"方法论折中主义"(methodological eclecticism),认为这种做法不仅有助于确证事实,也可以检验解释说明的合理性。

近些年来,随着社交媒体越来越多地融入我们的日常生活,一些学者也开始讨论和探索,我们如何才能对脸书(Facebook)、照片墙

(Instagram)、优兔(YouTube)和推特(Twitter)等新媒体形式进行有效研究。要想弄清楚社会学家怎么在操作层面开展这类研究,办法之一就是对已有的文献进行一次系统回顾。斯内尔森(Snelson 2016)就针对定性研究和混合方法做了这项工作。他分析了发表于 2007 年至 2013 年的 229 篇使用定性方法的文献,其中 55 篇同时采用了混合方法,目的是厘清社交媒体研究的前沿趋势。斯内尔森在论文中指出,在这个时间段里,总体来看,定性方法和混合方法的使用都在增加;其中,脸书平台被研究得最多。这一支文献脉络的核心议题是,尝试理解人们是如何使用和体验社交媒体的。为了回答这个焦点问题,研究者应用了各种传统的研究技术(如访谈、焦点小组、内容分析和问卷调查等)。在采用混合研究方法的文献里还有一种趋势,就是将以传统方法从社交媒体用户那里直接获取的资料,同从优兔视频、脸书简介和社交媒体上的发帖及讨论挖掘到的数据混合起来。斯内尔森的文章最后总结到,大概从 2007 年开始,对社交媒体的研究开始快速增长,时至今日已经成为一个专门领域。随着研究的深入,社会学家逐渐了解如何有效处理和充分利用网上的海量数据,以及关于日常生活这些资料能告诉我们些什么。

参考文献与进一步阅读建议

Bryman, A. (2015) *Social Research Methods* (5th edn, Oxford: Oxford University Press), esp. parts 2, 3 and 4.

Silva, E., Warde, A., and Wright, D. (2009) 'Using Mixed Methods for Analysing Culture: The Cultural Capital and Social Exclusion Project', *Cultural Sociology*, 3(2): 299-316.

Snelson, C. L. (2016) 'Qualitative and Mixed Methods Social Media Research: A Review of the Literature', *International Journal of Qualitative Research*, March: 1-15. DOI: 10.1177/1609406915624574.

Williams, M., Payne, G., Hodgkinson, L., and Poade, D. (2008) 'Does British Sociology Count?', *Sociology*, 42(5): 1003-1021.

Realism
实在论

定义

社会研究的一种思路,坚称存在一个客观的外部现实,我们可以用科学方法来研究其根本原因。

源起与历史

实在论(也译为唯实论),这个概念古已有之。尽管如此,它进入社会科学领域,则是经由 16 世纪和 17 世纪知识研究中实在论和观念论两大阵营之间的哲学争论。哲学实在论者相信,存在一个外在的客观现实世界,只有通过感官体验和观察才能了解。**科学**的任务就是以自己的描述和解释来呈现现实世界,随着科学知识越来越丰富,我们就越来越接近真相。哲学观念论者则认为,知识起源于人类心智,而不是所谓的外部客观世界,我们的思维结构决定了关于世界我们可以知道些什么。是故,并不存在未经中介的、可以"直接"把握的"外在"世界。

在 20 世纪 70 年代,出现了一种"批判"风格的实在论,以罗伊·巴斯卡尔(Bhaskar [1975] 2008)、安德鲁·塞耶(Sayer 1999)等人的思想为代表,试图重振实在论。从那以后,在社会学领域,批判实在论被看作社会建构论的一种替代性方案,反映了围绕观念论和实在论的古老哲学争论。批判实在论试图捍卫社会学的科学性,同时摆脱实证主义的诸多局限,它已经发展成为一种研究传统,对英国社会学产生了巨大而深远的影响。批判实在论可以用于研究各种社会现象,只是在某些领域里应用得更为广泛,比如**环境**社会学。

含义与解读

批判实在论不仅是一种科学哲学,同时还是一种研究方法。其倡导者宣称,这种方法可以帮助研究者深入可观察事件的表面之下,把握现实世界现象的根本原因或"发生机制"。批判实在论严肃地捍卫社会科学的"科学性",其支持者强调,科学家的任务就是揭示那些生成我们所经验和观察到的世界的基本社会过程。实在论者的出发点是,人类社会是自然的一部分,两者都应该用相同的方法加以研究。但这并不是说要将自然科学方法引入社会学研究,而是说,实在论的方法同时适用于自然科学和社会科学研究。

批判实在论的一个基本原则是,知识是分层的,实在论者同时处理抽象层次和具体层次的知识。抽象知识指的是高阶理论,比如自然科学"定律",或者关于社会的一般性理论,而具体知识则是在历史特殊情境下偶然产生的。因此,需要对具体历史情境或"关键事件"进行研究,辅之以详尽的实证分析,以便厘清那些偶然因素是如何与必要联系相互作用,从而产生我们可以观察到的结果的。狄更斯(Dickens 2004)举了一个非常简单的例子:不稳定的化学结构让火药具有爆炸的可能性,但是否爆炸还取决于其他一些偶然因素,比如,它是如何被储存的、是否靠近火源,以及到底有多少。类似地,人类拥有一定的权力和能力(人类的本性),但实际上能否运用,同样取决于历史性的偶然机遇:比如,既存的社会关系是鼓励还是抑制,社会是否提供了足够的机会让行动者展现才能,等等。

很明显,批判实在论以不同于**社会建构论**的方式来探讨知识生产问题。对于像全球变暖这样的社会问题的真实性,建构论者往往采取一种"不可知论"的立场,把评估工作留给环境科学家和其他学者去做。而实在论者则会努力把自然科学知识和社会科学知识结合起来,以便我们更全面综合地理解全球变暖的根本原因或"发生机制"。一些批判实在论者把马克思的**异化**理论看作实在论取向的社会理论的早期版本,原因在于,马克思把关于人类本性的理论同一些偶然因素联系起来讨论,比如资本主义社会关系的出现使人类无法充分意识到自己是"类存在物"(species being)。

批判与讨论

批判实在论的一个问题就是它乐意使用自然科学知识。考虑到批判实在论者没有接受过自然科学的常规训练,也没有能力参与关于气候变化过程的物理和化学等方面的辩论,那么社会学家要基于什么来评估这些证据呢?在社会建构论者看来,简单地接受自然科学知识是相当幼稚的。长期研究科学共识如何达成的科学知识社会学,尤其需要考虑这个问题。对科学社会学家来说,不可知论的立场是必要的,这样我们才能保持相对超然的态度,客观冷静地透视实验程序及其他科学研究方法。

关于自然科学和社会科学能在多大程度上使用相同的方法进行研究这个问题,批判实在论内部也有不少争论。例如,巴斯卡尔本人就曾经指出,社会科学和自然科学存在本质差别。他认为,社会结构不同于自然结构。社会结构无法长时间保持稳定,容易受到人类对自己行为的认知的影响。因此,有必要使用不同的方法来分别研究社会现象和自然现象。然而,如果这种说法成立,那么批判实在论可能无法提供一种统一的思路,也就不具备替代各种后现代主义和其他"装饰社会学"的魅力了。

意义与价值

批评暂且放在一边,不管在理论和方法论上持什么观点,在实际操作过程中,几乎所有社会学研究都采用了某种形式的"简易"实在论。是否存在一个值得我们去探索的外在的现实社会世界?如果我们连这个问题都给予否定回答,那么研究的意义何在?对很多社会学家而言,严格的建构论是对专业责任的一种逃避,相较之下,批判实在论提供了或许是目前最有潜力的非实证主义替代方案。

批判实在论已被应用于犯罪研究,并被视为重申了犯罪学的政策重要性。马修斯(Matthews 2009)认为,当代大多数犯罪学研究都过于悲观,几乎不相信政策干预能够减少犯罪或降低累犯率。但他表示,实在论要求政策干预不仅仅是简单的策略或者实践。政策干预隐含关于在特定环境下怎么做可能有用的理论,我们不仅要关注干预措施,更要去评估政策干预在什么地方失败了。由于所有干预都是针对活生生的人类行动者,因此,干预的目标应该是改变或者重塑潜在罪犯的思维方式。对马修斯(Matthews 2009:357)而言,即使政策干预没有起到明显的改造作用,但"任何改变都是收获",积少成多,就能取得进一步的重大成果。

冈纳森等人(Gunnarsson et al. 2016)认为,虽然"主题一致",但在女性主义研究脉络里,批判实在论仍处于边缘地位。究其原因,或许是批判实在论还是为男性学者所主导,它关注的核心议题在本质上依旧带有"男性气质"。上述作者还特意指出,批判理论家倾向于在生理性别(sex)和社会性别(gender)之间做出明确区分,并接受基本的基础生物学思想;相反,酷儿理论家不承认性别认同必须建立在生物基础之上,或是需要一个生物基点。话说回来,女性主义理论家越来越关注本体论,或者说关于"存在"的各种理论,以至于其聚焦的核心议题与批判实在论的重要关切越来越接近。与此同时,一些批判实在论者也试着探索传统上的"女性"话题,比如什么是爱(ibid.:433-435)。很明显,尽管近些年来两者之间有不少建设性的交流,但批判实在论和女性主义还是存在很多根本性的差异。

参考文献与进一步阅读建议

Bhaskar, R. A. ([1975] 2008) *A Realist Theory of Science* (London: Verso).
Carter, B. (2000) *Realism and Racism: Concepts of Race in Sociological Research* (London: Routledge).
Dickens, P. (2004) *Society and Nature: Changing Our Environment, Changing Our-*

selves (Cambridge: Polity), esp. pp. 1-24.

Gunnarsson, L., Martinez Dy, A., and van Ingen, M. (2016) 'Critical Realism, Gender and Feminism: Exchanges, Challenges, Synergies', *Journal of Critical Realism*, 15(5): 433-439.

Matthews, R. (2009) 'Beyond "So What?" Criminology', *Theoretical Criminology*, 13(3): 341-362.

Sayer, A. (1999) *Realism and Social Science* (London: Sage).

Reflexivity
反身性

定义

对知识与**社会**和/或研究者与研究对象之间关系的描述，强调社会行动者对自身及其所处社会环境的持续反思。

源起与历史

反身性与反思或者自我反省的想法有关，所以可以说，这个概念由来已久。它在社会**科学**中的应用可以追溯到乔治·赫伯特·米德（Mead 1934）和查尔斯·库利（Cooley 1902）关于**社会自我**的观点，W. I. 托马斯的**社会建构论**思路，以及早期对自我实现预言和自我挫败预言的研究等。库利和米德拒绝这样的观念，即个体的自我是与生俱来的。相反，库利认为，自我是在与他人的社会**互动**中产生的，在这个过程中，人们会按照他人看待自己的方式来看待自己。在米德的理论里，生物个体与由他人构成的社会环境之间的持续互动，形成了"自我"的两个构成部分："主我"（I）和"客我"（me）。"主我"和"客我"在个体内部不断进行对话。有了这种个体反身性，有意义的社会互动才成为可能。

到了20世纪晚期，个体反身性和社会反身性在社会理论中变得越来越重要。特别是,乌尔里希·贝克(Beck 1994)和安东尼·吉登斯(Giddens 1984)的理论思想扩展了反身性概念,使之从个体层面延伸到社会层面。与此同时,对**定性**研究方法的重新强调,也让人们注意到了社会生活本身的反身性特征。个体反身性和社会反身性的存在,被看作是对社会学实证主义残留势力的致命打击。

含义与解读

对于库利、米德及更一般意义上的符号互动论传统来说,正是"自我"构建的过程使人类具有"反身性":积极参与社会生活的同时,能够对此进行反思。这种个体反身性意味着,积极的人类行动者可以混淆视线,使科学家对他们将如何或应该如何行动的预测基本失效。这也表明,所谓的"社会"其实是持续的社会建构过程,而不是一个与个体全然无关、固定不变的客观实体。自我实现预言也能够部分说明反身性的影响。一个正常经营的银行陷入困境的谣言,会导致大批投资者挤兑,银行由此真的陷入困境,这反过来验证了之前的谣言(Merton[1949]1957)。各种各样的知识和信息都有可能改变人们的决策过程,导致不可预测的行动。

在安东尼·吉登斯、乌尔里希·贝克及其他一些立场相同的学者的著作里,反身性是理解当代社会的钥匙。吉登斯和贝克指出,"晚期"**现代性**是一种"去传统化"的社会环境,在这种情况下,个体与社会结构脱节,因此被迫对自己的生活和身份不断进行反思。贝克把这种新出现的社会形态称为"反身性现代化",也可以说是"第二现代性",或者超越工业社会的"**风险**社会"。这种高度的反身性据说会给研究实践带来广泛而深远的影响。社会学的研究发现成为社会知识储备的一部分,个人习得这些知识并据此作出决策。这种在自我实现预言和自我挫败预言中表现得很明显的循环效应,已经成为社会生活的一部分。在这个意义上,基于对外在世界的客观研究的简单实证主义思路似乎误入歧途,因为研究者和研究对象之间的界限已经模糊不清。同样,社会学家所采用的研究方法也应该适应这种情况,这或许就是很多定性研究方法(如传记研究、口述史,以及在研究过程中纳入研究者本人的经历等)越来越流行的原因。因此,反身性概念已经成为社会理论阐释和社会学研究方法的核心,同时也提醒我们,理论和方法是不可分割的。

批判与讨论

反身性现代化理论,以及它所假定的高度个体化,遭到了许多来自经验研究的批判。这种理论描述的一些社会变迁是无可争辩的,如**家庭**生活的多样化、结婚率和离婚率的变化等,但工业社会已经让位于一种全新的反身现代性的观点是有争议的。"应对风险"真的已经成为当代社会新的组织原则了吗?工业生产过程现在是全球性的,大部分制造业都被转移到了发展中国家,可以说,工业**资本主义**仍然是当今社会的最主要特征。个体化和高度反身性的命题很可能是夸张了。举个例子,尽管人们现在不会像20世纪前半叶那样明显意识到自己属于哪个社会阶级,但这并不意味着他们的生活和人生机遇不受**阶级**地位的影响。事实上,很多社会学家证明了阶级依然非常重要,这给个体化命题带去了很多挑战。

对于将反身性引入社会学研究的做法,学界也反应不一。有些学者认为,急切地在研究过程中加入研究者自身的经历,容易陷入自我陶醉和罗列无关紧要的个人细节的困境。此外,过于关注反身性还容易走上反思的不归路,对反思进行反思,对阐释作出阐释,循环往复,无穷尽也。这会导致舍本逐末,忽视了社会学研究的真正任务,即生产关于社会生活的有效和可靠的知识,帮助人们更好地理解和解释它。我们也不清楚反身性研究实践该怎么应用于大规模的社会和态度调查,如果想要揭示构成社会基础的模式和规律,这种调查仍然是必要的。

意义与价值

反身性已经成为许多社会学研究的一部分,同样,这个概念也被其他学科和调查领域所采用。例如,怀廷等人(Whiting et al. 2018)在他们对工作—生活边界转换的参与式视频研究中,就借鉴了反身性理论。研究者给每个参与者配发了一个视频摄像头,允许参与者自己决定如何最好地处理研究组让他们关注的各种概念。这使参与者可以自行生产关于他们生活的数据,而不是再现传统的那种研究者与参与者之间充满不平等的权力关系。研究者感兴趣的问题是,研究者—摄像头—参与者三者之间的紧张关系,在研究过程中是如何产生和被管控的。

研究参与者将摄像头作为一种"反身性工具",来记录他们一周的日常生活,从而创造属于他们自己的知识。为了让参与者也成为积极的研究者,在整个视频录制的过程中,研究者有意识地保持相对沉默。怀廷等人(Whiting et al. 2018:334)写道,"课题组成员鼓励参与者进行反思,了解他们自己在数字时代的工作—生活边界转换;与此同时,参与者也鼓励我们对自己的研究实践有更具反身性的理解"。对于课题组成员来说,采用这种"关系性的反身性思路",促使他们思考自己的基本假设以及研究过程所涉及的权力关系。

不是所有采用更具反身性的研究方法的学者都支持贝克的反身性现代化理论,或是吉登斯的去传统化命题。对于许多学者而言,反身性只是他们从事社会研究工作的方式的一部分,这有助于他们更清楚地意识到自身的偏见和理论假设。显然,很多学者可能没有对自己长期的常规做法进行反思的习惯,对于他们来说,适当的反身性是大有裨益的,能够帮助他们与时俱进,跟上时代的脚步。

参考文献与进一步阅读建议

Beck, U. (1994) 'The Reinvention of Politics: Towards a Theory of Reflexive Modernization', in U. Beck, A. Giddens and S. Lash, *Reflexive Modernization: Politics, Tradition and Aesthetics in the Modern Social Order* (Cambridge: Polity), pp. 1-55.

Buttel, F. H. (2002) 'Classical Theory and Contemporary Environmental Sociology: Some Reflections on the Antecedents and Prospects for Reflexive Modernization Theories in the Study of Environment and Society', in G. Spaargaren, A. P. J. Mol and F. H. Buttel (eds), *Environment and Global Modernity* (London: Sage), pp. 17-40.

Cooley, C. H. (1902) *Human Nature and the Social Order* (New York: Scribner's).

Finlay, L., and Gough, B. (eds) (2003) *Reflexivity: A Practical Guide for Researchers in Health and Social Sciences* (Chichester: Wiley-Blackwell).

Giddens, A. (1984) *The Constitution of Society* (Cambridge: Polity).

Mead, G. H. (1934) *Mind, Self and Society*, ed. C. W. Morris (Chicago: University of Chicago Press).

Merton, R. H. ([1949] 1957) *Social Theory and Social Structure* (rev. edn, Glencoe, IL: Free Press).

Whiting, R., Symon, G., Roby, H., and Chamakiotis, P. (2018) 'Who's Behind the Lens? A Reflexive Analysis of Roles in Participatory Video Research', *Organizational Research Methods*, 21(2): 316-340.

Science
科学

定义

一种用收集到的证据来检验理论,以获取关于世界的有效和可靠的知识的方法。

源起与历史

科学概念最早是对知识本来面目的一种描述。但一直到14世纪的欧洲,科学或"自然哲学"的含义还相对有限,仅仅是指那些被书写或者记录下来的知识。17世纪,"科学革命"爆发,取得了许多历史性突破,包括牛顿发现万有引力,从此科学逐渐被看作一种独特的研究方法。到了19世纪,只有在谈到物理世界以及研究物理现象的学科(包括天文学、物理学和化学)时,人们才会使用科学这个概念。及至19世纪末,科学哲学中的争论集中于这样一些问题:什么样的方法是"科学的"?如何验证科学知识的真实性?新兴的社会研究能与自然科学生产的各种证据相匹配吗?

进入20世纪,实证主义的不同流派围绕着是演绎还是归纳、是证实还是证伪展开持续讨论,即什么是所有科学,而不只是自然科学,应该遵循的特定原则和标准。随着时间的推移,社会学家逐渐将自己的学科视为一门科学,但与自然科学又有所区别,原因在于人类的目的性行动及**社会**和社会学知识之间存在的**反身性**。如今,社会学分为两个阵营,其中一派继续把自己当作研究社会的科学家,另一派则投身社会研究,从而使科学方法和**地位**的问题变得过时。

含义与解读

可以说,自奥古斯特·孔德的实证主义以来,社会学究竟是不是一门科学,一直是社会学的关键问题。社会学和其他已经得到承认的科学,如天文学、物理学、化学和生物学,是什么样的关系?是什么让这些学科的"科学性"无可争辩?很多人相信,科学研究指的是使用系统的研究方法,收集经验证据、分析数据并基于数据发展出理论解释。随着时间的推移,科学就能建构出一套规模可观的可靠知识体系。如果我们接受这样的界定,那么社会学就是一门科学,因为它确实涉及系统的经验调查方法、数据分析以及根据证据和逻辑论证对理论作出评估。然而,越来越多的社会学家不愿把社会学视为一门科学,他们认为社会学更接近人文学科(humanities),而不是自然科学。

研究人类在某些方面明显不同于观察自然世界中的事件,所以社会学和自然科学也许永远不可能完全一致。人类从来不是仅凭本能或者某种生物冲动而行动，而是以有意义的方式互动。这就意味着，为了描述和解释社会生活，社会学家必须找到方法去理解人们为什么会如此行事。人们通常根据自己的目的行动，而社会学家往往会重构人们赋予自己行为的各种意义。相比之下，观察一只青蛙的行为，就不需要重建复杂的心理推理过程。人类行动具有意义的特性，既是一种优势，同时也给研究者带来了各种挑战。社会学家不能简单挪用成功的自然科学如生物学或化学等的研究方法，而是必须设计出属于他们自己且完全适用于其专门研究对象即人类及社会生活的方法。社会学家的一大优势是，他们可以直接与研究参与者对话并理解对方的回答。这种与研究参与者直接交流并核实自己的解释是否准确的机会，意味着社会学的研究发现比之自然科学的结果，信度（不同的研究者能得到相同的结果）和效度（研究确实测量到了它想要测量的东西）还要高，或至少有可能做到这一点。马克斯·韦伯认为这种收获对社会学的科学地位至关重要。尽管社会学的研究方法必然不同于其他科学的方法，但其系统性、严谨性和理论性一点也不逊色。

然而，社会学家也面临自然科学家未曾遇到的困难。具有自我意识的个体一旦知道自己的行为正在被人研究，很可能表现得和平时不太一样，从而削弱研究结论的可靠性。例如，在日常生活中，人们无时无刻不在管理自己的形象，这种"印象管理"在社会学研究过程中同样不可避免。社会学家必须清醒地意识到这种可能性，也就是说，在访谈和问卷填答过程中，应答者可能会提供他们认为研究者正在寻找的答案。如此种种，说明了人类研究的一个重要特征，即反身性问题。

社会学知识会通过各种方式回流到社会中，成为社会学所研究的社会环境的一部分，并可能改变这种社会环境。社会反身性是自然科学没有遇到过的，这就意味着，如果致力于成为一门科学，社会学不能简单照搬自然科学的研究方法，而必须发展出自己的"适用于研究对象"的方法。

批判与讨论

社会学应该是一门科学的观点有一个根本问题,即它假定人们已经就"什么构成科学"达成了一致意见。尽管这在过去意味着只需要去看看自然科学做了些什么,但现在情况已经不同了。一些重要的科学史研究动摇了长期与科学相关的确定性。托马斯·库恩(Kuhn 1970)回顾了科学的几次重要突破,他称之为科学革命。人们通常认为科学突破是长时间知识积累的结果。事实上,库恩不认同这种观点,在他眼里,自然科学的运作是通过各种"范式"(paradigms),即基于特定理论的科学研究方式。"常规"科学本质上只是在不断检验或再验某个范式,一般无法取得重大进展。当有人为了解释一个异常发现而超越既有范式时,就迎来了突破时刻,创造出了新的范式。

打破科学这种**理想类型**的另一项研究,是保罗·法伊尔阿本德(Feyerabend 1975)对科学研究方法的历史研究。他指出,许多革命性的科学发现与科学研究方法毫无关系。实际上,这些研究发现只是通过简单试错,甚至是失误和偶然机会获得的,根本没有章法可言。于是,法伊尔阿本德得出这样的结论,科学方法仅有一个重要原则——"凡事皆有可能"。只有鼓励研究者打破常规,偏离既有的科学模型,才有可能不断创新。僵化地坚持一种方法,就只能是原地踏步,无法取得进步。几十年来,社会学一直在模仿自然科学的方法;然而,到了20世纪80年代,这项工作似乎已经失去了价值。

意义与价值

2019—2021年,世界各国政府面对Covid-19时的第一反应,是向流行病学专家和医学寻求建议和指导。这清晰地表明,与神学知识和常识性观念相比,科学仍被视为一种优越的知识形式。这种优越性的基础似乎根植于科学在现实中的成功,而不是对科学方法的普遍理解。在社会学领域,关于这个学科是否应该成为或者被视为一门"科学",长久以来一直争论不休,似乎在什么是合适的研究方法上分成了不同的阵营。

施韦默尔和维乔雷克(Schwemmer and Wieczorek 2020)指出,这种划分在以定性方法或者定量方法为主的研究中,体现得淋漓尽致。作者发现,这种分化让社会学变成了一门"低共识的学科,社会学者在对立的阵营之间左右为难,他们在认识论上要么向自然科学看齐,要么与人文学科结盟"(ibid.:4)。这些阵营对应不同的科学哲学流派。偏向人文学科的阵营青睐建构主义和逻辑归纳法,倾向自然科学的阵营则站在实证主义和演绎法那一边。学术期刊往往偏重一端,要么定量要么定性,这在无意中进一步扩大了既有的分歧。施韦默尔和维乔雷克在他们的样本,即1995—2017年发表在一些综合性社会学期刊上的论文中,同样发现了这种分歧的证据。是故,尽管近些年来两大阵营的学者开始越来越多地采用混合方法,但施韦默尔和维乔雷克的文章暗示,长久以来一直困扰社会学的科学地位问题,依然嵌在这个学科话语体系的结构里。

参考文献与进一步阅读建议

Benton, T., and Craib, I. (2010) *Philosophy of Social Science: The Philosophical Foundations of Social Thought* (2nd edn, Basingstoke: Palgrave Macmillan).

Chalmers, A. F. (1999) *What Is This Thing Called Science?* (3rd edn, Maidenhead: Open University Press).

Feyerabend, P. (1975) *Against Method* (London: New Left Books).

Fuller, S. (1998) *Science* (Buckingham: Open University Press).

Kuhn, T. (1970) *The Structure of Scientific Revolutions* (Chicago: University of Chicago Press).

Schwemmer, C., and Wieczorek, O. (2020) 'The Methodological Divide of Sociology: Evidence from Two Decades of Journal Publications', *Sociology*, 54(1): 3–21.

Social Constructionism
社会建构论

定义

社会学的一种思路，对社会现象的真实性持不可知论的立场，倾向于研究这些现象是如何在社会关系中产生的。

源起与历史

社会建构论（社会建构主义）的起源可追溯到20世纪70年代初的"社会问题"视角，即认为社会问题是对公众注意力和国家资源的索求。在一个各种诉求竞争激烈的**环境**中，利益要求太多，而可用的资源太少，这个视角想要搞清楚，为何一些诉求引起了人们的关注，而另一些则被忽视。今天的建构主义还借鉴了科学知识社会学（sociology of scientific knowledge, SSK）[①]的观点，后者研究的是知识生产背后的社会过程。在科学知识社会学看来，**科学**本身就是一种社会活动，应该从社会学视角加以研究。科学理论是**社会**的产物，表面看起来真实可靠，"放诸四海而皆准"，但实际上是否如此，科学知识社会学通常持怀疑态度。

上述两条脉络汇聚在一起，带来了社会学界颇为流行的社会建构论。这个一般性的视角被用于分析各种社会现象，从欧洲的社会建构过程，到连环凶杀案、老年痴呆症、**性存在**（sexuality），甚至是海洋。这

[①] 科学知识社会学，产生于20世纪70年代，是以默顿为代表的传统科学社会学之后出现的新科学社会学，以英国爱丁堡学派的巴恩斯（B. Barnes）和布鲁尔（D. Bloor）等学者为代表。科学知识社会学深受现代科学哲学中相对主义思潮的影响，把科学知识看作社会建构物，凭借其激进的科学建构论主张，迅速产生了国际性影响。它对科学持怀疑论和不可知论的立场，断然拒绝哲学本质主义、形式主义、基础主义和实证主义。——译者

些研究的共同主题,就是尝试对研究对象的"自然"或"客观"属性提出怀疑。社会建构论的观点也有助于分析**社会运动**,比如女权运动和失能者权利运动,它们挑战了对女性或失能者不利的看似"自然"的状况。

含义与解读

社会建构论在社会学里被广泛采用,能够帮助我们把造成特定社会现象(比如**性别**或犯罪)的所有要素拼在一起。建构主义挑战传统智慧和常识性观念,如认为性别和犯罪的存在是自然的或正常的。对于社会建构论者而言,性别和犯罪产生于历史社会过程和社会**互动**。这就意味着,性别和犯罪现象并非一成不变的,随着时间的推移和场景的转换,含义和形式都会发生改变。在这个意义上,社会建构论根植于这样的观点,即社会及其制度安排总是处于变化过程中,社会学的任务就是探究这个持续的过程。

当然,并不是所有的建构主义思路都一样,其中一个基本区别就是科学知识社会学提出的"强建构主义"和"弱建构主义"。近些年来,这一区别被重新界定为"严格的建构主义"和"基于情境的建构主义",这样看起来更为中立一些。严格的建构主义者认为,无论是自然还是社会,都不是以未经中介的形式呈现自己的。所有现象,唯有借助人类的概念和理论方能把握,而概念和理论是会变化的,有时甚至是发生相当彻底的改变。在建构主义阵营里,这部分人属于少数。绝大部分建构主义研究都承认,在社会学家的**话语**之外存在一个现实世界,但问题在于我们如何才能认识它。对于社会问题和环境问题,以及社会团体提出的相关诉求,基于情境的建构主义者有很多可说的,他们指出不能毫不怀疑地接受既有的社会问题等级排序。有些问题似乎非常紧迫,急需关注,而另一些则看上去没那么重要,暂时放一放也不要紧。基于情境的建构主义者将社会问题的现存排序作为讨论的起点。这种排序真的反映了这些社会问题的严重程度吗?这里,社会学可以对"支持者"和"反对者"的观点进行有益的分析,由此确保理性评估所需的信息能够进入公共领域。

展现建构主义者思路的一个非常好的例子,是汉尼根(Hannigan 2014)对生物多样性丧失这个环境问题的研究,这个问题在20世纪80年代迅速引起了人们的关注。其实,至少从1911年开始,人们就注意到了生物多样性丧失的现象,大量保护濒危鸟类和动物的立法倡议就是明证。但没有任何国际组织能把这个问题上升到政治高度。到了20世纪80年代,情况发生了很大的变化,包括跨国公司争夺特定的基因资源(如热带雨林中的物种),保护生物学(conservation biology)这一"应对危机"的新学科应运而生,联合国开展专项工作给予必要的政治关注,以及制定了大量保护物种的法律法规。简言之,众多有力的"支持者"共同发力,使得这个问题成为环境保护议程上的优先议题。当然,反对的声音也是存在的。只是这一次,支持者的实力更强,组织程度更高。只有关注这一诉求的历史性建构的建构主义阐释,才能清楚地告诉我们,它是如何以及为什么会成功的。

批判与讨论

不管建构主义讲的故事有多么精彩,它的"不可知论"总会招来各种反对的声音。比如,有批评者认为,汉尼根对生物多样性的研究,忽略了一些重要的东西。生物多样性丧失是一个日益严重的社会问题和环境问题吗?这个问题没有得到应有的讨论,而且社会建构论对此毫无发言权。要回答这个问题,需要生物学家、自然史学家和环境科学家的专业知识。具备生物多样性或其他问题的相关专业知识,能参与细节讨论的社会学家少之又少。对一部分批评家如批判实在论者而言,如果不把这些专业知识纳入分析,社会学就不过是围绕声明、文件和文献的一系列话语研究,无法真正触及问题的实质。

更进一步的批评是,社会建构论似乎优先考虑诉求的政治性,有时看上去对政治运动和社会运动比对科学性的社会学更有用。揭示强势的社会团体如何可能塑造和主导政治辩论,当然很有意义,但建构主义者似乎往往站在弱者一边。就此,有人认为这个视角存在政治偏见。例如,女权运动就高举建构主义大旗,高呼私密的家庭生活并不是女性的"自然归宿",生养子女也不应该成为性别平等的"天然"障碍。这里,批评者并不是要否定这些观点,而是认为建构主义与其说是科学研究方法,不如说是政治策略。

鉴于所有的社会现象都可能被社会建构论者纳入分析,或许社会建构论本身也不可避免地被视为由社会建构而成的。这就是莫季尔(Motyl 2010)对强势版本的建构主义冷嘲热讽、弃若敝屣的原因。莫季尔的论文讨论的是民族主义和缔造**身份认同**,但我们应该重点关注他对主流社会建构论和强社会建构论的区分。他认为,前者"平淡无奇、乏善可陈",后者"与众不同、令人兴奋,但却错得一塌糊涂"。

意义与价值

在社会学领域,社会建构论取得了巨大的成功,可能在今天的大多数研究中都占有一席之地。毫无疑问,社会建构论生产了许多关于社会生活的有益见解。它告诉我们,所有已知现象本质上都是社会性的,这就将人类社会置于研究的核心,把社会学家推到了舞台的中央。社会建构论揭示了各种社会建构过程,使人们得以知晓更多关于重要议题的信息,从而展开更广泛的公共辩论,而不是把这些交给所谓的"专家"。在这个意义上,社会建构论厥功至伟。

无论是在历史上,还是在当今社会,人口迁移及对移民和难民的态度都是一个充满争议的话题。在我们这个全球化的时代,移民已经成为很多国家政治、经济和文化辩论中的重要话题。弗洛雷斯和沙克特(Flores and Schachter 2018)细致考察了美国的非法移民现象,提出了这样一个问题——"哪些人是非法移民?"乍一看,这个问题似乎无关紧要,因为合法与否是一个法律问题,那么谁算作"非法"就应当是确定的。然而,事情远没有这么简单。这项研究调查了1515名非西班牙裔的美国成年白人,询问他们觉得什么样的人是非法移民。两位学者发现,社会阶级、出生国和犯罪记录等是塑造共享刻板印象和一种"社会性非法"(social illegality)的关键因素。"社会性非法"可能影响雇主、老师、房东及其他公众的相关决策。简言之,社会上的"非法"不仅是法律所定义的,而且是由社会强力建构的,会给基于种族的不平等造成严重的后果。

参考文献与进一步阅读建议

Flores, R. D., and Schachter, A. (2018) 'Who Are the "Illegals"? The Social Construction of Illegality in the United States', *American Sociological Review*, 83(5): 839–868.

Goode, E., and Ben-Yehuda, N. (2009) *Moral Panics: The Social Construction of Deviance* (2nd edn, Chichester: Wiley-Blackwell).

Hannigan, J. (2014) *Environmental Sociology* (3rd edn, London: Routledge), esp. chapter 5.

Motyl, A. J. (2010) 'The Social Construction of Social Construction: Implications for Theories of Nationalism and Identity Formation', *Nationalities Papers*, 38(1): 59–71.

Structure/Agency
结构/能动

定义

一种概念上的二分法,根植于社会学理解**社会**对个体的影响(结构)与个体行动和塑造社会的自由(能动)之间的相对平衡的努力。

源起与历史

有关人类自由意志的各种问题,哲学家已经争论了几个世纪。而在社会学领域,这个议题转换成了能动和结构的"问题"。能动和结构的问题本身是早期社会学家这种观念的直接产物,即确实存在诸如社会和社会力量之物,限制了个人选择和自由。赫伯特·斯宾塞和奥古斯特·孔德把社会结构看作群体、集体以及个人的集合体。是涂尔干关于社会事实及社会作为一个独立实体的思想,让这个新学科有了安身立命的研究领地。这种新兴的社会学聚焦于个体是如何由社会结构塑造和影响的,不管从哪个角度看,社会结构都是外在的,超出个体的控制范围。及至20世纪的功能主义,塔尔科特·帕森斯创建了一种行动理论,认为社会结构并非"类物"(thing-like),而是更接近于规范性预期的模式和管理可接受行为的准则。

到了20世纪60年代,天平开始朝以结构为主导的理论的反方向倾斜。丹尼斯·朗(Wrong 1961)连同其他一些学者主张,结构主义思想给个人的创造性行动留下的空间太小,很多社会学家开始转向更关注能动的视角,比如符号互动论、现象学和常人方法学。这种朝行动者视角的转变是新兴的理论多元化的一个侧面,理论多元化在现在的社会学学生看来可谓稀松平常。从20世纪80年代以来,出现了在理论层面上整合结构和能动的各种尝试,比如阿彻(Archer 2003)、埃利亚斯(Elias [1939] 2000)、吉登斯(Giddens 1984),以及布尔迪厄(Bourdieu 1986)。

含义与解读

社会学领域有几个相关的概念二分法,包括结构/能动,还有宏观/微观和社会/个人等。结构/能动可能是历史最悠久的分类框架,以至于艾伦·达(Dawe 1971)声称,实际上有"两种社会学",它们有截然不同的研究对象、分析方法和证据标准。即使那些不会走得那么远的学者也承认,处理结构/能动问题是"做社会学"之实践的基础。

现实的情况看上去可能是这样的:研究社会结构的人侧重宏观层面的大规模社会现象,忽视个体行动,而关注能动的人则只盯着微观层面的个体行动。这种区分看起来并不坏,但在微观层面上也存在结构化的**互动**和关系,涉及对个体行动的研究;反过来,我们可以说,不仅是个体,一些集体性实体(如工会、**社会运动**和公司)也在"行动",因此在塑造社会生活的过程中发挥了积极的能动作用。就此而言,结构/能动和宏观/微观并不完全重合。

阶级体系、**家庭**或者经济等社会结构都是在社会互动中建立起来的,有着悠久的历史,并随着时间的推移而变化。例如,由于收入水平的普遍提高,**身份认同**(**性别**、**族群**等)的竞争,以及新的职业类型和雇用模式的出现,**阶级体系**发生了重大改变。尽管如此,还是存在一个阶级体系,人们生活在这个体系中,个体的生活机会深受这个体系的影响。与此类似,今天的家庭生活远比五十年前更加丰富多彩,因为社会文化观念越来越多元,更多的已婚女性步入职场,离婚率急剧上升。但家庭仍然承担着一些重要的社会功能,例如社会化,即为个体进入社会提供必要的训练。因此,一般而言,社会结构为我们提供了必要的秩序,许多社会领域都靠它来组织和协调。

对一部分人来说,社会结构是一个很难接受的概念。在最好的情况下,社会结构被视为启发性概念,是社会学家为了推进研究而虚构的;在最坏的情况下,则是物化(reification),即把实际上流动的社会关系集合非法具化为"物"。互动主义的一个关键要素是对情境的解释,这种情境受到他人的影响,并涉及某种**反身性**。因此,结构主义理论家所说的那种固定的组织化的结构,比想象中更为可塑、短暂和开放。1989 年,发生在捷克斯洛伐克的所谓"温和革命"或"天鹅绒革命",就向我们展示了,在个体和集体行动者的创造性行动之下,看似牢固的社会结构和制度可以迅速崩溃。

区分"两种社会学"是这门学科的一个痼疾,原因是离开能动谈结构或离开结构谈能动,都会限制社会学的想象力,只可能得到对现实的片面解释。出路似乎在于,找到一种将能动/结构整合到一起的有效方法,既超越简单的二分法,又保持两者的最佳洞察力。

批判与讨论

马克思为我们提供了一种重构这个问题的方式。他有一个著名的论断,即人们自己创造自己的历史(能动),但是他们并不是随心所欲地创造,并不是在他们自己选定的条件下创造(结构)。吉登斯(Giddens 1984)的结构化理论在一定程度上归功于这一观点。在吉登斯看来,结构和能动相互影响。结构不仅具有约束性,还具有赋能性,它使创造性行动成为可能;反过来,许多个体的重复行动可以再生产和改变社会结构。结构化理论关注的焦点是"跨越时空而有序展开的"社会实践,社会结构就是通过这些实现再生产的。在吉登斯那里,"结构"不是抽象的支配性的外部力量,而是规则和资源,使社会实践随着时间的推移而不断再生产。这种"结构的二重性"(the duality of structure)是重新思考此前的结构/能动二分法的一种方式。

皮埃尔·布尔迪厄的理论也以弥合结构和能动之间的鸿沟为明确目标。他借助实践概念来做到这一点。布尔迪厄提出,人们拥有嵌入性的、内在化的心理结构,即"惯习",这使他们能够应对和理解社会世界。惯习是人们在所栖居的社会世界中长期处于特定位置(例如阶级地位)的产物,因此每个人的惯习都不同。和吉登斯一样,布尔迪厄认为很多实践都产生于此,但对布尔迪厄来说,实践通常发生在特定"场域"——一个生活圈子或社会领域,如艺术、经济、政治、**教育**等。场域是一个竞技场,人们在这里利用各种资源(资本)激烈竞争。因此,在这个理论模型里,结构和能动再次被看作密切相关,而不是对立的。

意义与价值

看起来,社会学界还会继续讨论社会结构和个体能动性的问题。在最近的以超越这种划分为目标的理论研究工作中,吉登斯的论述似乎更偏向根本性的能动视角,而布尔迪厄的理论则更接近结构立场。他们是不是都创建了一种真正的整合性理论视角,仍是一个值得争论的问题。在未来,我们或许会看到更多的经验研究和历史研究,能够说明特定的历史时期、社会和生活领域中结构与能动的相对平衡。

这种基于情境的经验研究思路的一个例子,就是廖开怀等人(Liao et al. 2019)对中国的封闭社区及扮演积极角色的城市规划师的研究。在这项针对全国的城市规划师的大规模调查中,作者发现,一系列结构因素影响了规划师的态度,但与此同时,他们也是规划过程中的积极行动者。大部分规划师表示支持封闭社区,这与他们的委托方即地方政府的政策一致,实际上,被调查者也大多住在封闭管理的中产社区。结构化的阶层位置和专业身份是塑造规划师态度的主要因素。然而,人们也认识到了封闭管理的一些消极方面,城市规划师会考虑到这一点而对一些方案作出修改。这个案例向我们展示了如何通过细致的经验研究来评估结构和能动的相对影响。

参考文献与进一步阅读建议

Archer, M. (2003) *Structure, Agency and the Internal Conversation* (Cambridge: Cambridge University Press).

Bourdieu, P. (1986) *Distinction: A Social Critique of the Judgement of Taste* (London: Routledge & Kegan Paul).

Dawe, A. (1971) 'The Two Sociologies', *British Journal of Sociology*, 21(2): 207–218.

Elias, N. ([1939] 2000) *The Civilizing Process: Sociogenetic and Psychogenetic Investigations* (Oxford: Blackwell).

Giddens, A. (1984) *The Constitution of Society* (Cambridge: Polity).

Liao, K., Wehrhahn, W., and Breitung, W. (2019) 'Urban Planners and the Production of Gated Communities in China: A Structure-Agency Approach', *Urban Studies*, 56(13): 2635–2653.

Parker, J. (2005) *Structuration* (Buckingham: Open University Press).

Swingewood, A. (2000) *A Short History of Sociological Thought* (3rd edn, Basingstoke: Palgrave Macmillan), esp. chapter 9.

Van Krieken, R. (1998) *Norbert Elias* (London: Routledge), esp. chapter 3.

Wrong, D. (1961) 'The Over-Socialized Conception of Man in Modern Sociology', *American Sociological Review*, 26: 183–193.

主题三
环境与城市生活

Alienation
异化

定义

人类与自身天性的某些基本方面或所属**社会**的分离或疏远,通常会有无力感和无助感。

源起与历史

社会学意义上的"异化"概念,源于马克思的早期思想,他用这个概念来描述**资本主义**对社会关系的影响,以及人类逐渐失去对自己生活的控制。实际上,马克思也是受到了路德维希·费尔巴哈对基督教的哲学批判的影响。基督教,凭借一个全知全能的上帝的宗教观,把事实上属于人类的力量投射到一种灵性存在上,并规定人类只有在死后(而不是现世)才能得到救赎。费尔巴哈认为,这是一种异化或疏离,是对人类力量的神秘化,我们应该揭露出来并予以消除。

马克思(Marx [1844] 2007)从宗教语境中提取出异化概念,用它来分析世俗的工业资本主义社会里人们的工作和生活状况。在马克思看来,人类要想获得"救赎",只有一条出路,即从剥削广大工人的统治**阶级**手中夺回对社会所有方面的集体性控制权。特定宗教信仰是意识形态控制的手段之一,它鼓励工人接受现世命运,以换取死后的真正救赎。进入20世纪,工业社会学家利用异化概念对不同管理体制下的工作场所关系进行经验研究。相比早期的马克思主义研究,这些研究的社会心理学色彩更加浓厚一些。

含义与解读

异化概念已经逸出社会学**话语**,进入了媒体评论和日常语言。我们经常会听到这样一些说法,像是整整一代人都"与社会疏远",或者青年亚文化代表了年轻人远离主流价值观。在此,疏远或分离的意思非常明显,但是在社会学里,异化与资本主义社会的不平等相关。马克思的历史唯物主义的起点,就是人们为了生产和生存而共同组织自身事务的方式。在马克思看来,异化,就是处于一种具有真实影响的客观条件下;要想改变这种状况,关键不是转变我们的思想或信念,而是改变生活方式,这样才能更多地掌控自身所处的环境。在过去,劳动似乎是一件极为辛苦的事情,但对于许多社会群体来说,如农民和工匠,他们的劳动有技巧且令人满意,允许他们对工作任务有较大的控制权;相比之下,在现代的工厂、办公室、呼叫中心或快餐店里,员工的控制权就很小。今天的工作在许多方面可能不像过去那么耗费体力,但也没有给予员工更多的控制权,因此持续生成高水平的异化。

马克思的理论表明,资本主义生产在四个主要方面制造了异化。首先,工人与自身的劳动能力(labour power)分离:他们必须按照要求工作,完成雇主安排的工作任务。其次,工人与自己生产的产品分离,这些产品归资本家所有,被拿到市场上售卖以获取利润,而工人只能以工资的形式得到其中的一小部分。再次,工人之间也日渐疏远,因为资本主义迫使工人为了工作而竞争,工厂和地区为了市场份额而竞争。最后,马克思指出,因为劳动是人类本质最基本和最重要的特征,上述三方面的异化也就意味着,人类与自己的"类存在物"性质分离了。劳动不再是一件令人愉悦的事情,而是变成了挣钱养活自己的一种手段。这体现为"工作"一词所附带的负面含义,以及它与更令人愉悦的"休闲"领域的明确区分。马克思期待的解决方案是结束剥削性的资本主义关系,走向共产主义,在这个过程中建立对生产过程的集体控制,从而消灭异化。

批判与讨论

马克思的命题影响深远,尽管它高度概括和抽象,并且与他的一般社会理论及其革命结论密切相关。为了在经验研究中使用这个概念,社会学家将它从这些联系中剥离出来,由此可以用来比较不同工作环境和管理体制下的异化水平。在20世纪,有过一些概念操作上的尝试。其中一个是罗伯特·布劳纳(Blauner 1964)的《异化与自由》,他比较了四个行业里的工作条件的异化效果。布劳纳关注的是,工人自己是如何体验异化的几个关键维度的,也就是无力感、无意义感、孤立感和自我疏离感。他认为,可以在一系列就业情景下对每个维度进行测量,从而评估哪类工作的异化程度最高,哪类最低。他的结论是,工厂的常规工作,尤其是流水线上的工作,制造了最高水平的异化。然而,一旦生产线实现自动化,由于可以让工人对自己的劳动过程有更多控制,异化水平就会降低。这一发现与标准的马克思主义理论有所不同,即随着科学技术从人类手中接过工作,劳动力不可避免会去技能化。布劳纳将主观感受引入异化理论,不仅极富理论创新,也推动了经验研究的发展。也就是说,工人的认识和观点被引入了异化理论。它还表明,或许可以在不摧毁资本主义的情况下减少异化现象。

意义与价值

异化概念依然与马克思主义理论紧密相连,不过一些学者也在尝试扩展它在社会学领域的用途。1989年后,世界局势发生巨大变化,革命马克思主义理论一度沉寂,异化概念在社会学中似乎不那么重要了。然而,对日本管理实践的研究隐含这样的假设,即采用工作小组和团队决策会降低工人的异化程度,改善工作场所关系。此外,还有一些学者试着在其他领域使用这一概念。例如,尤尔(Yuill 2005)将异化理论应用于健康社会学,在他看来,尽管马克思的原创理论已经指出异化状态对人类身体的消极影响,但并没有引起足够的重视。他解释了为什么说马克思版本的异化概念对医学社会学家是有用的。

即使是在工作和工作场所关系领域,异化理论可能依然重要。尚茨等人（Shantz et al. 2014）研究了当代英国制造企业的 224 名工人，以探索与马克思的重要观点大体一致的异化概念的当代效用。他们主要在三个方面进行概念操作化：在劳动过程中工人的意见是否得到认真对待，工人能在多大程度上发挥技能，以及工人对自己工作的意义的看法。研究发现，异化概念对人力资源管理学者非常有帮助。但作者也指出，当工人被排除在决策之外，无法使用他们的技能，并且感到自己的工作没什么意义，就像上面尤尔（Yuill 2005）所说的，结果可能是较低的幸福感和情绪耗竭。

参考文献与进一步阅读建议

Archibald, W. P. (2009) 'Marx, Globalization and Alienation: Received and Underappreciated Wisdoms', *Critical Sociology*, 35(2): 151-174.

Blauner, R. (1964) *Alienation and Freedom: The Factory Worker and His Industry* (Chicago: University of Chicago Press).

Marx, K. ([1844] 2007) *Economic and Philosophic Manuscripts of 1844*, ed. and trans. Martin Milligan (Mineola, NY: Dover).

Shantz, A., Alfes, K., and Truss, C. (2014) 'Alienation from Work: Marxist Ideologies and Twenty-First Century Practice', *International Journal of Human Resource Management*, 25(18): 2529-2550.

Yuill, C. (2005) 'Marx: Capitalism, Alienation and Health', *Social Theory and Health*, 3: 126-143.

Environment
环境

定义

在环境社会学中，环境指的是地球的自然环境，而不是经济环境、商业环境或其他类似的人造环境。

源起与历史

假如"环境"指的是"自然环境",那么它就和"自然"概念毫无二致。"自然"是一个非常古老和复杂的词语,含义丰富多变,但在社会学里,一般指的是**文化**或**社会**的对立面。用"环境"一词来描述社会所居处的自然世界,是一种相对晚近的做法。当代的环境概念,是自然力量和自然事物的混合体,如植物、动物和生态系统。这个定义在第二次世界大战后开始取代"自然"概念,在20世纪60年代,被发达国家的环保主义者和绿色活动家广泛运用。但是,这种用法赋予环境一个明确的道德地位,使之成为某种有价值之物,必须予以保护,以免遭受人类活动的破坏,尤其是**工业化**和**城市化**的蔓延。在最宽泛的意义上,环境等于地球本身,就是执行太空任务的卫星传回的图像里的样子,由此让这个概念有了清晰且广泛流传的可见象征。环境进入社会学领域,是因为酸雨、全球变暖和污染等成了亟待解决的重要问题。今天,"环境社会学"(environmental sociology)在美国是一个热门的专业研究领域,而在欧洲,根植于广泛的社会建构视角的"环境的社会学"(sociology of the environment)往往占据主导地位。

含义与解读

对于用生物学概念来研究社会生活的做法,许多社会学家都深表怀疑,这也是环境问题长久以来不被社会学接受的一个原因。对一些社会学家来说,环境议题始终是社会学研究的边缘话题,与那些经典的社会议题(如不平等、**贫困**、犯罪和健康)不可相提并论。而对另一些社会学家来说,环境,连同**风险**、恐怖主义和**全球化**,作为新的"核心问题",正在重新塑造社会学及更一般意义上的社会科学。研究环境和社会的关系,必须同时考虑社会关系和自然现象,因为环境议题是社会和环境的混合体(Irwin 2001)。只要我们想想石油和空气污染、基因改造食品和全球变暖,很容易就能明白这一点,因为所有这些都要求社会学家掌握自然科学证据。如果社会学家不了解它们为什么如此重要,也不知道它们会给我们的生活造成什么影响,那么就很难想象社会学家能给我们提供多少真知灼见。相反,环境议题永远不可能完全是"自然的",因为其起因往往可以追溯到人类活动。因此,自然科学家也需要了解他们试图解决的环境问题的社会原因或"人为"特征。事实上,自然科学家所认为的最严重的环境议题——全球变暖,就是大规模工业生产和现代生活方式的结果。

探讨环境议题的社会学家通常划分为两个阵营。一个阵营是社会建构论者,他们不认为环境议题的"自然"方面是理所当然的,对于问题是否确如环保人士和科学家所说的那么严重,往往持不可知论的立场。这是有充分理由的。大部分社会学家都没有受过自然科学训练,不具备同自然科学家展开辩论的专业知识。因此,建构论者从历史和社会学的角度探究环境问题,把议题开放给公众考虑。

另一个阵营则是环境社会学家和批判实在论者。如果环境问题真实存在且十分紧迫,那么我们必须找到办法了解其社会和自然原因,加以干预,从而解决这些问题。批判实在论者,尤其是那些英国学者,呼吁社会学家深入现实的表面之下,说明环境问题的产生机制。举个例子,一旦大气中的二氧化碳浓度达到一定水平,吸收更多的太阳热量,从而导致全球地表温度上升,我们就可以看到造成严重后果的自然过程是如何产生的。但是,这些过程是长期的人类活动引发的,我们必须搞清楚这些活动中哪些是原因,哪些只是相关或后果。批判实在论者认为,对于这些问题,我们不能持不可知论的态度。

批判与讨论

把环境引入社会学一度被认为是有问题的。如果社会学家不得不全然接受自然科学家对环境问题的认识,这是否会削弱社会学所要求的批判态度?考虑到社会科学和自然科学在理论、方法和经验证据上都极为不同,两类学者真的能有效合作吗?许多社会学研究者采用社会建构论视角,这与自然科学固有的**实在论**立场背道而驰。目前看来,情况很可能是,社会学继续关注的不仅是环境问题本身,还有相关科学知识的生产过程及其所涉及的社会**互动**。

意义与价值

除了少数自称为环境社会学家的人,社会学作为一门学科,直到20世纪90年代末,都在很大程度上忽视或未能认识到环境议题的重要性,远远落后于绿色活动家和环境科学家。利弗－特雷西(Lever-Tracy 2008)认为,这主要是因为社会学深刻怀疑涉嫌使用"自然主义论证"的任何事物,整体上更青睐令人安心的社会建构论视角。今天,关于环境—社会关系和环境议题的社会学研究和理论说明越来越多,丰富了我们对此的理解,并明确了环境问题归根结底是社会问题。鉴于全球变暖和**可持续发展**倡议备受瞩目,以及食品生产、大众消费和能源安全等环境议题日渐火热,社会学家现在已经意识到,如果想让新一代的学生感到社会学贴近自己的生活,那么必须把这些整合到这个学科里。

一个广受关注的领域是政治社会学,这个领域的学者考察了人们对"人为的气候变化是否确有其事"的不同政治态度。例如,特兰特(Tranter 2017)指出,在澳大利亚,主要的意见分歧不在于全球变暖是否真实存在,因为民意调查结果显示,90%的澳大利亚人相信这是铁板钉钉的事实。争论的焦点在于,究竟是什么导致了全球变暖。大约三分之一的澳大利亚人认为,全球变暖是由自然因素造成的,保守党派成员(特别是男性)及生活在农村地区的人,更有可能拒绝接受主流科学结论,也就是当代气候变化是由人类活动引起的。在另一项研究中,洛克伍德(Lockwood 2018)发现,右翼民粹政党的支持者往往是气候变化怀疑论者,反对各种应对全球变暖的政策。他提示说,民粹主义的意识形态内容,特别是将"民众"的利益与自由化的世界主义精英的利益对立起来的那部分,是上述现象的主要原因。人类活动造成全球变暖,以及应对这种变化的政策纲领,是民粹主义阵营明确的靶子:这是富裕的中产阶级对普通民众生计和前途的一种攻击,体现了他们对工人的蔑视。像这样的态度调查是今天的社会学家参与环境议题辩论的一种方式。

参考文献与进一步阅读建议

Bell, M. M. (2011) *An Invitation to Environmental Sociology* (4th edn, Thousand Oaks, CA: Sage).

Dunlap, R. E. (2002) 'Paradigms, Theories and Environmental Sociology', in F. H. Buttel, P. Dickens and A. Gijswijt (eds), *Sociological Theory and the Environment: Classical Foundations, Contemporary Insights* (Lanham, MD: Rowman & Littlefield), pp. 329–350.

Grundmann, R., and Stehr, N. (2010) 'Climate Change: What Role for Sociology? A Response to Constance Lever-Tracy', *Current Sociology*, 58(6): 897–910.

Irwin, A. (2001) *Sociology and the Environment: A Critical Introduction to Society, Nature and Knowledge* (Cambridge: Polity).

Lever-Tracy, C. (2008) 'Global Warming and Sociology', *Current Sociology*, 56(3): 445–466.

Lockwood, M. (2018) 'Right-Wing Populism and the Climate Change Agenda: Exploring the Linkages', *Environmental Politics*, 27(4): 712–732.

Tranter, B. (2017) 'It's Only Natural: Conservatives and Climate Change in Australia', *Environmental Sociology*, 3(3): 274–285.

Industrialization
工业化

定义

始于18世纪中叶的英国和欧洲大陆,用机器全面替代人类和动物劳动的过程,特别是在生产和工作领域。

源起与历史

在前现代时期,"industry"和"industrious"两个词被广泛用来表示"勤奋"(diligent)。到了 16 世纪晚期,"industry"的含义变得更加丰富,还可以用于描述制造和贸易。之后,这层意思越来越多地被用于描述特定的制造部门,比如采矿、电子,甚至是服务行业。因此,工业化概念意味着一个漫长的变化过程,从前工业或非工业**社会**转变成以制造业为主的社会。在这个意义上,工业化或许是现代化进程中最为重要的面向。欧洲和北美的"工业革命"始于英国,从 18 世纪中叶直到 19 世纪头几十年。由于一系列相关的发展,比如采煤、炼铁以及促进大量商品生产的新技术,工业化开始起飞并自我维持。更大规模的生产意味着人口流动,因为人们纷纷离开农村地区,到新兴的城镇和城市的工场和工厂寻找工作。

到了 19 世纪末,工业社会初步形成,它建立在持续的技术进步的基础上,制造过程占据主导地位,大部分劳动人口都受雇于制造业,而非农业。尽管许多人认为这是一个积极的发展,但这一时期也出现了很多批评者,他们抨击过度拥挤的城镇和城市中那糟糕的生活和工作环境,以及机器对传统手工技能的破坏性影响。早期的社会学家研究了**劳动分工**的急速扩张、新出现的**阶级冲突**,以及日益世俗化的城市生活方式。自 20 世纪 70 年代以来,随着直接从事制造业的工人越来越少,更多的人受雇于**教育**、健康和金融等服务行业,一些社会学家认为许多工业社会已经转变为后工业社会。

含义与解读

工业化指的是以机器取代人类和动物的劳动。技术进步本身并不是什么新鲜事,可以一直追溯到古代部落社会的石器制造,这使得新的社会实践成为可能,如更有效率的狩猎活动和房屋建造。而 18 世纪的工业革命被视为一种彻底的变革,其意义不逊于大致从公元前

9000年开始的新石器革命,后者带来了定居社群和农业生产。工业化以各种方式改变了大多数人的日常生活方式。因此,工业社会是用技术来协调人类与自然世界之间关系的社会。

工业化改变了人与自然之间的关系,因为自然越来越多地被简单看作生产用的原材料或资源的来源。在19世纪初,许多社会评论家都在观望,觉得工业化或许只是一个短暂的现象,但到了世纪末,这已毫无可能。今天,除非全球人口大幅减少,否则去工业化不仅不会出现,而且根本不可能,因为人口的增长超出了所有社会科学家的预测。在全球人口超过70亿的情况下,要想维持下去,就需要粮食生产的工业化、交通运输体系和全球劳动分工。

有关20世纪70年代以来的后工业社会变迁的理论认为,以微电子技术、计算机技术、卫星技术和信息技术为代表的最新电子发展浪潮,表明了对简单工业化的一种超越。然而,上述所有技术仍然产生于工业环境,在那里,机器而不是人类和动物的劳动占主导地位。计算机必须由工厂制造,如果没有发电站供应的电力,它们也无法正常运转。互联网是一个神奇的全球通信工具,但没有相关技术设备和电源,一切都是白搭。因此,将信息技术的出现描绘为高级工业化的一种形式,而不是背离工业原则的一场运动,可能更为准确。

工业化的重要影响之一就是城市化,它在19世纪进入了加速发展阶段。工业生产为住房、工厂和基础设施提供了更多的原材料,这加速了人们远离农业和农村生活方式的进程。对许多人来说,新兴的城市和城镇是一个全新的社会,到处可见工业发明,如煤气、电力和新机器,还有就是更高的工资。许多批评家(包括英国的威廉·莫里斯和约翰·罗斯金)都认为,随着新的社会问题不断涌现,传统的生活方式和道德规范会逐渐瓦解。早期社会学家还抱怨**社区**的衰败和社会团结的丧失,个人主义日益兴盛,每个人都只顾着打自己的小算盘(Tönnies[1887]2001)。

批判与讨论

在许多方面,工业化是一个持续的过程,因为越来越多的国家正在发展它们自己的工业体系。然而,自20世纪70年代以来,后工业化理论提醒我们,发达工业社会正朝着不同的方向发展。制造业逐渐转移到发展中国家,那里的劳动力成本更低,管制也更宽松。由此,发达国家的制造业越来越少,服务业就业则日益扩大,人们越来越多地与他人一起工作,为他人服务,而非使用原材料和机器来生产产品。服务部门的工作岗位要求全然不同的劳动技能,包括"情感劳动"(emotional labour)。这是劳动力"女性化"的一个重要原因,因为越来越多的女性实现有偿就业和接受高等教育。很明显,在这些国家,工业化已今非昔比。但对于那些新兴工业化经济体,比如中国、菲律宾和印度,这个概念依然与现实息息相关。

意义与价值

后工业命题描述的主要是全球北方的情况,但我们需要记住,这些国家也避不开其他地方产生的工业污染。许多发达国家所经历的后工业的社会经济变迁,并不意味着工业化的终结,因为这个过程现在正发生于世界各地。事实上,经济学家和发展学者一直在热烈讨论这个问题,即发展中国家如何才能加速工业化进程。原口信也等人(Haraguchi et al. 2019)分1970—1990年和1991—2014年两个时段考察发展中国家,他们想要弄清楚,在这两个时段,哪些国家的工业化速度最快,最可持续。研究发现,一个国家要想成功实现工业化,固定因素的组合是必不可少的,例如初始经济条件、人口和地理等;但其他一些因素也在发挥作用,包括教育政策、贸易管理、金融部门的发展、促进公共和私营部门的投资,以及制度稳定。

在全球南方,许多国家推行工业化政策的时间比较晚,而当下正处于环境关切成为全球政治辩论的焦点的时期。现在有些学者倡导这样一种现代化,既避免早期工业化带来的那种毁灭性污染,又允许发展中国家实现生态现代化。然而,在发展中国家,人们对生态现代化项目的可行性抱有强烈的怀疑态度。道达(Dauda 2019)就认为,尽管生态现代化理论有进步的承诺,但是它对于技术解决方案和市场机制的信念,忽视了现实世界中的严重政治和经济后果。在实际操作过程中,受益最多的还是那些总部设在全球北方的跨国公司,它们把高污染的技术转移到工业化程度较低的国家,从而削弱了后者的各种可持续发展措施。如果生态现代化理论想在全球南方创造一种可持续的工业化模式,它就必须正视这类研究。

参考文献与进一步阅读建议

Clapp, B. W. (1994) *An Environmental History of Britain since the Industrial Revolution* (London: Longman).

Dauda, M. (2019) 'Ecological Modernization Theory and Sustainable Development Dilemmas: Who Benefits from Technological Innovation?', *African Review*, 46(1): 68–83.

Haraguchi, N., Martorano, B., and Sanfilippo, M. (2019) 'What Factors Drive Successful Industrialization? Evidence and Implications for Developing Countries', *Structural Change and Economic Dynamics*, 49: 266–276.

Kumar, K. (2005) *From Post-Industrial to Post-Modern Society: New Theories of the Contemporary World* (2nd edn, Oxford: Blackwell).

Tönnies, F. ([1887] 2001) *Community and Society [Gemeinschaft und Gesellschaft]* (Cambridge and New York: Cambridge University Press).

Migration
移民

定义

人们从一个地理区域移动到另一个地理区域,特别是跨越国界的迁移,这在20世纪变得更加广泛和普遍。

源起与历史

在有文字记载的历史上,人类在各个区域之间迁移,正是因为这种大规模的人口迁徙,人类的足迹才得以遍布地球。在现代,**工业化**极大地改变了一个国家内部的人口迁移模式,因为新的工作机会吸引农村人口不断涌入城市地区。与此同时,雇主和劳动力市场对劳动力的需求,也触发了人口的跨国迁移。在20世纪30年代和40年代,纳粹有计划地迫害少数族群,为了安全,许多东欧犹太人被迫逃到西欧,这说明在很多情况下,迁移是被迫而非自由选择的。移民往往会带来族群混居,并形成一个族群多样化的社会。为了促进欧洲一体化,欧盟拆除了许多阻碍人们自由迁徙的障碍,区域性移民大量增加。由此可见,大规模移民可能有非常不同的原因,移民理论应该考虑到这一点。

含义与解读

移民入境(immigration)是指为了新生活而迁入一个国家的过程;移民出境(emigration)则相反,是指迁出一个国家到其他地方生活的过程。研究移民入境和移民出境涉及确定将"原籍国"和"目的地国"联系起来的迁移模式,以及这些模式如何随着时间的推移而变化。除此之外,还要考察迁移模式变迁对参与这个过程的个体、社区和社会的影响。第二次世界大战以后,尤其是最近几十年,全球移民激增,已让移民转变为世界范围内的一个重要政治议题。移民不是一个新现象,但它在现代明显加速,加快了**全球化**的整合进程。鉴于这一趋势,一些人将当前时期称为"移民时代"(age of migration)。例如,自1989年以来,欧洲出现了新的移民潮。1989—1994年,边境的开放直接导致了数百万人移民。与此同时,南斯拉夫的战争和族群**冲突**致使大约500万难民迁往欧洲其他地区。近年来,发生在叙利亚和伊拉克的冲突也让很多人流离失所,去往其他国家(主要是欧盟国家)寻求庇护。

在这个过程中,随着国家解体,原籍国和目的地国之间的界限变得模糊不清,迁移模式同样发生了深刻的变化。

1945 年以后的全球人口迁徙大致可分为四种模式(de Haas et al. [1993] 2019)。第一种是"**经典模式**",以美国和澳大利亚为代表。这类国家通过积极鼓励移民塑造了**社会**,新移民逐渐变成正式公民。但是,移民并非没有限制,通常情况下,允许迁入的移民人数会受到控制。第二种是"**殖民模式**",以英国为代表,政府会在不同时期鼓励来自其前殖民地的移民迁入,主要是为了填补劳动力市场的短缺。最典型的可能就是 20 世纪 50 年代从英联邦成员国如印度和牙买加迁入的移民。第三种是"**外来劳工模式**",严格按照劳动力市场的要求来促进短期迁移。德国和比利时采用的就是这种模式。与殖民模式不同,不管在境内逗留多长时间,外来劳工都无法获得正式的公民身份。最后一种是各种形式的"**非法移民**"。由于相对富裕国家的移民政策收得越来越紧,以及全球化进程促进了思想、信息和人员的流动,非法移民的规模在近些年不断扩大。

解释迁移模式的理论一直由推拉因素所主导。推力因素指的是一个国家内部迫使或者"推动"人们移民的力量,比如冲突、战争、饥荒或政治压迫。拉力因素指的是目的地国吸引新移民的力量,比如更完善的劳动力市场、就业机会、更好的生活条件,以及各种鼓励性政策。近年来,推拉理论被认为过于简单,特别是当前迁移模式的流动性和全球性日增。另一种替代理论是把微观因素和宏观因素合在一起考虑。比如,在宏观层面,我们可以关注立法的调整、政治局势,以及区域性集团(如欧盟)的形成,这些催生了新的移民框架。接着,我们可以把这些宏观因素同微观层面的因素结合起来,包括个体的经济状况、对其他国家的了解程度,以及他们与**家庭**成员的现有联系等。这样,我们就能对具体的移民状况作出更令人信服和满意的说明。

批判与讨论

批评者指出,大部分移民理论都没能摆脱那种老旧的传统视角,无法与新近出现的前沿理论成果(如对流动的新研究)形成有效的对话(Urry and Sheller 2004)。多数的迁移模式研究依旧以国家为中心,探究跨越国界的人口迁徙,忽视了区域性的迁移模式或者大城市区内的流动。新的迁移模式还给**公民权**和**身份认同**基于对**民族国家**的忠诚这类传统观念带来了巨大挑战,同时暴露出了那些坚守既定立场的理论存在着各种问题。然而,正如前文所说,移民领域的一些新近研究正在解决这些深层的理论缺陷。

意义与价值

移民研究看起来将成为社会学的一个重要领域,这主要是因为当代全球移民的规模、速度和范围都很惊人。皮萨列夫斯卡娅等人(Pisarevskaya et al. 2020)相信,属于移民研究的"时代已经到来"。相关研究的数量快速增长,已经扩散到了更多的学科,研究方法丰富多样,国际化特征越来越明显,各国学者的研究积极探索稳定多样的主题。因此,社会学家试图把握与此前时期形成对比的新模式的轮廓,如跨越国界的移民加速和多样化的趋势,这是因为大多数国家接收了来自许多不同地方的移民。

还有一个趋势是移民的全球化,包括越来越多的国家既是移民的"发送者"又是移民的"接收者",以及体现为女性移民人数增加的移民女性化,这同样与此前时期形成了鲜明对比(de Haas et al. 2019)。移民似乎已经成为这个全球世界的"正常"特征,它涵括一些非常不同的形式。

有些人为了更好的生活而移居到另一个国家,这是本森和奥赖利(Benson and O'Reilly 2009)针对相对富裕个体的"生活方式型移民"研究所探索的主题。对一些人来说,移民提供了过上一种更加简单的生活的希望；对另一些人来说，则是一个逃避过往不愉快的经历或再次专注于塑造自我的机会。尽管这不是移民研究的主流话题，但两位作者从富人的角度探讨了生活方式型移民现象，相对宽裕的经济条件使他们得以在整个**生命历程**的背景下作出这样的决策。这或许是其他类型移民研究向前发展的重要一步。天平的另一端则是人口贩卖和现代奴隶，很多人认为这些早就被消灭了。然而，马希(Masci 2010)的研究告诉我们，即使在21世纪，还是有大量人口被从地球上最为贫困的地区非法转移到其他地方，经历强制劳动、性剥削或卖淫活动，其中大部分与国际有组织犯罪有着密切的联系。这篇简短的历史回顾性文章质问世界各国政府在控制和防止人口贩卖方面是否做得足够多，并且呈现了全球南方和北方的各种争论，读者应该能从这篇文章中找到很多有价值的信息。

参考文献与进一步阅读建议

Benson, M., and O'Reilly, K. (2009) 'Migration and the Search for a Better Way of Life: A Critical Exploration of Lifestyle Migration', *Sociological Review*, 57(4): 608-625.

Castles, S. (2007) 'Twenty-First Century Migration as a Challenge to Sociology', *Journal of Ethnic and Migration Studies*, 33(3): 351-371.

De Haas, H., Castles, S., and Miller, M. J. ([1993] 2019) *The Age of Migration: International Population Movements in the Modern World* (6th edn, London: Red Globe Press).

Masci, D. (2010) 'Human Trafficking and Slavery: Are the World's Nations Doing Enough to Stamp it Out?', in *Issues in Race, Ethnicity, Gender and Class: Selections from CQ Researcher* (Thousand Oaks, CA: Pine Forge Press), pp. 25-46.

Pisarevskaya, A., Levy, N., Scholten, P., and Jansen, J. (2020) 'Mapping Migration Studies: An Empirical Analysis of the Coming of Age of a Research Field', *Migration Studies*, 8(3): 455-481.

Urry, J., and Sheller, M. (eds) (2004) *Tourism Mobilities: Places to Play, Places in Play* (London: Routledge).

Risk
风险

定义

根据乌尔里希·贝克的说法,是指人们尝试规避或减少的潜在危险,特指那些作为人类活动产物的"人为风险"。

源起与历史

"风险"这个术语已经脱离日常用法,发展为一个社会学概念,以及更为一般性的社会变迁理论。承担风险,或者从事令人愉悦的冒险活动(如极限运动),是很多人正常生活的一部分,涉及包含危险因素的行为。大多数这类活动的风险都经过精心计算,人们会采取一切可能的措施确保安全。公司、政府和志愿机构会借助风险评估这门独立学科来权衡一个行动方案的利弊,预测成功的可能性,以及获取降低财务及其他风险的相关建议。

一旦社会学家开始使用风险概念,它的含义就变得更加宽泛,现在它指的是工业社会普遍存在的社会状况,这促使人们开始系统反思**现代性**的弊端。乌尔里希·贝克(Beck 1992)和安东尼·吉登斯(Giddens 1991)在建立有助于我们理解当代社会的风险(和信任)理论方面发挥了重要作用。风险的一般概念已经被引入各种研究领域,比如健康、犯罪、**越轨**、**环境**和社会理论。

含义与解读

风险并不是什么新事物。在人类生活中,被人袭击、卷入事故和遭受自然灾害等的风险由来已久。但在研究风险的社会学家看来,今天的"严重后果"风险,比如全球变暖或核武器扩散,都不是"自然的",或者说是人类无法控制的。相反,它们是"**人为风险**",是科学知识应用于生产的产物,是持续的技术进步带来的意外结果。

日常生活中不计其数的决策,都充满了风险和不确定性。许多就业者受到短期合同、雇用临时工制和工作无保障感的影响;同时,自我**身份认同**不再根植于**家庭**和**社区**等传统的认同来源,或是得到它们的支持。由此产生的不确定性带来了真正的机遇和风险,因为与之前相比,个人必须更多地利用自己的资源,根据所获得的大量信息作出决策。例如,婚姻在过去是一件很简单的事情,就是**生命历程**中的一个重要阶段,成年人借此建立稳定的性关系。今天,很多人同居而不结婚,离婚率居高不下,再婚也很频繁,人们必须在越来越不确定的情况下进行风险评估。这是风险概念进入社会学**话语**和人们的日常生活的典型方式(Arnoldi 2009)。

在过去二十多年里,发生了数不清的恐怖袭击事件,改变了人们对社区的安全系数和政府应该如何保护公民的看法。登上国内航线的飞机现在可能要接受包括全身扫描在内的一系列安全检查,这些措施旨在降低乘客成为受害者的风险。因为这些风险是现代生活方式的产物,给我们带来了新的选择、挑战和决定。即便是看似简单的决定,如吃什么,现在也需要在关于食物的好处和坏处的相互矛盾的信息和意见中作出判断。

在乌尔里希·贝克看来,风险概念具有更为重要的意义。他认为,我们正在经历工业**社会**的缓慢死亡,因为一种新的"风险社会"开始显现。在风险社会,风险意识和风险规避会成为核心特征,环境问题则上升到突出位置。在 19 世纪和 20 世纪,政治由工人和雇主之间的主要利益**冲突**所主导,体现为代表工人的左翼政党和代表雇主的右翼政党的斗争,焦点是财富分配。根据贝克(Beck 2002)的观点,这种工业社会的**阶级**冲突已经失去意义,因为人们意识到,如果"财富蛋糕"本身因为污染和环境破坏而毒化,那么为了分到更大的一块而争斗也只是徒劳。我们正在进入"世界风险社会",即便相对富裕的国家也不能幸免于工业污染、气候变化或臭氧层空洞。管控风险将成为全球新秩序的核心特征,然而,任一**民族国家**都无法应对全球风险的世界。因此,政府间的国际合作会变得越来越常见,就像是签订《京都议定书》那样的国际协议,通过削减碳排放来减缓全球变暖。

批判与讨论

风险理论面临的一个主要批评是,它有夸大其词之嫌。比如,尽管人们对环境问题及风险有了更多的认识,但并没有足够的经验研究和具体证据来支持贝克的向"风险社会"转型的命题。倘若旧的阶级政治真的在消亡,那么绿党应该会取得重大的选举突破,而事实却是,"左右光谱"中的工党、保守党和自由党继续主导国家政治。在全球层面,创造和分配财富依旧是核心议题,因为发展中国家正在拼命缩小贫富差距。解决发展中世界巨大的绝对**贫困**问题,仍是国际政治的焦点。一些批评者认为,风险理论对风险的概念及其在不同**文化**中的差异的认识相当幼稚。在一些社会中被认为是"风险"的东西,在其他社会可能全然不是。就像在富裕的工业化社会中被认为是污染的现象,在贫穷的发展中国家却被视为经济健康发展的标志。什么算作风险,回答因文化而异,这使得就应对风险达成国际协议非常困难。

意义与价值

尽管我们可以推翻风险理论的一些宏大主张,但不可否认的是,最近的社会变迁确实带来了更多的不确定性,我们也更少依赖传统和习惯去生活。在这种情况下,人们对风险似乎越来越敏感。同时,每个人都需要面对更广泛的议题,并就此作出自己的决定。全球健康危机,比如近期的 Covid-19 大流行,或者关于麻腮风三联疫苗(MMR)安全性的争议,以及围绕将生活转移到网上的危害的持续争论等,这些都表明,看上去与政治相距十万八千里的议题也正在进入"风险政治"

的范围。

对 Covid-19 大流行的研究自 2020 年中期开始出现,社会学家利用他们的理论工具箱来评估大流行病及各种应对措施如何影响个人和社会。勒普顿(Lupton 2021)的综述确认了若干有用的社会学视角,包括风险理论,认为它有助于我们实现上述研究目标。举例来说,贝克(Beck 1999)的"世界风险社会"概念表明,随着全球化的发展,风险也会跨越国界,冠状病毒通过全球交通运输系统在短时间内抵达各大洲就是明证。勒普顿还注意到,Covid-19 的风险轮廓与以往许多流行病或大流行病不同。20 世纪 80 年代的 HIV/AIDS 大流行很快就和某些被社会污名化的行为联系起来,如性行为和毒品注射。但是,Covid-19 具有"普遍"风险,所有人都可能感染,所以给特定人群贴上污名化标签的可能性就小很多。1918—1920 年的"西班牙流感"感染了全世界约三分之一的人口,导致 5000 万至 1 亿人死亡,其中很多是年轻人。与之不同,Covid-19 对健康的青年群体的影响不算严重,而对老年群体的冲击最大。风险理论为我们探索一系列社会群体的不同经验提供了有益的指导。

参考文献与进一步阅读建议

Arnoldi, J. (2009) *Risk* (Cambridge: Polity).

Beck, U. (1992) *Risk Society: Towards a New Modernity* (London: Sage).

—— (1999) *World Risk Society* (Cambridge: Polity).

—— (2002) *Ecological Politics in an Age of Risk* (Cambridge: Polity).

Giddens, A. (1991) *Modernity and Self-Identity: Self and Society in the Late Modern Age* (Cambridge: Polity).

Lupton, D. (2021) 'Contextualising Covid-19: Sociocultural Perspectives on Contagion', in D. Lupton and K. Willis (eds), *The Coronavirus Crisis: Social Perspectives* (London: Routledge).

Zinn, J. O. (ed.) (2008) *Social Theories of Risk and Uncertainty: An Introduction* (Malden, MA: Blackwell).

Sustainable Development
可持续发展

定义

一种将对全球自然**环境**的长期保护与发展中国家的经济发展相结合的理念。

源起与历史

一般认为,可持续发展概念最早见于 1987 年联合国布伦特兰委员会的报告,尽管也可以找到更早的先行者。在 18 世纪末,马尔萨斯在著述中提醒人们注意人口持续增长的危害,指出人口增长总是倾向于超出地球的承载能力。因此,除非把人口稳定在一个安全的水平,要不然结果可能是大规模饥饿、饥荒和社会解体。约翰·斯图尔特·密尔(Mill [1848] 1999)同样认为,无限制的经济增长会降低生活质量和破坏环境。用现代语言来说,马尔萨斯和密尔两人共同寻求的是一种可持续发展模式。

在 20 世纪 70 年代,罗马俱乐部发布了一份题为《增长的极限》的报告(Meadows et al. 1972),提出全球有五大趋势(**工业化**加速、人口大爆炸、大范围营养不良、不可再生资源枯竭和环境恶化),并且依据这些趋势模拟生成了未来场景。报告的结论是,无限的经济增长是不可持续的,即便使用新技术且可用资源翻倍,经济也会在 2100 年之前陷入停滞。紧接着就是《布伦特兰报告》,它提供了一个政治纲领,倡议通过减少全球不平等,将经济发展和自然保护结合起来。

含义与解读

这份题为《我们共同的未来》(1987)的报告影响巨大,由世界环境与发展委员会向联合国大会提交,因委员会主席为格罗·哈莱姆·布伦特兰，又被称为《布伦特兰报告》。这份报告第一次引入了著名的可持续发展概念："既满足当代人的需求，又不损害后代人满足其需求的能力的发展。"这个概念在政治上具有争议性且富有弹性，因此容易产生相互矛盾的解释。但不管怎样，环保主义者、各国政府和国际组织会采用这个概念的不同版本，以期找到解决严重的环境问题和全球不平等问题的方法。今天，可持续发展要求我们找到可行的方案，既创造出足够的财富来满足自身的需求，又不会破坏人类赖以生存的自然环境，这样才不会影响到子孙后代。

将"可持续性"和"发展"结合起来，让这个概念获得了相对富裕的全球北方的环保主义者的青睐，也激发了致力于改善相对贫困的全球南方的经济状况的有志之士的兴趣。随之而来的一系列发展目标涵盖了广泛的社会指标，比如**教育**和识字率、健康状况、服务供给和**社区**参与等。与此同时，环境指标，比如企业和政府环境审计、城市空气质量、循环利用，以及其他更多指标，都致力于减少人类对环境的负面影响。到目前为止，可持续发展倡议的结果相当复杂，有许多小规模的社区倡议，并在一些（而非所有）指标上取得了进展。

联合国千年生态环境评估理事会的报告（2005）提供了一个总体评估，它的结论是，人类的生活方式依旧奢侈，给全球环境带来了不可持续的压力。它特别指出，为子孙后代留下一个可满足其自身需求的星球的承诺或许无法兑现，到2015年让全球**贫困**和营养不良人口减半的千年发展目标也难以达成。实际上，全球不平等正在加剧，环境破坏日益严重，每年大约有180万人因卫生习惯、卫生设施或饮用水供应不足而死亡，这可称不上对可持续发展概念和实践的有力支持。

批判与讨论

可持续发展的包容性也许是这个概念的一大优势，因为它让每个人都能参与其中。但它也会使可持续发展的公共**话语**显得不够连贯，想要"令所有人满意"，但最终收效甚微。可持续发展倡议提出三十多年后,在最为紧急和迫切的议题上仍然难以取得实质性进展。或许,可持续发展概念至今未兑现其最初承诺的一个原因是,原有的激进内容已被清空,它被当作一种**意识形态**烟幕弹,以推进那些不可持续的项目。简言之,实践中的可持续发展,"既不可持续,也没有发展"(Luke 2005)。

另有批评者认为,这个概念本身也有问题。由于这个概念源自西方保育主义(conservationism)和环境政治,因此不可避免内含一种偏见,重视工业化世界的主要议题即环境保护,而不是发展中世界的核心关切即消除物质贫困。这导致了一种令人不快的景象:西方国家政府责备发展中国家没有保护好雨林和珊瑚礁,但同时却在继续挥霍浪费资源。反过来,发展中国家也在抱怨,拟议的温室气体排放限制丝毫没有顾及这样的事实,即对富裕国家来说,其中大部分是"奢侈型排放"(比如汽车尾气),而对较贫穷的国家而言,这些是经济发展所必不可少的"生存型排放"。诸如此类的争论表明,可持续性和发展也许是两个不相容的目标。

意义与价值

可持续发展是一个很容易招来批评的概念,它抱负远大,甚至到了乌托邦的地步,并被视为解除我们这个时代的生存危机的关键。然而,我们最好把可持续发展看成一个不断演进的过程,而这个过程才是真正重要的。几乎没有什么严肃的替代选择,能像可持续发展这样吸引到大众、政府和非政府组织等的关注。同样,对这个概念最严厉的批评,恰恰来自其内部而非外部。千年生态系统评估报告《入不敷出》(2005)就是一个很好的例子。报告坦承我们取得的进展少得可怜,并责备各国政府应该做得更多。只要这种强硬的自我批评继续下去,可持续发展就有可能保持它现在的领先地位。

旅游业或许是一种可持续的经济发展模式,它看起来比制造业和工业产生的污染要少。但是,旅游业也会对环境造成独特的影响。在一些学者看来,"可持续旅游"这个概念是内在矛盾的。具体来说,沙普利(Sharpley 2020:1932)指出,"无害环境的旅游业发展(可持续旅游),是至关重要的;但通过旅游业来实现可持续发展,是不现实的"。全球旅游业的快速成长就是一个很好的例证。2000年至2018年间,每年游客到访量增加一倍多,全球航空旅客数量几乎是原来的三倍,新的旅游目的地不断涌现,廉价航空公司的全球市场份额从2006年的15.7%增长到2018年的31%。上述这种扩张很可能被视为经济上的"发展",但沙普利认为,对于环境来说,这并不是"可持续的"。如果想让旅游业在创造一个可持续发展的未来中发挥重要作用,那么我们需要重新思考和塑造全球旅游业,从根本上减少其碳足迹。

参考文献与进一步阅读建议

Baker, S. (2015) *Sustainable Development* (2nd edn, London and New York: Routledge).

Luke, T. (2005) 'Neither Sustainable, Nor Development: Reconsidering Sustainability in Development', *Sustainable Development*, 13(4): 228-238.

Meadows, D. H., et al. (1972) *The Limits to Growth* (New York: Universe Books).

Mill, J. S. ([1848] 1999) *Principles of Political Economy with Some of Their Applications to Social Philosophy* (Oxford: Oxford University Press).

Sharpley, R. (2020) 'Tourism, Sustainable Development and the Theoretical Divide: 20 Years On', *Journal of Sustainable Tourism*, 28(11): 1932-1946.

UN (2019) *The Sustainable Development Goals Report 2019* (New York: United Nations).

UN Millennium Ecosystem Assessment Board (2005) *Living Beyond our Means: Natural Assets and Human Well-Being* (Washington, DC: Island Press); available at www.millenniumassessment.org/en/BoardStatement.aspx.

World Commission on Environment and Development (1987) *Our Common Future* (Oxford: Oxford University Press).

Urbanism
都市主义

定义

现代城市和都市区的生活特色,及其对周边郊区和农村的影响。

源起与历史

城市是大型人类定居点,相较于偏远地区和小型定居点,它通常是**权力**的中心。可识别的城市的存在可以追溯到古代,而城市和都市生活有鲜明的特征或生活方式的观点则可溯及19世纪末的社会学命题。在当时,城市化进程带动人口的规模和密度急剧增长,这似乎标志着一个全新的文明阶段。斐迪南·滕尼斯(Tönnies [1887] 2001)和格奥尔格·齐美尔(Simmel [1903] 2005)比较了城市与此前的人类定居点,发现个人为了在新**环境**中生存下去,会发展出新的精神状态和社会策略。而城市研究走向成熟,则要提到芝加哥学派在20世纪20年代和30年代所做的工作。凭借芝加哥学派独特的"城市生态学"思路,罗伯特·帕克、欧内斯特·伯吉斯、路易斯·沃思及其他一些学者,有效地推进了城市研究这个分支学科的发展。这一领域的研究最近关注的是,**社会运动**和**全球化**进程在塑造都市生活及被都市生活塑造方面扮演了什么角色。

含义与解读

斐迪南·滕尼斯是城市研究的重要先驱。早在19世纪80年代,他就敏锐地观察到,以传统社会纽带维系的共同体(Gemeinschaft),这种联系紧密而持久,现在正逐渐被松散、短暂的**社会**(Gesellschaft)或社团所取代。滕尼斯认为这种变化不可避免,但在这个过程中,一些很重要的东西正在失去,因为由此产生的个性很容易变成一种更为自私和工具性的个人主义。另一位先行者格奥尔格·齐美尔,试图把握都市生活的体验和质量,重点关注人们是如何应对都市生活的。在齐美尔看来,城市人就是采取一种漠不关心的态度,凭借一种"这些我都见过"的心态,来抵消城市生活对人类感官无穷无尽的榨取。假如没有这些应对机制,都市环境会让人难以忍受。

路易斯·沃思(Wirth 1938)以一句简短的名言巩固了先前对都市体验的主观描述,即都市主义是一种"生活方式"。现代都市主义的出现,标志着一种全新的人类生存状态,其特点是松散、短暂的互动,以取得特定的结果为目的。购买公交车票、给汽车加油、在银行讨论储蓄账户等,这些日常互动都是沃思所说的"次级接触"的典型例子。与**家庭**和社区内的"初级接触"不同的是,在这个过程中,人们仅投入部分自我——只是足以完成特定的**互动**。这些互动不过是达到其他目的的手段。次级接触当然十分重要,但沃思认为,都市主义要求它们成为主导类型。相反,社会纽带(维系社会的黏合剂)则不可避免地变得越来越脆弱。

芝加哥学派提供了一些基本工具,帮助发展了社会学中的城市研究。其成员提出了"城市生态学"视角,关注城市内部社会分化的过程。就像罗伯特·帕克所说的,城市是"一种伟大的分类机制"。借用生态学的生物分支的一些概念,比如竞争、入侵和继承等,学者得以把城市的发展看成一系列同心圆。城市中心是大型商业设施和衰败的私人住房。往外一圈是成熟住宅区,再往外到郊区一般都是较富裕群体的居住区。和自然生态圈类似,入侵和继承过程跨越一圈一圈的同心圆,使城市能够保持活力和流动性。生态学思路启发了大量经验研究,尽管生物学比喻通常不怎么受欢迎。

随着企业搬迁,投资者购买土地和房产,以及国家政府和地方采取行动(既要促进就业,又要保护绿地),城市研究的新近趋势是关注城市环境中空间的持续重组。城市空间重组是一个不间断的过程,因为资本主义公司会为了竞争优势而不断迁移,现在这已经成为全球性的过程。随之而来的是,一些地区的城市退化和另一些地区的快速城市再生(更新)。这也意味着,都市主义的形式随着商业环境的改变而变化,近年来,许多制造工厂、写字楼和重新开发的工业用地都变成了私人住宅区。

批判与讨论

都市主义概念的一个问题是,它只是从美国和欧洲的早期研究中提炼出来的,却被用作所有都市区生活的一般特征。伦敦、纽约或巴黎等富裕的西方城市,与内罗毕、孟买和达卡等发展中国家的城市,真的相似吗?除了人口大量集中之外,上述两类城市的差异可能更为明显,比如发展中国家许多城市的中心城区周围有贫困的、临时搭建的棚户区,而发达国家一般没有空间上的对应物。同样,即使在一个城市内部,都市状况也是多种多样的,这意味着齐美尔或沃思所描述的图景,可能只适用于中央商务区和主要购物区。

许多城市研究描绘都市主义特征时的负面语调也值得怀疑。现实情况很可能是,很多城市人将非个人性(impersonality)视为一种解放,享受由此而来的自由。在这个意义上,都市主义是一种进步,把人们从以前那种扼杀个性的关系紧密型社区中解放出来。"基于个人选择的社群",如联谊群体和志同道合者的协会等,也让都市主义导致过度的个人主义的夸张观点不攻自破。赫伯特·甘斯(Gans 1962)就指出,城中"村"在美国城市的移民群体中非常普遍,这说明都市主义可以生成而不是摧毁社区生活。一般来说,生态学视角低估了有意识的城市设计和规划的重要性,而这些有可能缓解城市研究所描述的各种问题。

意义与价值

都市主义概念提醒我们关注人口稠密的都市环境的鲜明和不断变化的特征。齐美尔对城市中的"精神生活"的描述或许不够准确,但它确实捕捉到了生活在城市中的一些感觉,并证明城市既是一种空间现象,也是一种社会现象。自芝加哥学派引入生态学思路以来,城市研究已经发展出许多方向,并且一直是活跃的社会学专门领域。两个重新引起人们兴趣的研究领域是,理解城市再生的过程及全球南方和北方的城市有何不同,这两个领域构成了大多数关于都市主义和都市体验的社会学理论的基础。

一个关于都市主义经验的有趣案例是莎伦·佐金(Zukin 2010)的《裸城》,它呈现了探索20世纪80年代美国城市再生的个人之旅。在这个时期,许多破旧的房屋和地区得到改造,一些人由此生出了一种城市已经失去了"原真性"(authenticity)的感觉。佐金写到,在纽约,私人资金的大量涌入导致人们对购物和安全的过度关注。她无意让人们去哀叹贫民窟、高街头犯罪率和烈性毒品的消失,但20世纪80年代那种整齐划一的重建确实卷走了城市的多样性、创造性和活力。尽管这是一种个人叙述,但并没有掺杂怀旧之情,针对当代城市规划师面临的种种挑战也提出了有益的社会学见解。

一些学者采用了"后殖民都市主义"视角,旨在打破传统研究只关注全球北方的城市和全球资本主义的局限。然而,布伦纳和施密德(Brenner and Schmid 2015)指出,到目前为止,这种努力并没有发展成为一个真正的新研究范式。申德勒(Schindler 2017)认为,这背后主要有两个原因。首先,在这个领域里,对于什么研究方法最适用于研究对象的讨论和澄清还不够充分;其次,"后殖民"这个术语常用于描述而非分析。申德勒表示,全球南方和全球北方的城市存在本质上的差异,主要体现在三个关键方面。首先,全球南方都市主义的特点是资本和劳动力脱节,市政当局的注意力往往集中在通过投资来扩大城市规模,如打造新城,而不是培育一支成熟的产业工人队伍。其次,全球南方城市的"代谢"(metabolic)结构,比如公用事业和服务,一般都不是居民普遍享有的,而是"不连续、不断变化和竞争性的",这可能带来社会性的增强和集体行动。举个例子,在人们无法获得清洁饮用水的地方,他们可能会联合起来去游说(政客、政府或官方团体)或者在本地建设相应的基础设施。最后,要想研究南方城市,就必须承认,政治经济和城市物质性是"共构的"(co-constituted)。研究者应该去挖掘这种关系,而不是假定全球资本主义始终是城市变迁的动力。正如申德勒的分析所表明的,对全球南方都市主义的经验研究,应该能使人们对全球南方的城市和全球北方的城市之异同的理解更现实和更有根据。

参考文献与进一步阅读建议

Abrahamson, M. (2014) *Urban Sociology: A Global Introduction* (New York: Cambridge University Press).

Brenner, N., and Schmid, C. (2015) 'Towards a New Epistemology of the Urban?', *City*, 19(2-3): 151-182.

Gans, H. J. (1962) *The Urban Villagers: Group and Class in the Life of Italian-Americans* (2nd edn, New York: Free Press).

Schindler, S. (2017) 'Towards a Paradigm of Southern Urbanism', *City*, 21(1): 47-64.

Simmel, G. ([1903] 2005) 'The Metropolis and Mental Life', in J. Lin and C. Mele (eds), *The Urban Sociology Reader* (London: Routledge), pp. 23-31.

Tönnies, F. ([1887] 2001) *Community and Society [Gemeinschaft und Gesellschaft]* (Cambridge and New York: Cambridge University Press).

Wirth, L. (1938) 'Urbanism as a Way of Life', *American Journal of Sociology*, 44(1): 1-24.

Zukin, S. (2010) *Naked City: The Death and Life of Authentic Urban Places* (Oxford and New York: Oxford University Press).

主题四
社会结构

Bureaucracy
科层制

定义

现代工业社会普遍采用的一种组织类型,以成文规则、合同和职位等级制度为基础。

源起与历史

科层制(bureaucracy)一词,源自法语中的"bureau"(办公室或写字台)和希腊语中的"kratos"(管理)的结合。科层制(也译为官僚制)的现代含义即"官员的管理",可追溯至18世纪中叶,当时仅指政府官员。后来逐渐扩展到其他组织形式,并且很快就成了一个贬义词。许多虚构作品致力于批判官僚的**权力**,比如弗朗茨·卡夫卡的小说《审判》(*The Trial*),就将不近人情、难以理解的官场描述得如噩梦一般。这种负面观点在大众**文化**中继续存在,官僚机构被视为用"繁文缛节"束缚个体,而且效率低下,资源浪费严重。

社会学对科层制的研究主要由马克斯·韦伯的思想主导,他创造了经典的**理想类型**即科层制,这构成了许多研究的基础。与以往认为科层制效率低下的观点不同,韦伯指出,事实上,科层制在现代社会之所以如此普遍,正在于它是人类迄今为止设计出的最有效率的组织形式。当然,他也承认,科层制形式的支配(domination)可能阻碍创新,扼杀创业精神,产生许多非理性的后果,与**民主**原则格格不入。就此而言,韦伯的观点也在一定程度上延续了传统,即把科层制描绘成社会中的一种消极力量。

含义与解读

现代生活复杂多样,需要某种组织来维持运转。韦伯把科层制看成正式组织的主要模式,他所归纳的科层制特征至今仍在为社会学研究提供参考。尽管官僚机构存在于一些大型的传统文明(如古代中国),但直到工业资本主义出现,科层制才被社会各个领域广泛采用。在韦伯看来,这种延伸和扩张是不可避免的,也是满足**现代性**要求的唯一手段。如果没有书面记录、档案管理和成文规则,一个现代福利体系或国家卫生系统是无法想象的。韦伯通过强调真实案例的若干共同特征,构建了一个理想的或"纯粹的"科层制,以突出现代科层制的决定性方面。

韦伯的理想类型(科层制)包括以下特征:

1. 权威层级分明,职位最高者权力最大。在整个结构中,一个部门控制和监管它的下级部门。

2. 官员的行为受到正式书面规则的约束,因此具有可预测性和秩序。

3. 雇员领取薪水,工作长期稳定且通常是全职。人们可以在组织里工作一辈子。

4. 官员的工作和生活泾渭分明,不会混淆不清。

5. 所有资源(包括办公桌、电脑、纸笔等)都是组织的财产;不允许工作人员占有"生产资料"。

尽管这种纯粹的类型可能永远不会存在,但它提供了一个参照坐标,真实的情况越接近它,组织在实现目标方面的效率越高。

韦伯指出,随着社会为科层组织所支配,它逐渐变成一个"铁一般坚硬的牢笼",把人们困在里面。许多人与科层组织打过交道后,会确信它们是满足个体需求的障碍,这是因为设计出的科层制是为了在处理成千上万的事项时能够达到最高效率,个体考量和情感诉求本就不在考虑范围内。因此,一视同仁的原则会导致许多人不满。更严重的是,科层制形式的支配可能是反民主的。随着常设的政府机构成为权力掮客,民主进程和选举可能遭到破坏。

批判与讨论

批评韦伯观点的学者认为,他的视角是片面的,在很大程度上忽视了有助于维持组织"正常运转"的非正式关系和小团体互动。在对一个美国税务机构的研究中,布劳(Blau 1963)发现,为了"把事情做成",程序性规则常常被打破。随着一个非正式的互相帮助和提供建议的体系建立起来,在较低的层级上产生了团体忠诚。

然而,对于其他人来说,韦伯对科层制的反思还不够彻底。鲍曼(Bauman 1989)认为,德国纳粹在二战期间对犹太人的大屠杀,只有借助现代国家的科层机器才可能实现。在战时条件下,将欧洲各地数百万人转移到各个集中营,并详细记录每个人的信息,这么庞大的组织工作需要系统、精细的科层制来计划和执行。正是科层制的非个人性,使官员可以推卸个人的道德责任。在鲍曼看来,大屠杀并不是正常的文明化的现代性中的偶然失灵,毋宁说,这恰恰是其核心组织特征即科层制的一个后果。

相反,也有一些学者认为韦伯的视角过于悲观。杜盖伊(Du Gay 2000)就旗帜鲜明地为科层制和传统科层精神辩护,认为许多归咎于"科层制"的问题,实际上往往是试图绕过程序性规则和指导方针造成的。由此,他指出,鲍曼的研究忽视了大屠杀的真实起因,也就是说,问题在于种族主义的态度和意识形态及对恐吓和胁迫的使用。科层制的基本精神是同等对待每个人,因此科层机构包含一些重要的防护措施,防止而不是助长政治领导人滥用权力。

意义与价值

部分研究表明,松散的**网络**可能正在取代僵化的等级制;与之相反,凯西(Casey 2004)认为,科层制已经开始允许或在工作场所中引入一些新活动。如果这种做法得以普及,那么它首先挑战的或许是我们对什么构成"科层制"的现有理解。特科(Turco 2019)近期研究了一家名为"TechCo"(化名)的公司,探讨韦伯的科层制命题在数字时代是否站得住脚。

特科花了十个月时间在 TechCo 开展民族志研究,这是一家社交媒体营销公司,向那些希望在网上推广自己的公司销售软件和服务。TechCo 认为自己处于企业革命的最前沿,是社交媒体快速发展所必需的,这种发展迫使各种组织转向"后科层制"(postbureaucracy)。社交媒体的运行基于开放交流的原则,无论是在公司内部,还是在公司与用户和客户之间。员工及用户和客户不再接受被动的角色,而是要求并期待自己的声音被听到,公司应该对他们的投诉、建议和想法迅速作出回应。特科指出,TechCo 是"对话型公司"(conversational firm)的一个例子,它采取了比以往任何时候都更加开放的沟通模式。这使它可以持续改变和提升,通过这种快速迭代,它向传统科层制的控制形式提出了挑战。但是,研究也指出,TechCo 还称不上真正的"后科层制",因为它的理念根植于对话,而不是公开参与决策。尽管这家公司引入了一些新颖的做法,但科层制的因素还是回来了(哪怕最开始决意抛弃它们)。这或许证明了,即便在最不受欢迎的环境里,科层制依然存在。

韦伯不可能预见科层化的所有后果,因此,对他的原创分析的部分批评还是可以接受的。然而,社会学家仍在"与韦伯辩论"这一事实告诉我们,韦伯指出了现代社会的一个重要方面。韦伯也很清楚,科层制是社会不断**理性化**的一个重要因素,这种理性化正在蔓延到越来越多的社会生活领域。尽管我们可能会对他的部分分析提出异议,但**资本主义**和现代科层制的全球扩张表明,韦伯论点的要义仍然是中肯的,值得我们认真对待。

参考文献与进一步阅读建议

Bauman, Z. (1989) *Modernity and the Holocaust* (Cambridge: Polity).

Blau, P. M. (1963) *The Dynamics of Bureaucracy* (Chicago: University of Chicago Press).

Casey, C. (2004) 'Bureaucracy Re-enchanted? Spirit, Experts and Authority in Organizations', *Organization*, 11(1): 59–79.

Du Gay, P. (2000) *In Praise of Bureaucracy: Weber, Organization, Ethics* (London: Sage).

Turco, C. J. (2019) *The Conversational Firm: Rethinking Bureaucracy in the Age of Social Media* (New York: Columbia University Press).

Capitalism
资本主义

定义

一种起源于西方的经济体系，基于市场交换及追求利润以实现再投资和企业成长。

源起与历史

18世纪的政治经济学家讨论了市场、交换、价格及商品生产，与此同时，亚当·斯密则认为，市场中的自由交换这只"看不见的手"创造了某种社会秩序和经济平衡（Ingham 2008）。然而，直到19世纪中叶，"资本主义"一词才出现，最早见于马克思和恩格斯对资本主义生产方式的论述。在马克思看来，资本主义是一种剥削性的经济体系，它的基础是生产用于市场交换的商品，从而为布尔乔亚或资产**阶级**创造利润。马克思主义理论把资本主义看作共产主义之前社会发展的最后阶段，共产主义将彻底终结之前严重不平等的阶级社会。

马克斯·韦伯提供了另一个视角，从对加尔文派的宗教信仰的解释来探究资本主义的起源，不同于马克思的宏大历史框架。在韦伯看来，资本主义不是革命性变化的产物，未来也不必然让位于共产主义。相反，工人阶级的未来在于资本主义的发展，而不是终结。他认为，**理性化**的长期过程和科层组织的扩散，是理解**现代性**的密钥。资本主义至少鼓励竞争和创新,这有助于减少科层支配的僵化影响,从而为自由地尝试新的想法提供了空间。

含义与解读

在关于资本主义的各种理论中,最有影响力的还是马克思主义的视角。它认为,资本主义从封建社会中产生,是人类社会整体历史的最新阶段。马克思(Marx [1848] 2005)勾勒出了人类社会发展的大致轮廓,即从由狩猎者和采集者构成的原始共产主义社会,到古代奴隶社会,再到基于地主和农奴划分的封建社会。商人和手工业者的出现,标志着商业阶级或资产阶级的兴起,他们逐步取代了地主贵族。马克思指出,资本主义有两个主要元素:资本——任何可以使用或投资以创造未来财富的资产,包括货币、机器甚至工厂;雇佣劳动——大量不占有生产资料的工人,他们必须找到有偿的工作。占有资本的人属于统治阶级,剩下的大多数人则构成工人阶级或无产阶级。资本家和工人相互依存,但由于两者之间的关系是剥削性的,阶级**冲突**日益尖锐。马克思认为,随着时间的推移,所有其他阶级都会萎缩,只留下利益直接冲突的两个主要阶级。

话说回来,马克思对资本主义也不光是批评,他同样看到了资本主义巨大的生产力,把人类从不必要的宗教**权威**和"农村生活的愚昧状态"的束缚中解放出来。它还展示了人类塑造自己的未来而不是听任大自然摆布的巨大力量。问题是,竞争性的资本主义社会关系会阻碍合作,而合作是人类掌握自身命运所必不可少的。巨大的生产力与对生产力竞争性而非合作性的使用之间的永恒矛盾,只能通过革命来解决。然而,在一百五十多年以后的今天,完全符合马克思预言的革命尚未到来。

资本主义的发展也发生了重大变化,从马克思时代的家族资本主义(family capitalism),到随着企业脱离家族成员的掌控而发展起来的管理资本主义(managerial capitalism),再到20世纪的福利资本主义

(welfare capitalism),当时大公司为员工提供各种服务,比如儿童保育、带薪假期和人寿保险等。福利资本主义的顶峰出现在 1930 年之前,此后工会(trade unions)成为工人尝试从资本主义体系中获取利益的主要凭依。资本主义最新的发展阶段是"制度资本主义"(institutional capitalism),其主要特征是各公司相互持有股份。实际上,那些密切相关的董事会控制着大部分企业,彻底转变了管理控制的过程,因为经理人的持股与其他公司掌握的大量股份相比微不足道。随着**全球化**的深入,大多数大公司是在国际经济背景下运作的。

批判与讨论

韦伯主义者和马克思主义者之间的争论通常涉及道德和规范判断。在马克思主义者看来,资本主义是一种产生于不平等并因不平等而繁荣的经济体系,应该扫进"历史的垃圾堆"。相反,对韦伯主义者来说,资本主义或许是剥削性的,但所有的替代方案都被证明生产力较低和更加专制,仅为民主和个人自由的实践留下较小的空间。直至今日,在对资本主义经济的总体评价上,社会学家还没有达成共识。

一些社会学家认为,马克思关于革命和推翻资本主义的预言可能难以实现。那些确实发生了革命的地方,比如俄国(1917)或中国(1949),也没有完全遵循马克思的革命模型,因为涉及农民和农业工人,而不是发达的工业无产阶级。20 世纪末,苏联解体被认为标志着一个时代的结束。之后,随着全球化及全球资本主义体系的紧密整合,共产主义运动陷入了低潮。许多马克思主义者坚信,马克思对资本主义的核心机制及其必然走向危机的分析是正确的,尽管他看起来似乎低估了资本主义经济的适应能力。

意义与价值

资本主义经济体系在当今全球经济中占主导地位。随着 1989 年柏林墙倒塌、两德统一,以及东欧剧变和苏联解体,国际共产主义运动进入了一个低潮时期。今天,反对资本主义的人往往采用所谓的后社会主义运动的形式,比如近年来出现的反全球化和反资本主义运动,以及无政府主义和环境保护主义等。在最近的学术研究中,学者们的兴趣点在于,不同国家资本主义经济的差异,以及随着数字化的发展,资本主义自身的特征如何不断变化。

坎贝尔和彼泽森(Campbell and Pedersen 2007)对丹麦和美国的资本主义形式进行了比较,有助于我们进入关于"资本主义多样性"的讨论。很多人认为,资本主义通常在这些条件下"运作"最有效率:最少的经济监管、低税体制和低水平的福利。然而,丹麦独树一帜,与此截然不同。丹麦式资本主义建立在较高的税收、庞大的国家预算、高水平的监管及开放的经济之基础上,但它依然能与其他低监管水平的国家有效竞争。这一研究总结说,丹麦之所以能成功,是因为丹麦的公司得到了国家制度的大力支持,这些制度调节劳动力市场、管理职业和技能培训以及推行产业政策。正是这套制度让丹麦具有竞争力,这就告诉我们,低税率、最少监管的模式并不是在全球市场上取得成功的唯一途径。

随着数字技术快速融入社会的各个方面,资本主义正在经历一些重要的变化。尽管看起来**数字革命**最重要的方面是它巨大的沟通潜力,但祖博夫(Zuboff 2019)把我们的注意力引到了数字化的另一面,即让我们无处可逃的密集监控过程。祖博夫指出,数字联结并不一定意味着社会性的增强(如社会交往增加),最好还是把它看作"达到他人商业目的的一种手段"。这就是监控资本主义,它把人类经验的所有方面都作为免费资源,用来提升盈利能力。监控资本主义根植于这样的做法,即利用软件包、人工智能、算法、在线广告和物联网,来抓取、分析、使用和销售数据及信息,而这些做法大多是隐蔽的。在祖博夫看来,谷歌(Google)就是监控资本主义的一个典型案例。虽然许多人为了享受新技术带来的好处而愿意对它的数据收集特性作出让步,但祖博夫强调,这实际上是资本主义的一种"流氓变异",对人权和人性构成严重的威胁。回顾马克思对资本主义及其高度去人性化的异化的分析,监控资本主义或许没有祖博夫说的那么史无前例或者"流氓"。

参考文献与进一步阅读建议

Campbell, J. L., and Pedersen, O. K. (2007) 'Institutional Competitiveness in the Global Economy: Denmark, the United States and the Varieties of Capitalism', *Regulation and Governance*, 1(3): 230-246.

Ingham, G. (2008) *Capitalism* (Cambridge: Polity).

Marx, K., and Engels, F. ([1848] 2005) *The Communist Manifesto* (London: Longman).

Zuboff, S. (2019) *The Age of Surveillance Capitalism: The Fight for a Human Future at the New Frontier of Power* (London: Profile Books).

Consumerism
消费主义

定义

相对富裕的社会所共有的生活方式,它倡导持续不断地购买消费品,认为这对经济和个人满足都有好处。

源起与历史

消费主义可以追溯到19世纪早期的工业革命,当时所生产的物质商品数量激增、价格低廉,使更多的社会群体能够参与消费。最早成为现代消费者的群体是上层阶级和贵族,他们形成了新奢侈品的最大市场。在19世纪和20世纪,炫耀性消费蔓延到更多的社会群体,到了20世纪中叶,消费主义作为一种生活方式已经成为发达经济体的特征。

刺激消费主义增长的一个重要发展是,从20世纪初开始,人们更容易申请到信用贷款。到了 20 世纪末,背负大量债务已是生活常态,社会**地位**的竞争也越来越基于消费模式。自 20 世纪 60 年代以来,社会学家认为资本主义社会已经变得依赖消费主义。消费主义鼓励高水平的物质生活方式,刺激人们对购买商品的欲望和对购入商品的使用(Aldridge 2003)。据说这些变化带来了"消费社会"。环保积极分子大声抗议,向高消费社会的转变产生了灾难性的环境破坏、不必要的浪费和不可持续的实践。

含义与解读

工业资本主义社会的基础是大规模生产的体系,这意味着要有相应的大规模消费。商品和服务必须被购买和消费,尽管生产和消费很可能发生在距离遥远的地点。商品将在成本最低的地方生产,而消费则发生在可以获得最佳价格的地方,这两个地方往往是不同的。在 20 世纪,工业资本主义社会的主要方向从"生产范式"向"消费范式"转变,现在社会学中普遍将相对富裕的社会称为"消费社会"或"消费资本主义"。

首先,在建构**身份认同**的过程中,工作(劳动)变得越来越不重要。相反,消费为人们提供了购买各种元素来打造个人身份的机会,至少给人一种选择更为自由、个性显露更多的感觉。对消费的关注和消费主义**意识形态**促使产品更新换代加速,这是基于商品的交换价值随时尚而发生变化,结果就是更多的浪费。消费者对产品和品牌的识别和认同,使消费成为日常生活的核心。其次,企业更注重挖掘和创造富有弹性和差异化的消费需求,而不是先生产,之后再考虑卖给谁。这种转变通常体现为,统一的"福特主义"生产方式消亡,人们转而采用更灵活的"后福特主义"生产方式,以满足利基(细分)市场的需求。消费者,而不是工人,成为主要的行动者。再次,消费社会促成的个体身份认同的建构,有助于减少基于生产的社会冲突,通过符号交换,越来越多的社会群体参与到激烈的地位竞争过程中。因此,转向消费主义和消费社会,标志着经济、政治和文化领域的深刻变迁。

消费主义还是一种思维方式,一种心态,甚至一种意识形态,致力于激发持续消费的欲望。研究消费的社会学家指出,消费的快感不在于使用产品,而在于对买东西的期待。人们花费大量的时间翻阅杂志、逛街、上网,努力查找产品并产生了要得到它们的想法,之后才是下单购买。坎贝尔(Campbell 2005)认为,这是因为现代消费主义最令人陶醉和上瘾的部分,就是对产品的渴望、憧憬、寻找和欲求,而不是使用它们。这是一种消费的"浪漫伦理",基于广告业所助长的欲望和渴求,这解释了为什么人们永远都不可能真正满足。

批判与讨论

尽管消费主义为我们提供了一个理解资本主义的新维度,但我们还不清楚,消费主义是不是资本主义扩张的原因。相信消费驱动生产的观点非常重视消费者的需求,但也有学者认为这种观点不可信,指出公司庞大的营销和打造品牌的费用旨在创造欲望和需求,把人们变成积极的消费者。这里的主要问题是:在这个体系中,谁真正掌握了权力——是生产者,还是消费者?那些大型的跨国资本主义公司真的受制于消费者的需求吗?

另一些批评直接针对消费主义本身,认为它对社会关系和自然**环境**是一种破坏性力量。消费主义"运作"的基本方式是,将欲望(想要什么)变成需求(需要什么),进而不断劝说人们,你们能够而且应该满足这些需求。这样一来,就有源源不断的时尚、新商品和服务等着我们去消费。将需求和欲望混为一谈是一种危险的做法,因为这会让人们产生错觉,认为幸福是可以买到的,而消费产品是天性使然。事实上,我们应该把欲望和需求明确区分开来,合理抑制欲望,确保全世界人民的真实需求都能得到满足。然而,问题在于,任何界定"需求"的努力都流于无形。因为需求会因文化背景而不同,并且缺少公认的区分标准。

意义与价值

消费主义及其必然结果即消费社会,已经成为社会学的一个热门研究领域。把生产过程和消费模式联系起来考虑,有助于我们更好地理解资本主义。把两者融为一体的一个成功例子,就是"生产和消费的跑步机"(treadmill of production and consumption)理论。它将**工业化**、资本主义经济和大众消费主义结合起来,帮助我们理解**现代性**是如何改变人类社会和自然环境之间的关系的。跑步机这个比喻告诉我们,一旦大规模生产和消费的系统启动,就很难再停下来。

消费主义不仅是一种生活方式,它还是人们整个**生命历程**的一个特征,并且叠加了晚年生活的延长,这在发达国家非常普遍。琼斯及其同事(Jones et al. 2008)注意到,今天许多老年人比前几代人收入要高,一些人选择提前完全或部分退休,在英国及其他发达社会尤其如此。当前这一代老年人,也是二战后消费文化的主要塑造者。他们是第一批"消费公民",因此他们会继续积极消费直到老年,而不是安于"被动消费"服务。这项经验研究详细考察了老年人是如何受消费主义影响,又是如何推动消费主义发展的。

海兰(Hyland 2017)关于工业化国家里越来越流行的正念(mindfulness)实践的论文说明,消费文化似乎能够适应人类生活的几乎所有方面。由于正念的精神和伦理源头在佛教传统,它会倡导某些美德。但随着这类实践的传播和流行,它被市场化和商品化,而精神和道德方面的内容被剔除,从而简化为"麦当劳式正念"(McMindfulness)版本。命名为"麦当劳式正念"是为了向瑞泽尔(Ritzer [1993] 2021)对麦当劳化(McDonaldization)的研究致敬。海兰认为,尽管正念在学校里得到了广泛的应用,但如果剥离了原有的道德和自我改造的元素,这类实践不可能帮到任何人。消费主义的过程把这类实践变成了另一种自助的时尚,就像其他时尚一样,可能迅速退流行,不会给我们留下任何持久的好处。

参考文献与进一步阅读建议

Aldridge, A. (2003) *Consumption* (Cambridge: Polity).

Campbell, C. (2005) *The Romantic Ethic and the Spirit of Modern Consumerism* (Oxford: Blackwell).

Hyland, T. (2017) 'McDonaldizing Spirituality: Mindfulness, Education, and Consumerism', *Journal of Transformative Education*, 15(4): 334–356.

Jones, I. R., Hyde, M., Higgs, P., and Victor, C. R. (2008) *Ageing in a Consumer Society: From Passive to Active Consumption in Britain* (Bristol: Policy Press), esp. chapter 5.

Ritzer, G. ([1993] 2021) *The McDonaldization of Society: Into the Digital Age* (New York: Sage).

Division of Labour
劳动分工

定义

生产过程中工作任务和职业的分离,形成了扩大的经济相互依存关系。

源起与历史

亚当·斯密的《国富论》(Smith [1776] 1991)是最早对劳动分工进行系统探索的著作之一,书中描述了一家制针厂的劳动分工状况。他发现,一个工人单独工作每天可以生产20枚针,但通过将任务分解成若干简单的动作,十个人集体生产每天可以制造出48 000枚针。这是一个经典案例,说明有计划的系统劳动分工能带来巨大利益。埃米尔·涂尔干(Durkheim [1893] 1984)认为,在最宽泛的意义上,工业上的劳动分工让维系社会的社会团结发生了根本性变化。也就是说,基于相似性的传统团结让位于基于差异和合作的现代团结。在涂尔干看来,劳动分工不仅仅是一种经济现象,它意味着整个**社会**发生了深刻的变迁。

含义与解读

现代社会的基础是劳动分工,它由大量的职业类别和日益增长的专业性构成。劳动分工已经成为我们生活的一个基本特征,以至于我们很难再注意到它的世界历史意义。然而,在以前的大多数农业社会里,许多不事农业劳作的人都是手工业者,他们要当很长时间的学徒。这是必要的,因为手工业者参与生产的全过程,而不是其中一环。**工业化**通过使用机器和扩大的劳动分工,以更快的速度、更高的效率和更低的成本生产出同样的商品,逐渐淘汰了大量传统工艺。制造业工人通常只需掌握生产过程的一部分,因此不必经过长期训练,就能迅速成为熟练工人。这个原则也适用于大多数其他形式的工作。它的一个结果是专业化,出现了成千上万的职业、角色和职称,与传统社会只有大约三十种主要工艺和角色的状况截然不同。

埃米尔·涂尔干认为扩大的劳动分工意义重大,尽管它给我们带来了一些严重的问题,比如所有者和工人之间的潜在**冲突**,但也有许多长期的好处。在传统社会,集体高于个体,个人微不足道。将整个社会联系在一起的那种团结,即"机械团结",它基于同质性、稳定且相对不变的制度安排、共同的生活方式以及服从权威。团结不需要有意识地去缔造和维护,而是通过一成不变的生活模式"机械地"产生的。

随着**资本主义**、工业化和城市化的到来,传统生活及相应的机械团结都被打破了。许多评论家担心,社会团结的崩塌和个人主义的兴盛会导致冲突不断,社会和道德皆溃败。然而,涂尔干并不认同。他指出,由于广泛的劳动分工,一种新的团结形式——"有机团结"正在出现。角色的专业化将加强大型社区内的社会团结,人们不再过着相对隔绝、自给自足的群体生活,而是建立起了相互依存的关系。我们每个人都依赖大量的他人为我们提供生活必需的产品和服务,而今天提供者已经遍布世界各地。除了少数个例,在现代社会,绝大多数人都不生产自己吃的食物、住的房子和消费的物质产品。事实上,有机团结可以带来更牢固的相互依存关系,在个体差异和集体目标之间也会取得更好的平衡。

批判与讨论

劳动分工促使各国在全球经济上相互依存,从这个意义上说,涂尔干认为这将使世界人民愈益紧密联系与合作的看法是正确的。但是,许多批评家指出,这是以工人去技能化和工作意义被侵蚀为代价换来的。与以工厂为基础的大规模生产相关的科学管理原则,创造了工业社会学家所称的"低信任"系统。在这种生产管理模式之下,管理者控制着整个生产过程,而工人在工作场所几乎没有任何自主权。在低信任系统中,工人的工作满意度很低,这意味着他们对公司没有多少认同感。结果是**异化**程度和缺勤率都很高。在 20 世纪的大部分时间里,工人不得不忍受这样的低信任系统。许多公司今天还在采取这种管理策略,但其中大多数是在发展中国家,那里有很多高度剥削的血汗工厂。全球劳动分工或许给西方的消费者带来了大量好处,但它也是许多苦难和剥削的来源。

意义与价值

自 20 世纪 70 年代和 80 年代以来,人们越来越关注大工厂大规模生产标准化商品的模式的瓦解,以及转向为利基市场生产定制产品的潮流。在理论上,这是从福特主义生产向后福特主义弹性生产的转变。弹性可见于生产过程的几乎所有环节,比如生产方法、仓储实践、管理者—员工的关系,以及产品的市场营销。这种转变明显对日益深化的全球劳动分工产生了重要的影响。

自 20 世纪末以来,随着大多数制造业被转移到或创建于全球南方,许多工业化国家已经变成以服务业为基础的经济体。今天,一个非常重要的发展是"离岸外包",即将越来越多的工作任务系统地转移到国外(Blinder 2006)。布林德提出,离岸外包可能会对依赖服务部门就业的发达经济体产生革命性的影响。许多办事处和服务任务很容易搬到海外,由于这些工作往往稳定且报酬较高,中产阶级和专业人群最能感受到失去这些工作的冲击。比如,大学课程可以在世界任何地方通过互联网提供,银行业和大多数客户服务工作也是如此。那么,在"后工业"经济体中,什么样的工作会留下来呢?布林德认为,那些需要与人接触的工作应该是相对安全的,例如照护服务和运输,尽管机器人技术和自动驾驶汽车正在发展中。看起来,工作这件事正在经历快速且令人不安的变化。

简·威尔斯等人(Wills et al. 2010)以伦敦为案例,向我们展示了现代城市如何依赖来自世界各地的移民劳工来承担许多人们视为理所当然的工作,酒吧服务、清洁、照护和餐饮行业,不一而足。虽然大城市通常都会吸引找工作的移民,但在过去三十年里,有些事情发生了变化。新自由主义的自由市场经济发展模式鼓励分包,降低工资和工作条件,导致伦敦几乎完全依靠外来劳工来做那些维持城市正常运转的重要工作。这引出了与**贫困**和社会凝聚力相关的政策议题,威尔斯及其同事在书中提供了一些可能的解决方案。

参考文献与进一步阅读建议

Blinder, S. (2006) 'Offshoring: The Next Industrial Revolution?', *Foreign Affairs*, March/April: 113–128.

Durkheim, É. ([1893] 1984) *The Division of Labour in Society* (London: Macmillan).

Morrison, K. (2006) *Marx, Durkheim, Weber: Formations of Modern Social Thought* (2nd edn, London: Sage), chapter 3.

Münch, R. (2016) *The Global Division of Labour: Development and Inequality in World Society* (Basingstoke: Palgrave Macmillan).

Smith, A. ([1776] 1991) *The Wealth of Nations* (London: Everyman's Library).

Wills, J., Datta, K., Evans, Y., Herbert, J., May, J., and McIlwaine, C. (2010) *Global Cities at Work: New Migrant Divisions of Labour* (London: Pluto Press).

Education
教育

定义

一种社会设置(social institution)①,它促进和实现知识和技能的代代相传,大部分情况下采用义务教育的方式。

源起与历史

教育就是传递知识、技能和行为规范的过程,旨在让新成员成功融入**社会**。今天,教育被广泛认为是"一件好事",大多数接受过系统教育、识字识数、有一定见识的人都会承认,教育有明显的好处。不过,在社会学家看来,教育(education)和学校教育(schooling)是两回事。教育是一种社会设置,目的是帮助人们获取各种技能和知识、拓宽视野,它可以在很多环境中进行。然而,学校教育是通过预先设计好的课程传授特定知识和技能的正式过程,通常是特定年龄段的义务教育。在发达国家,义务教育越来越多地扩展到学院(college)甚至是大学(university)的层次。

在18世纪末之前,学校教育基本上是一件私人的事情,只有最富有的家庭才有能力为他们的孩子提供教育。在整个19世纪和20世纪,国家引入了义务教育制度,因为日益增加的工厂工人和办公室职员需要掌握读写和计算技能。功能主义理论认为,学校教育的正式功能是生产受过教育和有技能的人口;马克思主义者和激进批评家则揭露,学校教育存在一种"隐性课程"(hidden curriculum),巧妙地传递支持严重不平等的资本主义社会的价值观和规范。最近的研究则更多

---

① "institution"一词,也有学者译为"制度"。——译者

地关注教育和学校教育在文化再生产中的作用,文化价值观、行为规范和生活经验的代际传递,以及代际传递得以实现的机制和过程。

含义与解读

埃米尔·涂尔干认为,教育是**社会化**的重要中介,它向儿童灌输社会的共同价值观,从而维系社会团结。涂尔干尤其关注道德准则和相互责任,因为这些有助于减轻许多人认为会破坏团结的竞争性个人主义。但涂尔干指出,在工业社会,教育还有另一个重要功能,就是传授日益专业化的职业角色所需的技能,而这些在家庭内部已经学不到了。塔尔科特·帕森斯把这种功能主义思路向前推进了一步。他强调,教育的关键功能之一就是灌输个人成就的核心价值,通常是以竞争性考试和评估的方式。这一点非常重要,因为考试依据的是普遍的、唯才是举的评估标准,与**家庭**的特殊尺度截然不同;等到进入社会,人们往往凭自己的能力和履历来获得某个职位,而不是**阶级**、**性别**或**族群**方面的优势。

但是,许多研究发现,教育和学校教育再生产了社会不平等,而不是让生活机会更加均等。保罗·威利斯(Willis 1977)的英国研究,基于对伯明翰一所学校的田野调查,探讨了工人家庭的孩子为何长大后大多成为工人。这是切中所谓任人唯贤的教育体系的要害的问题。威利斯发现了一种反学校(anti-school)亚文化,受这种亚文化的影响,男孩一般对考试或者"职业生涯"兴趣寡然,只想离开学校去挣钱。他认为这些和蓝领工作文化十分相似,因此,学业失败确实在无意中让这些孩子做好了成为工人的准备。

批判与讨论

功能主义理论所指出的教育系统的正式功能无疑是正确的,但真的存在一套社会共享价值观吗,尤其是在当今的多元文化社会中?马克思主义者认为,学校确实在帮助学生实现社会化,但这么做是为了确保资本主义公司获得它们需要的劳动力,而不是因为致力于机会平等。学校生活的结构和工作生活的结构相对应:顺从才能成功,教师和管理者规定任务,学生和员工负责执行,学校和工作人员都是分层组织的,且我们被教导说,这是不可避免的(Bowles and Gintis 1976)。

这种"隐性课程"的观点也对教育社会学产生了深刻的影响。伊里奇(Illich 1971)认为,学校是监管组织,旨在让年轻人在就业之前保持忙碌,远离街头。学校教育提倡对现有社会秩序不假思索地全盘接受,引导学生认识到自身的阶级地位,安守本分。伊里奇主张建立一个"去学校化"(deschooling)的社会,让每个人在任何需要的时候都能获得教育资源,想学什么就学什么,而不是被迫接受标准化的课程教学。教育资源可以存储在图书馆和信息库(今天则可能是存在网上),向所有学生开放。在当时,这些观点看起来太过异想天开,而在今天,随着终身学习和互联网远程教育受到越来越多的关注,它们似乎不再遥不可及。

意义与价值

我们如何能将教育的积极作用同严肃合理的批评相结合?的确,学校教育参与了结构性不平等的再生产,但与此同时,它也给学生装备了必要的技能和知识,使他们能够理解和挑战这些不平等。此外,在教育系统内部,许多认识到教育的结构性作用的教师也在努力改进和改变它。任何不提供变革前景的理论都可能过于重视社会结构,而忽视了创造性的人类行动。教育是一系列辩论的重要场所,这些辩论不仅涉及学校内部发生了什么,还涉及社会本身朝哪个方向发展。

在许多人看来,义务教育和教育显然是在复杂社会中生活的必需品。尽管很多社会学研究的看法不同,但仍然存在一种"优绩至上"观,认为学生可通过努力工作和天赋的结合获得成功。库尔茨(Kulz 2017)对英国一所中学(她称之为"梦田")进行了一项民族志研究,以探索这种理想是否可能实现。梦田的校长鼓励学生要有自己的抱负,并将学校宣传为一个任人唯贤的地方,立志通过创建明确的常规和强大的结构来帮助学生克服任何深层的社会经济劣势。从表面上看,这所学校非常成功,成绩好于周边学校。然而,库尔茨发现,那些表现达不到学校要求的学生,会被安排到各种支持小组,或者直接退学。此外,学校禁止教员讨论任何关于种族和种族主义的话题。结果是,学校体制并没有直面根植于种族、族群、性别和社会阶级等的现存教育劣势,反而是再生产了它们。

进入21世纪,在大多数发达国家,女生在中小学和学院的表现都"超过"了男生。由此,围绕着男孩为什么"成绩不佳"及如何解决这个问题,出现了一场辩论。这意味着女生肯定克服了此前的障碍,才取得了好成绩。尽管如此,英国的一项经验研究发现,十二三岁的成绩优异的女生仍然为身份认同问题所困扰,因为她们试图在可接受的女性气质的现有规范内"变得聪明"(Skelton et al. 2010)。这些女生不仅在与同学的关系上面临特殊难题(想被同学接受和认可),还要不断努力争取老师的关注。对于日益成功的年轻女孩和妇女来说,生活的现实远比干巴巴的学业成绩更为复杂和棘手。

参考文献与进一步阅读建议

Bartlett, S., and Burton, D. (2020) *Introduction to Education Studies* (5th edn, London: Sage), esp. chapter 10.

Bowles, S., and Gintis, H. (1976) *Schooling in Capitalist America: Educational Reform and Contradictions of Economic Life* (New York: Basic Books).

Illich, I. D. (1971) *Deschooling Society* (Harmondsworth: Penguin).

Kulz, C. (2017) *Factories for Learning: Producing Race and Class Inequality in the Neoliberal Academy* (Manchester: Manchester University Press).

Parker, L., and Gillborn, D. (eds) (2020) *Critical Race Theory in Education* (Abingdon: Routledge).

Skelton, C., Francis, B., and Read, B. (2010) '"Brains before 'Beauty'?" High Achieving Girls, School and Gender Identities', *Educational Studies*, 36(2): 185–194.

Willis, P. (1977) *Learning to Labour: How Working-Class Kids Get Working-Class Jobs* (London: Saxon House).

Organization
组织

定义

一个社会团体或集体性实体,其内部结构是为了满足某种社会需求或者追求特定目标。

源起与历史

组织历史悠久,可以追溯到最早为了安全、食物和住所而联合起来的人类群体。但社会学意义上的组织概念,却是晚近的事情。马克斯·韦伯把**科层制**看作**资本主义**及现代社会的基本特征而进行的探索,通常被视为组织研究的起点。韦伯承认科层制只是一种组织形式,但基于理性原则的现代科层制是迄今为止最有效率的组织形式,因此所有组织都注定要科层化。在韦伯之后,许多理论和经验研究都对这一解释说明进行了扩展或者作出了批判。随着时间的推移,组织社会学已经从组织结构和功能的理论,转向非正式关系、组织**文化**、**权力**和**性别**关系的运作,以及**网络**的成长等。

含义与解读

组织(有时候也称作"正式"组织)范围广泛,从小团体直到跨国公司和国际非政府组织。但大多数研究关注的是一国之内的较大组织,比如政府部门、大学、中小学、医院、宗教团体、公司、工会和慈善机构等。组织与社会设置不同,后者可以定义为构成文化的所有既定规范、价值观和行为模式,例如**家庭**、**教育**和婚姻等。组织是为了实现特定目标而有意设计的单元,通常借助一系列明文规则、条例和程序,并安置在实际环境中。正式组织一般都需要满足相关的法律要求。以大学为例,它必须遵守从评估政策到健康和安全再到工作中的平等的各方面的法律规定。这种正式组织仍然是世界上最主要的组织类型。

组织和每个人的生活息息相关:"我们在组织中出生,在组织里接受教育,我们大多数人一生中的大部分时间都在为组织工作"(Etzioni 1964:ix)。现代社会生活所需的沟通协调,大部分也是由组织承担的。然而,利益冲突和合作是组织的核心。工人和雇主之间或者不同工人群体之间的权力斗争,都会对组织的整体运转,甚至组织目标,产生重要的影响。承认上述冲突的存在意味着偏离功能主义视角,那种视角将组织描绘为平稳运行的机器(Silverman 1994)。尽管不完全准确,但功能主义视角将组织与构成组织的个体完全分开。一个更现代的"社会行动"视角认为,组织是一个"持续且不断变化的人的联合体,他们有着不同甚至是冲突的利益和目的,他们愿意在相当严格限定的范围内执行任务,以达到组织负责人的要求"(Watson 2008:110)。这种视角可以帮助我们理解组织的内部结构是如何随时间变动的,同时也提醒我们注意组织与外部团体之间不断变化的关系。

在一项针对苏格兰的电子公司的研究中,伯恩斯和斯托克(Burns and Stalker 1966)发现了两类组织:机械型组织和有机型组织。机械型组织采用的是科层制,而有机型组织的结构较为松散,组织的总体目标优先于严格界定的责任。在一项更为晚近的研究中,西内等人(Sine et al. 2006)利用机械型和有机型结构的对比,来研究1996年至2001年间创办的互联网公司。人们很容易假设,这些新成立的公司不太正式,通常会采用相对松散的有机型结构。但实际情况并不一定如此。在初创阶段,采用机械型结构的公司表现良好,因为创始成员的专业角色减少了不确定性和模糊性,从而在公司关键期提高了组织效率。因此,机械/有机的对比可能不是绝对的,哪种组织形式最有效,取决于组织的具体发展阶段。

组织运作于专门设计的物理空间,这个空间反映了组织的内部结构。举个例子,在垂直分层系统中,管理层和领导层的办公室通常位于更靠近建筑物"顶部"的位置。房间、走廊和开放空间的布置也与**权威体系**相对应,方便管理者随时观察员工的活动,例如在呼叫中心和敞开式写字间。米歇尔·福柯(Foucault 1973,1978)认为,可见性(visibility)的差异决定了员工受监控的程度。同时,也存在一种员工的自我监控,因为他们不知道自己是否以及何时受到监控,这迫使他们时刻注意自己的行为表现,"以防万一"。

批判与讨论

对组织的概念构造的一个长期批评是,尽管正式的规则和流程确实存在,但如果我们仅从表面上看就认定它们是重要的构成部分,这是错误的。在组织的实际运作过程中,人们常常规避或者绕过规则。例如,工厂会制定很多卫生和安全规则,但在实际生产过程中,为了及时完成工作任务,工人会忽视其中的许多规则。迈耶和罗恩(Meyer and Rowan 1977)就认为,正式的规则本质上是"神话",具有象征性或仪式性的特点,对于我们了解组织的实际运作过程基本毫无助益。

与此同时,非个人化的垂直等级制(据说是组织的特征)也可能具有误导性,特别是在较高的层级。这是因为只有少数高层真正作出关键决策,而且这些人可能会有小圈子,个人关系密切。结果是,组织决策由少数高层作出,只给董事会和股东留下了"橡皮图章"(照例批准)的任务。同样,来自许多不同公司的高级管理人员往往相互熟识,因为他们通常是同一类俱乐部的成员,或者参加相同的社交活动。这样的私人联系促成了高层人士网络中的非正式讨论、协商和信息交换,这些人也被称为"商业精英"。米歇尔斯(Michels [1911] 1967)预见到了这种情况,他认为大型组织的权力和控制权不可避免会落入一小部分精英手中。他把这种现象称为"寡头铁律"(iron law of oligarchy/rule by the few),指出这会阻碍组织内部以及整个**社会**真正的民主化进程。

自20世纪70年代以来,女性主义学术研究的重点是组织内部的性别不平等。组织的一个特征是职业性别隔离,女性被限制在低报酬的常规职业中,被视为廉价可靠的劳动力来源,无法获得与男性同等的机会来打造自己的职业生涯。女性员工主要围绕男性上级的需求提供服务,使其可以长时间工作、出差和只专注于自己的工作。因此,现代组织为男性所主导,女性几乎没有任何权力(Ferguson 1984)。

意义与价值

与传统的组织模式相比,日本战后工业化过程中出现的大型公司有一些重要的新特征。日本公司的等级制度不那么明显,公司会向所有层级的员工征求政策意见;专业划分没有其他国家那么严格僵硬;公司承诺"终身雇佣"。然而,经济问题迫使日本转变模式,因为这种模式被认为不太灵活和成本过高。许多日本分析家在寻找一种更具竞争力和个性的企业组织模式,也是更接近西方的模式(Freedman 2001)。网络和网络化组织的兴起引发了广泛的讨论,尽管这种转型的程度还不明确(Castells 2009)。我们看到了一些非正式化的迹象,但似乎不太可能在没有正式组织的情况下成功协调现代世界。

现在有些学者认为,组织在种族和性别不平等的再生产过程中发挥了关键作用。随着组织中的女性员工越来越多,我们预期在那些"进步的"政治组织(如劳工政党和工会)中,可以观察到更多的平等。纪尧姆和波奇克(Guillaume and Pochic 2011)采用传记法,以英国和法国的工会来检验上述假设。他们发现,在新的工会成员和积极分子中,女性的比例很高。在英国,这主要归功于工会自身积极主动的、有针对性的行动。然而,即使在女性化程度最高的工会里,领导层的女性比例还是很低。这意味着,尽管政策转变为鼓励更多的女性往高层职位努力,但"男性化的组织文化"、男性员工之间的非正式网络,以及工作—生活的平衡难题,依然在阻碍真正的性别平等。

雷(Ray 2019)指出,尽管理论家普遍认为正式组织是"种族中立"的,但实际上,种族是组织的一个重要构成特征。种族化的组织增强/减少了不同种族群体的能动性,使资源的不平等分配合法化,将"白人的白"(whiteness,也译为白人性)作为关键的凭证,虽然对平等作出了正式承诺,但是组织的规则和实践却背道而驰。采用这种更具批判性的视角使我们看到,高层次的国家政策及个人态度都经社会生活中观层次的组织过滤,有时候还会被组织改变。例如,雷就认为,个人偏见本身不具有影响力,除非它与资源(包括地位高的职位)联系起来。将非白人群体和低薪工作绑定的文化框架(cultural schemes),与白人适合担任领导角色的观念一起,嵌入了组织的日常例行活动和规范。这并不是说改变是不可能的,但它确实在一定程度上解释了为什么种族不平等持续存在。同时,种族化的组织也不是什么例外情况,反而是一种常态。

参考文献与进一步阅读建议

Burns, T., and Stalker, G. M. (1966) *The Management of Innovation* (London: Tavistock).

Castells, M. (2009) *The Rise of the Network Society* (2nd edn, Oxford: Wiley Blackwell).

Etzioni, A. (1964) *Modern Organizations* (Englewood Cliffs, NJ: Prentice Hall).

Ferguson, K. E. (1984) *The Feminist Case against Bureaucracy* (Philadelphia: Temple University Press).

Foucault, M. (1973) *The Birth of the Clinic: An Archaeology of Medical Perception* (London: Tavistock).

—— (1978) *The History of Sexuality* (London: Penguin).

Freedman, C. (ed.) (2001) *Economic Reform in Japan: Can the Japanese Change?* (Cheltenham: Edward Elgar).

Godwyn, M., and Gittell, J. H. (eds) (2012) *Sociology of Organizations: Structures and Relationships* (Thousand Oaks, CA: Pine Forge Press).

Guillaume, C., and Pochic, S. (2011) 'The Gendered Nature of Union Careers: The Touchstone of Equality Policies? Comparing France and the UK', *European Societies*, 13(4): 607–631.

Meyer, J. W., and Rowan, B. (1977) 'Institutional Organizations: Formal Structure as Myth and Ceremony', *American Journal of Sociology*, 83: 340-363.

Michels, R. ([1911] 1967) *Political Parties* (New York: Free Press).

Ray, V. (2019) 'A Theory of Racialized Organizations', *American Sociological Review*, 84(1): 26-53.

Silverman, D. (1994) 'On Throwing Away Ladders: Re-writing the Theory of Organizations', in J. Hassard and M. Parker (eds), *Towards a New Theory of Organizations* (London: Routledge), pp. 1-23.

Sine, W. D., Mitsuhashi, H., and Kirsch, D. A. (2006) 'Revisiting Burns and Stalker: Formal Structure and New Venture Performance in Emerging Economic Sectors', *Academy of Management Journal*, 49(1): 121-132.

Watson, T. J. (2008) *Sociology, Work and Industry* (5th edn, London: Routledge).

Religion

宗教

定义

借用埃米尔·涂尔干的话说,"(宗教就是)一种与神圣事物有关的信仰与仪轨所组成的统一体系,这些信仰与仪轨将所有信奉它们的人结合成一个共同体"。

源起与历史

在所有已知的人类社会中,都可以找到某种形式的宗教。有记录的最早社会显示出宗教符号和仪式的清晰痕迹。岩洞壁画证明,人类的宗教信仰和实践在四万多年前就已存在,而且从那时起,宗教就一直是人类经验的核心部分。最早的欧洲宗教所涉及的信仰和实践深深地嵌入日常生活,并因此构成了日常生活,而不是形成独特的社会设置。今天在世界其他地方依旧如此。然而,在现代工业社会,宗教已经成为独立于经济和政治等其他生活领域的组织。在20世纪,宗教社会学的核心辩论围绕的是世俗化理论,一些人认为宗教正在逐渐后退,另一些人则坚信宗教信仰还在扩张,尽管宗教组织的正式成员可能在减少。

含义与解读

在马克思看来,宗教是**阶级**分化社会里大众逃离生活苦难的心灵天堂。例如,长期以来,基督教向它的信徒承诺了一个死后世界,同时教导他们说,此时此地的物质生活可能非常艰难、痛苦和充满了折磨。对马克思来说,这表明宗教也不能免受可见于经济关系和政治思想的意识形态因素的影响。对死后美好生活的承诺实际上支持了对广大工人的持续剥削。马克斯·韦伯对"世界宗教"的系统研究得出了不一样的结论。他认为,宗教或许是一种保守的力量,但这并不是必然的。例如,在印度,宗教在很长一段时间里抑制了社会变革,因为印度教宣传因果报应和人生轮回,无意控制和改造世界。但在西方,基督教不断与原罪和罪人作斗争,激发了挑战现有秩序的紧张情绪和情感活力。同样,在20世纪80年代,天主教在让波兰团结工会运动合法化方面发挥了重要作用。因此,宗教也可能促进社会变迁。

埃米尔·涂尔干认为,宗教的持久性是它的主要特征。在他看来,所有的宗教都把世界划分成神圣和世俗两个部分,人们对待神圣事物及符号的态度和方式与对待世俗生活全然不同。宗教之所以能够长期存在,正在于它们是生产和维系社会纽带的主要手段。宗教典礼和信仰仪式是将人们联系在一起的关键,这就是我们会在出生、结婚和死亡等各种人生危机和过渡时期看到它们的原因。当人们被迫调整自己以适应重大生活变故时,集体仪式可以加强群体团结。宗教典礼能够制造一种"集体欢腾"——集体聚会激发的激昂情感和巨大能量,使人们从世俗生活中解脱出来,暂时进入一种崇高的状态。涂尔干指出,我们不能把人们的宗教体验仅仅看作一种自我陶醉或者**意识形态**。事实上,这是社会力量的真实展现。

宗教社会学关心的是,宗教制度和组织是如何运转的,特别是在缔造社会团结方面。在有许多相互竞争的宗教的地方,宗教分歧可能会演变成破坏稳定的**冲突**。北爱尔兰的新教徒和天主教徒之间的冲突,印度的锡克教徒、印度教徒和穆斯林之间的冲突,波斯尼亚和原南斯拉夫地区的穆斯林和基督徒之间的冲突,美国的针对犹太人、穆斯林和宗教少数群体的"仇恨犯罪"(hate crimes),都是这样的例子。

批判与讨论

世俗化描述了宗教失去对社会生活各方面的影响的过程;如果我们生活在一个完全世俗化的社会,那么宗教这个概念就是多余的。在西欧,世俗化表现为所谓的"归信但不归属"(believing without belonging),因为各种调查数据显示,大多数人仍然相信上帝或者神灵,但教会出席人数却在减少(Davie 1994)。然而,美国却不一样,宗教信仰比例和教会出席率都很高。在应该或可以怎样衡量世俗化的问题上存在着分歧,所以很难得出总体性的结论。

很多人有宗教信仰,但不去做礼拜;反过来,也有很多人出于习惯或为了见朋友而定期去教堂,但个人信仰却不那么坚定。即使从历史的角度来看,也没有定论。有人认为,在**工业化**之前,教会出席率较高,牧师的社会**地位**尊崇,大众有虔诚的宗教信仰,但这些假设都受到了历史研究的挑战。在中世纪的欧洲,大部分人的信仰最多只能说是冷淡,他们去教堂做礼拜是出于责任感,而非宗教虔信。另一方面,今天大多数人都不太会感到日常生活中充满了神圣或灵性实体。

涂尔干命题的批评者认为,由几个小规模社会的经验概括出所有宗教的基本特征是不可能的。在整个20世纪,世界上许多社会的文化都变得越来越多元,各个国家内部的宗教也多种多样。涂尔干关于宗教是社会团结的源泉的论述,在多信仰社会中或许不那么有说服力,也没法恰当解释围绕不同宗教信仰而产生的社会内部冲突。我们也可能对宗教本质上是对社会而不是神灵的崇拜这一观点提出异议。

这可以视为一种还原论,即把宗教经验还原成社会现象,由此彻底拒绝"灵性"现实的可能性。

意义与价值

随着传统宗教日渐式微,宗教热情似乎在各种新兴宗教运动中被引到了不同方向。与此同时,在全球南方的大部分地区,几乎没有世俗化的证据,在中东、亚洲、非洲的许多地方,宗教继续蓬勃发展。类似地,教皇的访问受到了数以百万计的天主教徒的欢迎;同时,东正教也在原苏联的部分地区被热情拥抱。即使在美国,宗教同样发挥着强大的影响力,并采取了新的形式,比如大众化福音运动和"电视福音布道"。宗教社会学家也对宗教领域感兴趣,因为它存在于正式组织之外。

例如,马费索利(Maffesoli 1995)给出了这样的理论说明,我们现在生活在"部落时代",基于共同的音乐品味、想法、消费偏好和休闲追求而结成的小群体迅速增长。尽管人们对"新部落"的投入可能很少也很短暂,但它们显示了人类对社会交往的强烈需求,用涂尔干的话来说,这依然是一种"宗教性的"需求。由于传统宗教在竭力挽留信徒,一些人认为"世俗"理念可以发挥"宗教"作用。一个典型的例子是世俗对人权的关注,它连接了特殊与普遍,这种**话语**与基督教传统有相似之处。在这个意义上,人权话语可以看成当代的"世俗宗教"(Reader 2003)。然而,如果情况确实是这样,那么这个宗教的核心是个人,而不是社区或社会。

社会学界对日常生活中的宗教也有浓厚的兴趣,这个领域被称为"生活宗教"(lived religion)研究。这个领域的学者试图把握个体如何可能将不同宗教传统的元素融入或混入并适配自己的"宗教实践",而不会体验到巨大的不和谐(Maguire 2008)。洛夫顿(Lofton 2017:6)指出,宗教研究与关于消费主义的学术工作之间存在明显的一致性。特别是,她认为,"消费生活本身是一种宗教事业,在宗教的意义上,它包含了比几乎任何其他社会参与行为更强大的某些承诺"。在此,"宗教"是一个描述企业组织活动和消费文化的概念,而非正式的或教义的体系。如果我们采用这种思路,社会学家应该适应日常生活的"仪式模式",而那些研究"宗教"的人也需要扩展视野,以了解企业和消费文化。

参考文献与进一步阅读建议

Aldridge, A. (2013) *Religion in the Contemporary World: A Sociological Introduction* (3rd edn, Cambridge: Polity).

Davie, G. (1994) *Religion in Britain since 1945: Believing without Belonging* (Oxford: Blackwell).

Fenn, R. K. (2009) *Key Thinkers in the Sociology of Religion* (New York: Continuum).

Lofton, K. (2017) *Consuming Religion* (London: University of Chicago Press).

Maffesoli, M. (1995) *The Time of the Tribes: The Decline of Individualism in Mass Society* (London: Sage).

Maguire, M. B. (2008) *Lived Religion: Faith and Practice in Everyday Life* (Oxford: Oxford University Press).

Reader, R. (2003) 'The Discourse of Human Rights – A Secular Religion?', *Implicit Religion*, 6(1): 41–51.

主题五

不平等的生活机会

Class
阶级

定义

大规模社会群体的相对经济位置,与职业、所拥有的资产和财富或生活方式选择有关。

源起与历史

社会学家长期以来一直在社会阶级概念上存在分歧,这可以溯及马克思和韦伯不同的理论和思路。马克思认为,社会阶级是一个群体,他们都与社会中的生产资料有着相同的关系——坦白讲,你要么是所有者(owner),要么不是——因此,阶级制度涵盖了人类历史的大部分时间。在前工业社会,阶级主要划分为地主(贵族、乡绅或者奴隶主)和耕种土地的人(农奴、奴隶和自耕农)。但在资本主义社会,工厂、办公室、机器及购买它们所需的资本变得比土地重要。在当代资本主义社会,占有生产资料的资本家和为了生存而不得不为资本家工作的工人(马克思称他们为"无产阶级")之间的对立,是最基本的阶级对立。

韦伯同样认为阶级基于客观存在的经济状况,但各种经济因素都很重要。阶级划分不仅取决于是否占有生产资料,还取决于技能和资历,这会影响到人们能获得什么样的工作。一个人在劳动力市场中的位置在某种程度上决定了他的生活机会。和没什么技能的劳动者相比,熟练技工的收入相对较高;同时,从事专业工作的人,如医生、律师和高级管理人员等,无论是工资、奖励(如股份和奖金)还是总体工作条件,都比其他大多数就业者要好。因此,阶级地位是由一系列复杂的因素决定的,不能简单地归结为是否占有生产资料。此外,韦伯还把阶级和**地位**（status）区分开来，认为后者是根据他人的主观评价而不是个人的客观经济状况形成的。近年来，学界的讨论主要围绕这些话题展开：阶级在现实中的重要性真的在下降吗？传统的阶级框架需要加入消费偏好及其他文化因素吗？

含义与解读

今天，大多数社会学家都会同意，社会阶级是社会分层的一种形式，常见于现代工业化国家，并随着**资本主义**的扩张而蔓延到其他地方。阶级是拥有共同经济资源的大规模群体，这些资源决定了他们能够过上什么样的生活。财产所有权和职业是阶级差异的主要基础。社会学家普遍认为，阶级是最不稳定的社会分层形式，因为阶级不是法律实体，它们之间的界限并不是固定的，跨阶级通婚也没有被禁止。尽管如此，研究表明，一个人出生时所处的阶级位置，会限制但并不会断绝个体在阶级体系中的流动。

社会流动研究告诉我们，人们可以而且确实获得了自己的阶级位置，这与不允许流动的传统印度种姓制度形成了鲜明对比。阶级体系是非个人化的，个人的阶级位置是客观的，与他们的人际关系不太相关，而人际关系通常构成了一个相当独立的生活领域。理论研究和经验研究探讨了阶级位置和社会生活的其他方面（如投票模式、教育获得和健康）之间的联系。社会学家设计了各种框架来图绘现代社会的阶级结构，试图以尽可能少的类别来捕捉尽可能多的职业结构。社会学家倾向于以职业作为社会阶级的一般指标，因为研究表明，从事相同职业的人通常生活方式相似，生活机会也相差无几。

许多阶级分析家对"关系型"阶级框架情有独钟，因为它们揭示了**社会**中不断变化的紧张关系和不平等，以及变动中的就业类别和新的职业趋势。约翰·戈德索普长期研究阶级，他创建了一套韦伯风格的分析框架用于经验研究。戈德索普的框架并没有设计成一个等级体系，而是把重点放在呈现当代阶级结构的"关系"性质上。戈德索普的原创框架,是依据市场境遇和工作状况来辨识一个人的阶级位置。这里的市场境遇指的是薪酬水平、工作保障及发展前景,而工作状况则侧重控制、权力和权威等问题。近年来,他(Goldthorpe 2000)强调的是雇佣关系而非"工作状况",提醒我们注意不同类型的雇用合同。

批判与讨论

在社会学领域,阶级理论和阶级分析由来已久,但自20世纪80年代以来,它们一直受到认为阶级的重要性正在下降的社会学家的批评。帕库尔斯基和沃特斯(Pakulski and Waters 1996)指出,**全球化**带来了全球性的**劳动分工**,其中主要的不平等存在于**民族国家**之间,而非一个国家内部,而且发达国家已经变成基于服务职业和日益个人化的后工业社会。他们由此得出结论,这导致了地位约定主义(status conventionalism)的出现,一种基于**消费主义**和生活方式选择而不是社会阶级的不平等体系。

还有学者认为,高等**教育**扩张及其所带来的机会增多,以及出现更多成功的企业家(其中一些人利用互联网等现代技术跨越了阶级),这些证明社会流动性在增加,跨阶级的流动越来越多。同样,结果是基于阶级的社区及阶级认同日趋瓦解。作为**身份认同**的来源,阶级正逐渐让位于**性别**、**族群**、**性存在**和政治归属,所以对人们来说,阶级变得没那么重要了。

阶级分析的另一个问题是,它无法妥善处理性别问题。一般情况下,阶级分析测量的是"户主"的阶级地位,而户主通常被认为是养家的男性。因此,女性的阶级位置是依据她的伴侣的位置推出的。这在20世纪初可能还说得过去,然而,随着越来越多的已婚女性实现有偿就业,这种做法已经变得非常不可靠。此外,事实也证明,难以将学生、退休人员、失业人员等归入特定阶级类别,这意味着已有框架是不完整和片面的。

意义与价值

许多新近研究表明,基于阶级的身份认同明显松动,但社会阶级并没有失去塑造个人机会的力量。主观上,人们或许并不认为自己属于工人阶级或中产阶级,但大量的社会学研究持续证明,出生时所处的阶级位置,是我们生活机会的重要决定因素(Crompton 2008)。

近年来,我们见证了"平台资本主义"公司和"零工"经济部门的兴起。在零工经济部门就业的人,通常被认为是自雇者,Deliveroo(外卖)和Uber(打车)等平台为他们提供了"打零工"的机会。这些人属于什么阶级,是中产阶级,还是工人阶级,抑或一个全新的阶级?这个问题之所以会产生,是因为和许多其他全职就业者相比,这些人的劳动合同和工作状态更加不稳定,同时也面临更糟糕的健康结果。然而,蒙塔内尔(Muntaner 2018)指出,就他们的工资、工作条件、福利待遇和集体行动而言,零工经济部门的就业者比其他任何人都更接近传统的工人阶级。如果我们想了解阶级不平等是如何再生产的,特别是在过去三十多年里,贫富差距实际上不断扩大,那么关注社会阶级的客观特征及其物质性影响仍然是必要的。

鉴于最新的理论表明阶级正在衰落,一些研究探讨了特定地点的阶级体验。文森特及其同事(Vincent et al. 2008)用**定性**方法对伦敦内城的"工人阶级状况"进行经验研究,聚焦于养育子女及这个群体应对生活时的可用资源。作者发现了一个关键的区别,即"勉强度日"的一些人和"游刃有余"的大多数。后者拥有良好的社会资本(朋友和家人的支持)、文化资本(教育证书)和经济资本(就业,即便不稳定)。这项研究所调查的工人阶级内部差异很大,但社会阶级似乎依然是衡量生活机会的一个重要客观指标。

参考文献与进一步阅读建议

Crompton, R. (2008) *Class and Stratification* (3rd edn, Cambridge: Polity).
Edgell, S. (1993) *Class* (London: Routledge).

Goldthorpe, J. H. (2000) *On Sociology: Numbers, Narratives and the Integration of Research and Theory* (Oxford: Oxford University Press).

Muntaner, C. (2018) 'Digital Platforms, Gig Economy, Precarious Employment, and Invisible Hand of Social Class', *International Journal of Health Services*, 48(4): 597–600.

Pakulski, J., and Waters, M. (1996) *The Death of Class* (London: Sage).

Vincent, C., Ball, S. J., and Braun, A. (2008) '"It's Like Saying 'Coloured'": Understanding and Analysing the Urban Working Classes', *Sociological Review*, 56(1): 61–77.

Gender
性别

定义

对一个特定**社会**的成员应该有什么样的社会、文化和心理的特征和行为的期望。

源起与历史

在社会学领域,性别①是一个在很大程度上被忽视的话题。20 世纪 60 年代以后,一系列理论和经验层面的女性主义研究才引起了人们对男女之间严重不平等(甚至延续到现代社会)的关注。在古典社会学看来,既存的以男性为主导的性别秩序是理所当然的。功能主义就是如此,认为性别差异根植于社会的功能需求,正如男性在正规经济(formal economy)中扮演"工具型"(instrumental)角色,女性则在家庭中承担"表达型"(expressive)角色。女性主义研究质疑这种看上去自然的不平等,认为男性主导与**阶级**统治没有什么差别。尽管如此,

---

① "gender"单独出现时翻译为性别,与"sex"(生理性别)同时出现时翻译为社会性别。——译者

也有一些理论家采用现有的社会学概念和理论,比如**社会化**和某个版本的**冲突**理论,去解释性别不平等。近年来,性别这个概念被认为过于僵化。一些学者指出,"性别"是一个高度不稳定的概念,一直处于变化过程中。

含义与解读

在社会学中,一直存在着生理性别(sex,两性身体方面的结构和生理差异)和社会性别(gender,两性行为预期方面的社会和文化差异)的区别。大部分社会学家认为,没有证据表明存在将生物力量与人类表现出来的复杂多样的社会行为联系起来的机制,这意味着社会性别是一种复杂的社会建构。

在一部分社会学家看来,性别社会化(通过**家庭**、学校和**大众媒体**等社会中介习得性别角色),有助于解释我们观察到的性别差异。家庭、同辈群体和学校中的社会化过程,往往会促成被儿童接纳为自身一部分的性别化自我认同。就这样,性别差异在文化层面得以再生产,男性和女性被社会化为不同的角色。具有性别差异的玩具、服饰,以及电视、电影和电子游戏中对两性角色的刻板演绎,都是文化鼓励人们顺应性别期望的例子。最近的研究指出,性别社会化不是一个简单的或单向的过程,因为人们积极地参与其中,可以拒绝或修改对于自己的各种期待,这使得社会化极不稳定,容易受到挑战。

一部分社会学家也拒绝接受社会性别与生物性别之间的基本区分,认为这具有误导性,暗示存在一个生物内核,随后文化用社会性别差异覆盖了它。一些人不再视生物性别为由生物性决定,社会性别取决于文化习得,而是相信它们都是**社会建构**的。不光是性别认同,人类的身体本身也是社会力量塑造和改变的对象。人们几乎可以随心所欲地改造和重构自己的身体,从锻炼、节食、穿孔和个人时尚,到医美整形和变性手术。人类的社会性别认同和生物性别差异在个人身体上有着千丝万缕的联系,我们几乎没有办法将生物属性和**文化**属性区分开来。

康奈尔(Connell 2005)把**男权制**和男性气质纳入性别关系的理论,提出了最完整的性别理论说明。她认为,劳动、**权力**和情感投注(cathexis)(个人关系或性关系)是社会中不同但相关的部分,它们共同发挥作用并相互影响。劳动是指家庭内部和劳动力市场中的性别**劳动分工**。权力通过社会关系运作,比如机构、国家、军队和家庭生活中的**权威**、暴力和**意识形态**等。

情感投注涉及亲密关系、情感关系和个人关系中的动力,包括婚姻、**性存在**和抚养子女。位于性别秩序顶层的是霸权男性气质,它经由文化体现,并延伸到私人生活和社会领域。霸权男性气质主要与异性恋和婚姻有关,但也牵涉到权威、有偿工作、力量和身体强壮。尽管只有少数男性符合这种典型的形象,但大量男性从中受益。在霸权男性气质主导的性别秩序下,男同性恋者不被视为"真正的男人"。于是同性恋男性气质被污名化了,在男性的性别等级中排到了最底层。女性气质都是在从属于霸权男性气质的位置上形成的。女性也发展出了一些非从属的身份认同和生活方式,包括女性主义者、女同性恋者、老姑娘、接生婆、女巫、妓女和体力劳动者,但这些抗争性女性气质的经历在很大程度上烟消云散了,"没能载入史册"。

批判与讨论

一些学者批评说,尽管霸权男性气质看起来相当明显,但康奈尔并没有真正给出一个令人满意的解释。因为她没有具体说明究竟什么是"反霸权"(非霸权)的。例如,现在越来越多的男性参与子女养育、承担父亲责任,这是对霸权男性气质的延续,还是一种背离它的趋势?除非我们清楚哪些行为能挑战霸权男性气质,否则我们怎么知道最初是哪些行为构成了它呢?有些社会心理学家好奇,男性是如何"体现"共谋的男性气质的。如果他们自己不符合霸权男性气质的理想,那么这种失败对他们来说意味着什么?简言之,抗争行为在实际生活中会是什么样子的?

意义与价值

性别概念在社会学中变得越来越重要,部分是因为女性主义研究,但同时也是因为最近对性存在的研究,包括酷儿理论,这有助于改变性别的含义及这个概念的使用方式。巴特勒(Butler 2004)认为,性别是"表演性的"(performative),也就是说,人们的性别不是内在于身体的某物,而更像是一种持续的表演,或正在进行的工作。这意味着性别是一个不稳定的社会类别,能包容许多变异,也会发生相当大的变化,最为显见的例子可能就是跨性别身份认同的"表演"。什么是性别,我们如何理解它,都取决于人们如何表演自己的性别,而这显然是可以改变的。

在大多数社会,性别不平等是一个既定事实,只是程度有所不同。曼德尔(Mandel 2009)比较了14个发达国家的性别秩序和公共政策,考察不同国家旨在减少性别不平等的干预措施有何影响。她发现,一些体制付钱让妇女养育子女,另一些则提供福利以缓解工作和家庭的紧张关系。但是,这两种政策都以传统的性别分工为基础,无法改变女性的经济劣势。旨在激励更多妇女从事有偿工作的政策似乎有很多好处,但曼德尔指出,它们不可能独立发挥作用,需要改变将照顾重担放在妇女肩上的意识形态。因此,引入育儿假政策,或许是让两性更平等地承担照顾责任的实质性的第一步。

参考文献与进一步阅读建议

Bradley, H. G. (2012) *Gender* (2nd edn, Cambridge: Polity).
Butler, J. (2004) *Undoing Gender* (London: Routledge).
Connell, R. W. (2005) *Masculinities* (2nd edn, Cambridge: Polity).
—— (2021) *Gender in World Perspective* (4th edn, Cambridge: Polity).
Holmes, M. (2007) *What Is Gender? Sociological Approaches* (London: Sage).
Mandel, H. (2009) 'Configurations of Gender Inequality: The Consequences of Ideology and Public Policy', *British Journal of Sociology*, 60(4): 693–719.

Intersectionality
叠变①

定义

阶级、**种族/族群**、**性别**、失能和**性存在**等方面的社会不平等的交织。相较于单一维度的概念模型,它产生了更为复杂的歧视模式。

源起与历史

追随马克思的思路,社会学把社会阶级看作不平等的主要形式,它塑造了个体的生活机会。进入20世纪,人们逐渐认识到不平等的其他面向的重要性,到了70年代,现代社会中不平等的来源被视为多种多样。尽管有一些研究试图从理论上说明阶级和性别的不平等是如何相互增强的,但没有系统的方法来做到这一点。随着社会学研究不再只关注阶级,人们越来越清楚,不能用既有的阶级理论来说明其他形式的不平等。金伯利·克伦肖(Crenshaw 1989)关于美国"种族和性别"交织的论文,被认为是叠变概念首次亮相的地方(参见Taylor et al. 2010)。紧接着,安德森和希尔·柯林斯(Andersen and Hill Collins [1990] 2016)编辑的论文集探讨了阶级、种族、性别和性存在的交叠,是如何形塑人们的身份认同及生活机会的。黑人女性主义学术研究对叠变理论的发展作出了重要贡献。叠变理论由美国学者建构而成,

---

① 按照字面含义,"intersectionality"可以直译为"交叉性",这也是学界目前的常用译法。但"交叉性"似乎过于直白,没有抓住这个概念更为丰富和多变的内涵。简单理解,"intersectionality"是指两个或两个以上的变量共同发生作用而产生的不平等效应。但"共同发生作用"的具体方式是什么?仅仅是简单的"交叉"或者"交互"吗?用统计术语来说,变量之间的作用方式,可以是同一测度空间内简单算数的加减乘除,也有可能是不同测量维度之间的"塌缩"(collapse)或其他更为复杂的变化。考虑到这些,我将"intersectionality"一词译为"叠变",意思是叠加后发生更为复杂的变化。——译者

到目前为止,也一直由美国学者主导,尽管这种情况正在慢慢发生改变(Crenshaw 1991)。

含义与解读

逐渐摆脱对社会阶级的排他性关注以后,社会学家提出,要想理解人们今天的生活,就必须找到把阶级和其他不平等联系起来的方法(Andersen and Hill Collins [1990] 2016; Rothman 2005)。迄今为止,叠变理论可以说是这种尝试中最有影响力的视角,它是从社会多样性和文化多样性的事实出发的。认识到这一点至关重要,因为它表明,所有讨论一般类别(黑人、工人阶级、女性、失能者、男同性恋者等)的社会学研究和理论,都是过度概括的。当社会学家探讨和辩论工人阶级或女性的经验时,这意味着什么?对于大多数工人阶级成员来说,阶级位置可能不是其主要的身份认同。工人阶级中的白人异性恋男性和黑人同性恋男性的生活,或许相距十万八千里,只有经验研究能够告诉我们,这些身份中哪一种更为重要。

叠变研究考察了不同形式的差异如何在特定案例中交织在一起,这带来了对现实生活的高度复杂的分析,因为生活是鲜活的。然而,这类研究并不满足于描述,它还试图去理解社会中的**权力**关系是如何运作以产生不平等和歧视的(Berger and Guidroz 2009)。叠变研究并不是简单的加减乘除,如阶级+种族+性别;相反,它坚持认为每个类别都会影响其他类别,这些类别一起生产了体验世界的方式,"有时是受压迫和被边缘化,有时是有特权和占据优势,这取决于环境"(Smooth 2010:34)。简言之,类别交叠所产生的社会位置不能分解为表面上离散的元素;它们远非各部分的总和。

叠变研究往往采用**定性**方法和传记法,前者能够挖掘人们的真实生活经验,后者可以重构**生命历程**中的不平等的影响。这和主流的阶级分析有重大区别,传统的阶级分析主要采用问卷调查和**定量**方法。是故,叠变是对社会生活多样性的描述,也是关于这种多样性的一种理论,但它也可以被视为一种方法论(一种突出社会位置之间的相互作用的方式),旨在针对不同的经验提供更加全面和有效的说明。

批判与讨论

叠变理论和研究也存在一些问题。有多少不平等和身份类别可以纳入分析?这通常被称为"等等"(et cetera)问题。也就是说,有些研究在阶级、性别和种族后面加一个"等等",表示还有许多其他的不平等来源(Lykke 2011)。但是,如果情况确实如此,那么研究者怎么知道他们已经涵盖了所有类别,以验证自己的发现呢?第二个问题在于对所使用的类别赋予的相对权重。我们是应该从理论上将它们视为大体相似,还是有理由认为其中一些在塑造人们的生活方面更为重要?比如,马克思主义理论认为,只要还是资本主义社会,我们就有理由相信阶级位置依然是塑造人们机会和生活机遇的驱动力量。分析个人身份的不同元素如何叠变已经变得更加普遍,但重要的是要记住,在英国及其他地方,大量可靠的社会学研究继续发现结构化的劣势模式,涉及大型的社会群体(如阶级集团和少数族群),它们会影响处境相似的个体的生活机会。

意义与价值

在试图理解贫困和整个社会生活的差异化体验时,叠变的概念变得更加重要。并且,随着相关研究越来越多,社会生活的特征似乎越来越复杂,差别越来越细微。例如,巴纳德和特纳(Barnard and Turner 2011:4)就认为,"一个中产阶级、第三代印度移民、信仰印度教、受过高等教育、家住米尔顿·凯恩斯的女性,与一个第二代印度移民、信仰伊斯兰教、拥有三级技能证书、同失能丈夫和两个孩子住在布拉德福德的女性,她们的生活几乎不会有任何交集"。

近年来,有人提出,如果平等立法想要取得成功,社会政策必须考虑到叠变问题(Hancock 2007)。阿隆索(Alonso 2012)以葡萄牙为例探讨了这一观点,葡萄牙在制定平等政策时,一直让社会团体参与其中。葡萄牙的解决方案是,鼓励利用既有的促进平等机构来发展一种协调模式,而不是直接建立一个新的整合机构。尽管这看上去有局限性,但阿隆索认为,这种折中方案可以最大限度地保留现有制度安排中积累的专业知识。它还提供了解决跨机构的不平等叠变及单一群体问题的潜力。尽管还没有形成整合一体的叠变体制,但它为将来建立这种体制铺平了道路。

参考文献与进一步阅读建议

Alonso, A. (2012) 'Intersectionality by Other Means? New Equality Policies in Portugal', *Social Politics*, 19(4): 596-621.

Andersen, M. L., and Hill Collins, P. (eds) ([1990] 2016) *Race, Class, and Gender: An Anthology* (9th edn, Boston, MA: Cengage Learning).

Barnard, H., and Turner, C. (2011) *Poverty and Ethnicity: A Review of the Evidence* (York: Joseph Rowntree Foundation).

Berger, M. T., and Guidroz, K. (eds) (2009) *The Intersectional Approach: Transforming the Academy through Race, Class, and Gender* (Chapel Hill: University of North Carolina Press).

Crenshaw, K. W. (1991) 'Mapping the Margins: Intersectio nality, Identity Politics and Violence against Women of Color', *Stanford Law Review*, 43(6): 1241-1299.

Hancock, A.-M. (2007) 'Intersectionality as a Normative and Empirical Paradigm', *Politics and Gender*, 3(2): 248-254.

Lykke, N. (2011) 'Intersectional Invisibility: Inquiries into a Concept of Intersectionality Studies', in H. Lutz, M. T. H. Vivar and L. Supik (eds), *Framing Intersectionality: Debates on a Multifaceted Concept in Gender Studies* (Farnham: Ashgate), pp. 207-220.

Rothman, R. A. (2005) *Inequality and Stratification: Class, Race and Gender* (5th edn, Upper Saddle River, NJ: Prentice Hall).

Smooth, W. G. (2010) 'Intersectionalities of Race and Gender and Leadership', in K. O'Connor (ed.), *Gender and Women's Leadership: A Reference Handbook*, Vol. 1 (London: Sage), pp. 31-40.

Taylor, Y., Hines, S., and Casey, M. E. (eds) (2010) *Theorizing Intersectionality and Sexuality* (Basingstoke: Palgrave Macmillan).

Patriarchy
男权制

定义

在社会的某些或所有的领域和制度安排中,男性对女性的系统性统治。

源起与历史

男性主导的观念由来已久,许多**宗教**视其为天然的而且是必要的。在社会学中,关于男权制(也译为父权制)的第一个理论阐述,见于恩格斯对**资本主义**制度下女性从属于男性的地位的讨论。恩格斯认为,资本主义把**权力**集中在少数男性手里。由于这种制度创造出的财富远超以往任何时期,而且男性将财富传给了他们的男性继承人,这加剧了**性别**和**阶级**的不平等。

然而,今天男权制理论的主要来源是女性主义,尤其是20世纪60年代以来,这个概念被提出并用于解释现代社会中持续存在的男性主导现象。但是,女性主义理论家在这个概念是否有用上存在分歧,于是出现了几种视角,包括自由主义女性主义、社会主义女性主义和激进女性主义的解释。例如,女性主义喊出了"个人的就是政治的"(the personal is political)的口号,指出家庭是男性主导地位再生产的关键场所,这在以前是不被接受的。对女性的持续压迫还体现在,日常生活中的性别歧视言论和假设,媒体对妇女和女孩的呈现方式,男性在公开和私人场合的暴力和性侵行为,等等。到了20世纪末,经验研究为这个概念奠定了基础,并在**社会**的各个领域确定了它的不同形式。

含义与解读

男权制概念构成了激进女性主义的基础。男权制是一个无所不包的概念,涵盖了女性受男性统治压迫的各种情况。例如,由于男性有意或无意地排斥她们进入商界、政界和社会生活的其他领域,女性需要奋力争取权力职位。在许多激进女性主义者看来,传统的**家庭**是男权制的一个关键要素,女性在家庭里从事无偿的家务劳动,使男性可以享受外部公共世界的自由。时至今日,家务劳动主要还是由女性来承担,即使她们和她们的男性伴侣都有正式的工作。舒拉米斯·费尔斯通(Firestone 1970)认为,男性的主导地位是由根本的"生物不平等"(biological inequality)支撑的。只有女性可以怀孕和分娩,之后她们就不得不依赖男性。在资本主义社会,这种"生物不平等"的制度基础是核心家庭模式。因此,摧毁这种家庭模式是女性解放的前提条件。

对激进女性主义者来说,男性暴力和对女性的暴力威胁,强化了男性的主导地位。家庭中的暴力和强奸、**公共领域**的强奸和性骚扰,以及男性在日常**互动**中对女性的攻击性行为,都助长了一种普遍的、有害的,但往往不为人知的男性主导。这并不是说所有男性都积极参与其中,但激进女性主义认为,一些男人的暴力行为支撑起了男权制,而所有的男性都从中获益。在更广泛的文化中,女性在杂志、时尚、电视和其他**大众媒体**中被物化。许多媒体依然把女性塑造为男性的性对象。很明显,男权制嵌入现代社会的所有制度安排,女性主义学者已经让这些变得清晰可见。

西尔维娅·沃尔比(Walby 1990)重新诠释了男权制的概念,使之可以用于详细的经验研究。她指出,男权制这个概念未能解释日益提升的性别平等。沃尔比分析的核心是区分私人形式和公共形式的男权制。私人形式包括家庭关系和亲密关系,而公共形式则涉及有偿工作、国家和政治。在20世纪,随着女性进入此前不允许涉足的社会领域,出现了从私人形式到公共形式的重大转变。例如,不能因为我们在正式的工作场合看到越来越多女性的身影,就认为已经实现了性别平等。实际情况是,女性的劳动报酬往往不及男性,她们在公共场合直面男性的暴力,她们继续遭受性方面的双重标准的伤害,现在她们还不得不面对媒体和互联网对女性的性化呈现。

批判与讨论

男权制这个概念受到了主流社会学家和女性主义理论本身的批评。尽管很多人可能接受作为一种描述的男权制,但它也被用作对女性受到的所有压迫的不充分和非常抽象的解释,却未能确定任何令人信服的机制。一些激进女性主义学者还宣称,男权制不仅贯穿人类历史,而且可见于不同文化,因此是一种普遍现象。但这个宽泛的概念没有为历史和文化差异留下任何空间,也忽视了**种族**、阶级和**族群**等对女性生活状况的影响。简言之,认为男权制是一种普遍现象的观点,很容易陷入生物还原论。

许多黑人女性主义者及来自发展中国家的女性主义者认为,主流女性主义在很大程度上忽略了女性中的族群划分,因为主流女性主义往往是基于发达国家白人中产阶级女性的经验(hooks① 1981)。以此来对女性经验作出概括是无效的,因为女性经验会因为阶级和族群的不同而不同。美国黑人女性主义者的著述,强调了奴隶制、种族隔离和民权运动对黑人社区中的性别不平等的深刻影响,指出黑人女性会因种族和性别而遭受各种歧视。同样,长久以来,家庭制度被白人中产阶级女性主义者视为维持男权统治的关键,但黑人女性和黑人女性主义者却有不同看法,对他们而言,家庭生活是对抗白人种族歧视的战斗堡垒。黑人女性主义理论的发展,更敏锐地意识到了不平等的叠变效应,以及黑人工人阶级女性所面临的多重不利条件。

近些年来,后现代理论和社会建构理论对所有女性共享统一的身份和经验的观点提出了挑战。我们不应假设,中产阶级、工人阶级、白

---

① bell hooks,本名 Gloria Jean Watkins,用此笔名是为了纪念其外曾祖母 Bell Hooks。小写名字可以把自己和外曾祖母区分开来,也是为了让人们把注意力放在自己的作品而不是个人身上。——译者

人、黑人、都市或农村女性,都把"女性"作为她们的首要身份认同。甚至,在社会学研究里,讨论"女性"或"男性"的类别有意义吗?由于这两个类别暗示存在一个生物基础或本质基础,在多年以前就被性别研究拒绝了。后现代转向是具有启发性的,它将一系列严重问题摆在了女性主义活动家和学者的面前。女性主义活动家和学者的经验研究详细说明了,女性在男性主导的社会中所面临的不平等的全部范围和程度。

意义与价值

女性主义理论家指出,男权统治是通过各种社会形式实现的,包括语言和**话语**。在一篇措辞谨慎且立论公允的论文中,凯西和利帕德(Case and Lippard 2009)考察了笑话(joke)如何延续男权关系,以及女性主义者如何解构这些笑话,并生产他们自己的颠覆性版本,从而揭露和破坏性别歧视。在这个研究中,两位作者分析了超过 1900 则女性主义笑话。最常见的主题是"男人没用"(25.7%),对男性的刻板印象则构成了所使用的概念和类别的大部分(62%)。然而,作者也发现,很少(3.8%)有笑话超出嘲讽男性或利用刻板印象的假设来批评性别本身的范围。但是,作者也同意,在不平等的社会里,幽默是一种强有力的意识形态武器。

对一些人来说,唐纳德·特朗普在 2016 年当选为美国总统,以及其他地方自称的民粹主义"强人"的类似选举胜利,表明即便是在两性日益平等的时代,男权制理念依然存在。吉利根和斯奈德(Gilligan and Snider 2018)借此提问:男权制为什么能持续存在?很明显,一些群体从男权制的制度安排中受益良多,因此会捍卫这个制度,抵制任何变革运动。但是,在吉利根和斯奈德看来,这只是故事的一部分,并不是全部真相。她们认为,男权制的等级结构也提供了一种心理防御机制,当我们向他人敞开心扉时,不会有损失和不舒服的脆弱感。因此,男权制结构的解体,也会导致保护我们免受深层的羞耻感折磨的心理防线土崩瓦解。这或许可以解释为什么强烈反对女性主义和"LGBTQ+"平权运动的人,总是充满愤怒和仇恨。政治的同样是非常个人的。

参考文献与进一步阅读建议

Case, C. E., and Lippard, C. D. (2009) 'Humorous Assaults on Patriarchal Ideology', *Sociological Inquiry*, 79(2): 240-255.

Firestone, S. (1970) *The Dialectic of Sex: The Case for Feminist Revolution* (London: Jonathan Cape).

Gilligan, C., and Snider, N. (2018) *Why Does Patriarchy Persist?* (Cambridge: Polity).

hooks, b. (1981) *Ain't I a Woman? Black Women and Feminism* (Boston: South End Press).

Walby, S. (1990) *Theorizing Patriarchy* (Oxford: Blackwell), esp. chapter 8.

Poverty
贫困

定义

连一个**社会**最基本或正常的生活水平都达不到的一种状态。

源起与历史

尽管我们可以说贫困的状况普遍存在于大多数人类社会,但贫困这个概念的使用理应追溯到19世纪末20世纪初。西博姆·朗特里(Rowntree [1901] 2000)对约克市贫困问题的分析,为后来尝试确定社会贫困程度的工作奠定了基调。这方面的研究非常重要,因为要评估减贫措施是否有效,就必须先了解有多少人生活在贫困中。从20世纪50年代末彼得·汤森的研究工作开始,一种新的贫困评估方法被广泛使用。汤森(Townsend 1979)发展出了一套基于生活方式的关联式贫困概念,他从生活方式中提取了12个重复出现的项目,如"家里没有冰箱"等,利用它们建构了贫困或剥夺指数。这使他可以评估贫困的水平,结果发现贫困的程度远超想象。这是一个相对而不是绝对的贫困概念。后续研究采用问卷调查和访谈来询问人们哪些是生活必需品。许多国家政府(及欧盟)也确定了基于家庭收入水平相对于全国平均收入(通常是50%或60%)的"贫困线",以辨识生活在贫困中的人。

含义与解读

社会学家区分了两个基本的贫困概念:绝对贫困和相对贫困。**绝对贫困**以物质生存为首要考虑标准,也就是说,为了维持合理的健康生存所必须满足的基本条件。那些食不果腹、居无定所、衣不遮体的人,就处于绝对贫困状态。根据这一定义,许多发展中国家仍有很大一部分人口生活在绝对贫困中。可以说,现在,孟加拉国、莫桑比克和纳米比亚超过三分之一的人,卢旺达约三分之二的人,以及尼日利亚70%的人口,尚未摆脱绝对贫困。然而,是否存在通用的绝对贫困标准也引发了许多争议,因为需求的定义在不同文化中是不同的。

今天,大多数社会学家采用另一个概念,即**相对贫困**。这个概念将贫困与社会的整体生活水平联系起来。选择这个概念的主要原因是,人们普遍认为贫困是由文化定义的,不能用一个通用标准来衡量。有些东西在一个社会中被认为是不可缺少的,但在另一个社会中却可能被看成奢侈品。在发达国家,自来水、抽水马桶,以及定期食用水果和蔬菜,是生活必需。但在许多发展中国家,这些东西并不是人们日常生活的一部分,用它们的缺失来测量贫困是不可靠的。由于我们的知识在不断增长,甚至"绝对"贫困的定义也随着时间的推移发生了变化,因此,即便是绝对贫困,也是"相对的"。

相对贫困的概念并不是万能的。随着社会的进步,由于标准的上调,人们对贫困的理解也在不断深化。在过去,冰箱、中央供暖系统和电话被认为是奢侈品,但对今天的大多数人来说,这些都是生活必需品。在另一些人看来,相对贫困概念转移了人们的注意力,因为相比之前的时代,现在社会中最贫穷的人都过得要好很多,这就让人怀疑,在富裕社会,贫困问题是否真的存在。容易陷入贫困的社会群体包括儿童、老年人、女性以及一些少数族群。尤其是,那些在生活其他方面处境不利或者遭受歧视的人,走向贫困的可能性更大。

对贫困的解释要么集中在个人身上(归咎受害者),要么集中在社会的组织安排上(归咎系统)。"常有穷人和我们同在"的观念由来已久,它表明穷人要为自己的境况负主要责任。按照这个观点,社会给每个人提供了很多发展机会,如果有人没有获得成功,那么肯定是他自己的错,是他没有利用好机会。19世纪的贫民院和劳动济贫所(济贫院),就是为了安置那些被认为失败了的人。这些思想在后来失去了基础,但在20世纪80年代又死灰复燃,因为新自由主义的政治思想用穷人自己的生活方式和人生态度来解释他们的贫困。比如,美国社会学家查尔斯·莫里(Murray 1984)发现,一个新的"下层阶级"(underclass)正在形成,他们的依赖文化根植于依靠福利金过活和拒绝工作。

"归咎系统"的思路探讨了社会经济条件是如何产生某种程度的贫困的。周期性的经济繁荣和衰退,**教育**政策和体系的变革,**阶级**、**族群**、**性别**、失能等主要的社会分化,都会影响人们的生活机会和陷入贫困的可能性。这种结构性的解释反对这样一种观念,即个人应对自己的贫困负主要责任。这种结构思想可以追溯到20世纪30年代,当时R. H. 托尼就认为,贫困实际上是社会不平等的一个方面,因为社会不平等导致了严重的贫富分化。因此,解决这个问题的关键是通过社会政策和经济政策减少社会不平等,而不是去指责穷人。在英国,这个领域里政策变革的两个最新例子,一是引入全国最低工资,二是扩大在职(in-work)福利,两者都旨在降低贫困水平。经济结构调整也会导致贫困水平上升,在20世纪80年代,制造业的衰退、就业的"郊区化",以及不断成长的低薪服务部门,造成就业机会大量减少。简言之,对贫困水平的解释应该考虑到社会的结构变迁。

批判与讨论

对于继续使用贫困概念,人们提出了一些批评意见。一旦我们接受了对绝对贫困的文化批判,那就只剩下相对贫困了。但是,在批评者看来,这不过是对社会不平等的另一种描述,于我们的理解没有任何助益。如果贫困的测量标准随着社会日益富足而改变,那么这个概念的最初目的,即界定严重匮乏并提高人们对此的认识,就会丧失。那些拥有现代生活的大多数技术设备并享受社会福利的家庭,真的生活在贫困中吗?

一些社会学家已经不再使用这个概念,转而采用**社会排斥**这个术语,这使人们可以确定剥夺穷人特定**公民权**的过程。批评的矛头还指向了贫困的测量。识别一组项目,由此得出贫困指数,这种做法被认为在项目选择上过于随意。我们要根据什么标准来确定哪些项目是必需品或真实的需求,哪些项目只是愿望?有些类别,如热腾腾的早饭或外出度假,或许更多的是与个人选择和优先顺序有关,而非贫困。这种选择性可能会让人们忽视发展中国家真实存在的绝对贫困。

意义与价值

尽管批评声此起彼伏,但贫困概念在社会研究中依然十分受欢迎,尤其是那些旨在为政策制定者提供信息的研究。关于不平等的讨论更多置于社会学框架之内,相对贫困的概念对此发挥了非常重要的作用,因为它提醒人们注意,深层的社会经济过程会带来越来越多的贫困,从而剥夺一系列社会群体的完全公民权。很多经验研究表明,那种认为处于贫困状态的人不可能找到自己的出路的观点,是没有现实依据的。詹金斯(Jenkins 2011)发现,在任何时候,都有相当比例的贫困人口以前享受过优越的生活条件,或者可以预期在未来的某个时点摆脱贫困。大量的流动表明,一些人成功地脱离了贫困,还有不少人在人生的某个时段实际上是在贫困中度过的,比我们原先认为的要多很多。从这个意义上说,贫困在很大程度上被"人性化"(humanized)了。

Covid-19大流行迫使我们关注"脆弱性"(vulnerability)的概念,因为人们很快就发现,老年人以及有特定健康状况或并发症(如糖尿病、肥胖和心脑血管疾病)的人,患严重疾病或因感染死亡的风险更高。然而,这种医学上的风险模型往往忽视了那些生活在贫困中的人的脆弱性,这在政府强制封锁(包括商业停摆)期间尤其严重。帕特尔及其同事(Patel et al. 2020)指出,在英国,那些社会经济地位低下的人往往无法居家办公;他们的居住条件更差,更可能住在拥挤的地方,由于工作不稳定和收入波动,心理健康状况欠佳,这会导致免疫系统变弱。这些人还可能患有特定的并发症,由此成为罹患Covid-19并发症的高风险群体。作者认为,生活在贫困中的人是第一波大流行中"被遗忘的脆弱人群",其健康后果尚未得到充分认识。

参考文献与进一步阅读建议

Alcock, P. (2006) *Understanding Poverty* (3rd edn, Basingstoke: Palgrave Macmillan).

Hulme, D. (ed.) (2010) *Global Poverty: How Global Governance Is Failing the Poor* (London: Routledge).

Jenkins, S. P. (2011) *Changing Fortunes: Income Mobility and Poverty Dynamics in Britain* (Oxford: Oxford University Press).

Murray, C. A. (1984) *Losing Ground: American Social Policy 1950–1980* (New York: Basic Books).

Patel, J. A., Nielsen, F. B. H., Badiani, A. A., Assi, S., Unadkat, V. A., Patel, B., Ravindrane, R., and Wardle, H. (2020) 'Poverty, Inequality and Covid-19: The Forgotten Vulnerable', *Public Health*, 183: 110–111.

Rowntree, B. S. ([1901] 2000) *Poverty: A Study of Town Life* (Bristol: Policy Press).

Townsend, P. (1979) *Poverty in the United Kingdom* (Harmondsworth: Penguin).

115 Race and Ethnicity
种族和族群

定义

种族是指根据生物特征(如肤色)指派的各种属性或能力。族群则是指一个社会群体,成员对共同的文化身份认同具有独特的意识,从而与其他社会群体区分开来。

源起与历史

用肤色来区分社会群体在古代文明中很常见,尽管当时的主要做法是根据部落或亲属关系来划分人群。这些区别的基础和现代种族观念关系不大。自19世纪初以来,种族先是具有明确的生物内涵,后来又具有遗传内涵,这个概念因此与科学理论和分类框架联系在了一起。关于种族的科学理论是在18世纪末19世纪初发展起来的,被用来为英国和其他欧洲国家统治发展中国家领土的帝国野心辩护。这些被描述为"科学种族主义"的例证,为德国纳粹、南非种族隔离制度和其他白人至上团体(如美国的三K党)的种族主义意识形态,披上了"科学"的外衣。

现代意义上的族群概念,指的是不同的文化群体,可以追溯到20世纪30年代,而与少数族裔相联系则要到1945年以后。随着社会科学研究不再视种族为一个有用的概念,以群体文化为重心的族群概念取代了它。许多研究考察了基于族群的劣势和歧视模式,把这个概念扩展到了"少数族裔"或"少数民族",但这里的"少数"并不一定是说数量少。一些社会学家认为,不能完全抛弃种族概念,因为它在**社会**上被广泛使用。因此,社会学家应该去关注人们如何使用这个概念,以及赋予了它什么含义。

含义与解读

把种族和族群放在同一个条目,是因为它们构成了一个已经变得很普遍的短语,这暗示它们是有联系的。但区分这两个概念却相当容易。今天,种族是一个处境尴尬的概念,尽管人们否认它是一个科学概念,但它仍被广泛使用,甚至它可能依然是主导的概念。然而,在生物学家和社会科学家看来,纯粹的种族是不存在的。当然,体貌上的差异很容易看到,但这些差异并不构成遗传基因上的不同种族类型。多数社会学家认为,种族的概念只是一种意识形态的建构。出于上述原因,一些社会学家(特别是北美地区之外的社会学家)会把种族放在醒目的引号内,以表明这个概念的含义是非常有问题的。

用种族概念把人们区分成不同的生物群体的过程,社会学家称之为"种族化"。例如,就像美国的奴隶制和南非的种族隔离制度所表明的,一个种族化的社会往往建立在极端的社会不平等之上,包括在司法、医疗保健、工作机会、**教育**和总体生活机会等方面的不平等。种族或许是一个彻底失去信誉的科学概念,但它在历史上的实质性后果,形象地证明了 W. I. 托马斯的一句名言,"如果人们将情境定义为真,它们就会产生真实的后果"。如果说种族是根植于生物学的观点,那么族群就是一个将人们的注意力引向**文化**(或者更确切地说,各种文化)的概念。族裔群体往往通过语言、历史、**宗教**和各种社会规范及集体记忆来相互区别。但问题的关键是,族群性并不是固有的。它纯粹是一种社会现象,随着年轻一代习得本族群的生活方式、规范和信仰而持续再生产。

一些族群为了保持独特性会使用排他性手段,如禁止族际通婚,这有助于维持文化上的既定界限。族群概念更受社会学家的青睐,原因在于它不用背负种族的生物包袱。然而,"族群"一词的使用也是有问题的。例如,在欧洲,"族群"通常指与本土居民(非族群的)文化不同的人群。但是,族群性是全体居民都有的属性,而不是其中的某些部分特有的。

少数族裔的概念在社会学中被广泛使用,但这里的"少数"不仅仅是指数量。"少数群体"指的是相对于主流群体处于弱势地位,而不一定是因为他们人数较少。少数族裔往往表现出强烈的团结意识,因为其成员经历过相似的歧视、种族主义和偏见。作为受害者,人们会产生一种我们具有共同利益的感觉。因此,社会学家以非字面意义上的"少数"来指称一个群体在社会中的从属地位,而不是说其数量占少。在很多情况下,如在南非的种族隔离制度下,或者内城区的特定区域,"少数"其实数量更多。许多少数群体无论是在族群特性还是在身体特征上都与其他人口不同。英国的西印度群岛人和亚裔或美国的非洲裔美国人就是如此,尽管意大利或波兰血统的英国人和美国人不可能被视为少数族裔。通常情况下,肤色等体貌上的差异是划定"少数族裔"的决定性因素,这说明,族群分类基本上不是一个客观中性的过程。

批判与讨论

众所周知,准种族主义的态度已经存在了数百年之久。但是,随着"种族科学"的兴起,人们才开始将种族视为一系列固定的特征。相信白人优越,尽管事实上没有任何价值,但仍然是公开的白人种族主义的一个关键元素。然而,正当生物种族的观念声名狼藉而不受欢迎之际,一种更为隐蔽的"新"或"文化"种族主义悄然兴起。"新种族主义"采用文化而不是生物论据,来为族群的持续分离辩护。特别是,论据往往集中在主流文化有理由期望少数族群被同化,因此,新种族主义与多元文化主义是对立的。这样一来,坚守自己文化的少数群体就有可能因为拒绝同化而被边缘化或贬低。

种族主义越来越多地以文化而非生物理由来实行,意味着存在多种种族主义,不同的群体会经历不同的歧视。新种族主义的出现,模糊了先前种族与族群之间的界限,因为这个版本的种族主义包含了文化层面。这可能会降低族群这个概念在社会学中的可用性。

意义与价值

正如从生物种族主义到文化种族主义的转变所显示的,种族观念在**科学**和社会中似乎是持续存在的。基因研究的最新进展、警务工作中的种族特写,以及对移民的担忧,都使族群和族群关系成为政治的前沿问题。制度种族主义的概念,是 20 世纪 60 年代末美国民权运动的一部分,在 1999 年被英国政府的一份官方报告所采纳,这个概念将种族主义和种族主义行为从个体层面扩展到了制度或组织层面。然而,时至今日,关于种族和族群概念之有效性的争论还没有结束。

一个很好的例子,就是班顿(Banton 2015)界定的种族和族群的"悖论"。这就是说,尽管学者们一直说种族的概念已经彻底名誉扫地,但它仍然是政府和学术研究使用的正式分类框架的一部分。即便社会学拒绝人们普遍持有的传统观点,但这个概念还是常见于日常生活,看起来含义非常好理解。班顿认为,要解决这个悖论,我们就应该承认哲学所区分的实践知识和理论知识,以及它们所具有的不同含义。实践知识需要收集不同社会群体的社会经济差异和不平等的数据,而理论知识则要澄清所使用的术语和概念。难题在于,许多学者从普遍的英语用法,而不是他们发现的实际问题出发。因此,一个关键的问题是,他们使用的种族和族群概念是否真的适配他们的研究目的。经过几十年的研究和理论建构,讨论这些看上去似乎很奇怪,但班顿认为,解决这个问题是这个领域取得实质性进展的根本。

种族主义的类型和可观察到的种族主义水平在不同国家有所不同。例如,维沃尔卡(Wieviorka 2010)就发现,欧洲各地的种族主义模式既有一致性,又有多样性。一方面,现代种族主义很明显是**现代性**的产物。**工业化**、大规模**移民**、殖民主义及其遗产,以及扩大的商品贸易,在国家内部以及国家之间引发了许多紧张和**冲突**,其中的一种表现就是种族主义。因此,我们可以预期大多数欧洲国家的种族主义会表现出一些相似性。然而,维沃尔卡宣称,并不是所有的种族主义都是一个模样。他概括了种族主义的四种类型,描述了人们对现代性的不同反应。他指出,在殖民时期,与"种族优劣"观念相关的"普遍主义"类型一度主导整个欧洲很长时间。然而,在今天,种族主义的态度已经多样化,并且在很多情况下,与一些国家中对社会流动性下降和/或国族认同丧失的担忧相结合。

参考文献与进一步阅读建议

Ansell, A., and Solomos, J. (2008) *Race and Ethnicity: The Key Concepts* (London: Routledge).

Banton, M. (2015) *What We Now Know About Race and Ethnicity* (New York and Oxford: Berghahn Books).

Spencer, S. (2006) *Race and Ethnicity: Identity, Culture and Society* (London: Routledge).

Wieviorka, M. (2010) 'Racism in Europe: Unity and Diversity', in M. Guibernau and J. Rex (eds), *The Ethnicity Reader: Nationalism, Multiculturalism and Migration* (2nd edn, Cambridge: Polity), pp. 345–354.

Social Mobility
社会流动

定义

个人或社会群体在社会分层体系中向上或向下的移动。在发达社会,社会流动指的是在社会**阶级**体系内的流动。

源起与历史

社会流动研究可以追溯到战后时期。当时的社会学家试图评估社会不平等(通常是阶级方面)是否随着社会财富的增长而减少。一些经济学家认为存在这样一种趋势:**工业化**之前是低水平的不平等,持续的经济增长扩大了不平等,但随着时间的推移,由于社会流动性的增加，不平等会趋于平缓甚至发生逆转。20世纪60年代末，美国的研究发现了大量的垂直移动，尽管实际的移动规模和跨度都很小。比如，从工人阶级到上层中产阶级的大幅度流动仍然罕见。向下流动也很少见，因为白领和专业职位比蓝领岗位增长得更快，这使蓝领工人的子女可以获得白领工作。

李普塞特和本迪克斯（Lipset and Bendix 1959）开展了一项重要研究，分析了九个国家的数据，包括英国、法国、联邦德国、瑞典、瑞士、日本、丹麦、意大利和美国。他们主要关注男性从蓝领到白领岗位的流动情况，研究发现令人惊讶。没有证据表明美国比欧洲各国更加公平开放，因为美国的总体垂直流动率是30%，而欧洲为27%—31%。作者由此得出结论，所有工业化社会都经历了类似的白领工作岗位急剧扩张，这促进了向上流动。今天，流动研究越来越多地考虑到**性别**和**族群**因素，综合评估社会的总体流动性是在增加还是减少。

含义与解读

社会流动指的是个体和群体在不同社会经济地位之间的移动。垂直流动意味着在社会经济标尺上向上或者向下移动。因此，收入、资本增加或**地位**提升的人是在向上流动，而经济状况恶化或地位下降的人则是向下流动。在现代社会，随着人们迁移到新的地区寻找工作，也出现了很多地理位置上的变动，这被称为横向流动。垂直流动和横向流动往往并存，因为个人可能获得晋升，被调到同一家公司在其他地方（甚至可能是国外）新设的分支机构。

社会学家一般关注社会流动的两个主要方面。代内流动研究着眼于个体一生中在社会阶梯上向上或向下移动的幅度。代际流动研究则探讨这样一个问题：与父母或祖父母相比，孩子在社会阶梯上向上或向下移动的幅度。争论的焦点通常是阶级体系相对固定的还是流动的，以及随着工业资本主义社会的成熟，社会流动是否变得更加容易。如果向上的社会流动水平仍然很低，那么我们可能推测阶级依然对人们的生活机会有强大的影响力。但如果当前的社会流动比以往更多,我们就可能推测阶级正在失去它的影响力,社会变得更加唯贤是用,更少不平等。

二战结束后,有大量研究关注英国的社会流动水平,积累了丰富的经验证据和文献。戴维·格拉斯(Glass 1954)分析了战后至 20 世纪 50 年代很长一段时间里英国的代际流动,得出的结论是英国整体上并不是一个特别开放的社会,尽管短距离的流动确实很多。向上流动多于向下流动,但处于底层的人通常会一直待在那里。约翰·戈德索普及其同事开展了牛津流动研究项目,其成果为《现代英国的社会流动与阶级结构》(Goldthorpe et al.[1980]1987),他们试图揭示在格拉斯的研究之后,英国的流动模式究竟发生了多大变化。他们发现,男性流动的总体水平高于前一时期,在阶级体系中的长距流动也更多。但职业体制并没有变得更为平等:到 20 世纪 80 年代,来自蓝领阶层的男性获得专业或管理岗位的机会有所增加,但这主要得益于职业结构的变化,而不是由于机会更加均等,或不平等有所减少。戈德索普和杰克逊(Goldthorpe and Jackson 2007)使用了最新的数据集,并得出结论,没有证据表明绝对意义上的代际流动在减少,但确实有一些迹象暗示长距流动在衰减。他们还发现,男性的向下流动和向上流动失衡,这意味着向上流动的速率不太可能回到从前的水平。

批判与讨论

对社会流动研究的一个重要批评是,它通常几乎只关心男性的工作状况。这在 20 世纪五六十年代可能还情有可原,当时男性养家糊口、女性操持家务的**意识形态**盛行,但随着越来越多的女性进入有偿就业领域,这种观念已经站不住脚了。事实上,如果以收入来衡量,现在越来越多的女性才是真正的一家之主。最近的一些研究表明,和之前几代人相比,今天的女性拥有更多的机会,而中产阶级女性受益最多。流动研究只有考虑到女性的经验,才能让我们对社会的开放性或其他方面的变化有更为真切的了解。

一些学者长期批判整个社会流动研究传统,他们认为,英国和其他发达社会是任人唯贤的,因为表现最佳和取得成就的人获得了奖励。因此,能力和努力而非阶级背景,是职业成就的关键因素(Saunders 1996)。桑德斯用国家儿童发展研究的经验数据进行分析,发现聪明勤奋的英国孩子取得了成功,不论他们可能有什么样的社会优势或劣势。英国是一个不平等的社会,但它本质上也是一个公平的社会,奖励会给到那些为之付出而受之无愧的人。还有学者认为,个人价值是决定个人阶级位置的一个因素,但"原生阶级"依然具有重要的影响,也就是说,家庭背景不怎么样的孩子必须比其他人表现出更多的价值,才能获得相似的阶级位置。

意义与价值

对于希望确定职业和跨阶级变动的趋势的社会学家而言,社会流动是一个重要的概念。今天,许多人认为,**全球化**和经济市场的放松管制,导致贫富差距扩大和阶级不平等"固化",结果是流动的机会越来越少。然而,我们必须记住,我们的活动从未完全由阶级分化来决定,许多人确实经历了社会流动。

阿克斯(Ackers 2019)的一项新近研究考察了男性技术工人的社会流动,讨论他们在流动过程中经历的个人关系紧张。这项定性研究涵盖了28名男性工人的生命史,发现在成功实现代际流动的案例中,有一种"双重紧张"在起作用。紧张的第一个来源是,他们从传统的工人阶级惯习转到更为接近中产阶级的生活方式。紧张的第二个来源是家庭施加的压力,即希望他们青出于蓝胜于蓝,职业地位要比他们父母的更高。在本质上,这些工人经历了一种阶级错位(class dislocation),他们的集体归属和个人成就之间出现了紧张关系,他们通过采取一种"继续下去"的生活观来应对。但与此同时,他们也很希望父母接受自己向上流动的职业生涯,因为他们仍然"保持着"家庭本色。在一些研究看来,向上的社会流动完全是"一件好事"。与之相反,这篇文章发现,向上流动也会给个体及其自我意识的转变带来一些问题。

社会转型或革命对社会流动的前景有何影响?赫兹及其同事(Hertz et al. 2009)以保加利亚为例探讨了这个问题。他们发现,在1995年至2001年间,由于剧烈动荡、经济萧条、公共开支大幅削减(尤其是在**教育**方面),代际流动急剧减少。特别是,在这一时期,父母受教育程度低的孩子的平均教育获得绝对衰减,代际社会流动随之减少。由此,赫兹等人认为,造成这种状况的主要原因是,教育支出大幅缩减、学校数量减少、失业率上升,以及政治目标的转变(不再坚持平均主义)。我们可能不会对社会转型造成巨大的破坏感到惊讶。但可以想象,2008年的全球金融危机会让作者讲的这些趋势变得更加难以扭转。

参考文献与进一步阅读建议

Ackers, G. K. (2019) 'The "Dual Tension" Created by Negotiating Upward Social Mobility and Habitus: A Generational Study of Skilled Working Class Men, Their Sons and Grandsons Following Deindustrialization', *Current Sociology*, 68(7): 891–911.

Glass, D. (1954) *Social Mobility in Britain* (London: Routledge & Kegan Paul).

Goldthorpe, J. H., and Jackson, M. (2007) 'Intergenerational Class Mobility in Contemporary Britain: Political Concerns and Empirical Findings', *British Journal of Sociology*, 58(4): 525–546.

Goldthorpe, J. H., Llewellyn, C., and Payne, C. ([1980] 1987) *Social Mobility and Class Structure in Modern Britain* (2nd edn, Oxford: Clarendon Press).

Hertz, T., Meurs, M., and Selcuk, S. (2009) 'The Decline in Intergenerational Mobility in Post-Socialism: Evidence from the Bulgarian Case', *World Development*, 37(3): 739–752.

Lipset, S. M., and Bendix, R. (1959) *Social Mobility in Industrial Society* (Berkeley: University of California Press).

Platt, L. (2005) *Migration and Social Mobility: The Life Chances of Britain's Minority*

Ethnic Communities (Bristol: Policy Press).

Saunders, P. (1996) *Unequal but Fair? A Study of Class Barriers in Britain* (London: IEA Health and Welfare Unit).

Status
地位①

定义

人们在**社会**中所处的位置,基于个人或群体在社会成员中受到的尊重或享有的声望。

源起与历史

社会地位是社会学的一个基本概念,与符号互动论传统尤其相关。对韦伯来说,地位指的是不同社会群体所受到的尊重程度的相对差异。在传统社会,地位往往是根据多年来在不同场景中通过面对面**互动**获得的关于某人的第一手资料来确定的。但是,随着人口规模不断扩大,以这种个人化的方式来授予地位的可能性越来越小。韦伯认为,地位逐渐通过生活风格或我们所说的生活方式来表达。生活方式的地位符号,比如住房状况和室内设计、着装规范、言谈举止,以及职业,都有助于塑造个人在他人眼中的社会地位,而具有相同社会地位的人则会形成一个共享**身份认同**的共同体。

含义与解读

在马克斯·韦伯看来,社会充满了围绕**权力**和物质资源的竞争和冲突。与卡尔·马克思把**阶级**冲突看作社会分化的主要根源不同,韦

---

① "status"一词,兼含地位、身份和声望等多重含义,译文将根据具体情境和上下文语义差别,灵活交替使用这些概念或表述。——译者

伯认为阶级只是**冲突**的一个基础,甚至不是主要的。分层的现代社会是多面向的,对它们的理解不能简化为阶级问题,还应该考虑社会地位和"政党"(试图影响社会的团体或协会)归属。由于阶级、地位和政党会结合和重叠,这就产生了复杂的社会结构图景,在社会中也存在着多种可能的位置。

马克思认为,阶级分化决定地位差异且两者并行;而韦伯则观察到,地位的变化往往与阶级无关。例如,贵族家庭逐渐失去了权力和财富,但这并不必然导致地位的丧失。有些贵族家庭出身的人,由于继续作为强大的社会**网络**的成员而保持了他们在社会中的高地位(经济资本少,但社会地位高)。反过来,现代的名人只是"因为出名而出名",他们可能很有钱,但往往被人看不起(社会地位低,但经济资本多)。

我们扮演的社会角色取决于我们的社会地位,而一个人的社会地位会因社会背景而有所不同。比如,作为一个学生,他/她有自己特定的社会地位,在课堂上要按照一定的规范行事;但作为儿子或者女儿,在家里,他/她的社会地位就不一样,他人对他/她的期望也会发生变化。同样,作为一个朋友,他/她在社会秩序结构中的位置就完全不同,他/她所扮演的角色也会相应调整。我们会同时具有多种社会地位,这些集合在一起就是"地位丛"(status set)。社会学家还区分了先赋地位和自致地位。先赋地位指的是给定的地位,通常依据生理性别或者年龄等生物特征,如"男性"或者"青少年"。自致地位是个体通过自身努力获得的,包括医生、运动员或经理等。

虽然我们很愿意相信自致地位是最重要的,但其他人可能不同意。在任何社会,一些身份会比其他身份更加重要,这种"主要身份"通常决定了一个人的整体社会声望。**性别**和**种族**经常被看作主要身份,但对一些人来说,"离经叛道者"、"环保主义者"或"基督徒"才是他们的主要身份。赋予特定身份地位的社会声望,也会随着时间的推移而发生变化,这通常在很大程度上要归因于社会团体的直接行动。

比如,在欧洲和北美,依据白人多数文化的指定,"黑人"一度是一种负面的身份。作为黑人,要面对偏见、歧视和社会**污名**。然而,通过很长一段时间的努力,黑人民权运动和平权运动重新夺回了"黑人"的概念,将其转变为一种有着傲人历史和辉煌文化传统的正面身份。这个例子告诉我们,即使是自致地位也会受到不断变化的社会定义和评价的影响。

批判与讨论

尽管韦伯及现代韦伯主义者有力地证明了这一点,即在分层体系中,地位和社会阶级一样重要,但批评者认为,这并没有充分重视阶级位置对人们物质生活机会的影响,包括他们和他们孩子的健康。**社会流动**研究告诉我们,尽管今天的流动性比过去更强,但在阶级结构的底层,几乎没有证据表明存在常规的代际流动。简言之,阶级是社会位置和地位的更有效的决定因素,而不是反过来。同样,社会不平等也主要通过结构性经济变化产生和再生产,我们不能用个体选择或尊重等指标来解释。正如克朗普顿(Crompton 2008)提醒我们的,要想解释物质**贫困**和严重劣势,我们必须了解社会的社会经济状况和职业结构。

意义与价值

现代社会已经变成消费社会,以不断获得物质商品为目标。尽管遭到阶级理论家的批评,但现在基于不同"品味"的地位差异在巩固阶级位置方面可能比从前更有影响力(Bourdieu 1986)。随着现代社会转变为以消费为导向,社会地位可以说变得更为重要,而不是更不重要。在消费社会,人们越来越多地将购买和消费商品视为生活方式选择,以此来打造身份地位的区别。这导致了高度的个人化,以及对社会阶级和其他传统身份认同的拒绝。这并不是说社会阶级已经不重要了,但人们的确不太可能把阶级当作个人身份的主要特征了。**消费**

主义转向允许人们制造出更多不同的、复杂的和精细的地位差异,带来了更全面的社会地位竞争。

在一篇颇为有趣的文章中,玛丽·雷格(Rege 2008)试图弄清楚人们为什么关心社会地位。她探讨了在"互补性互动"(complementary interactions)中,人们如何被引向关注自己和他人的社会地位。所谓互补性互动,指的是一个人通过与能力相仿的人交往,来提升自己地位的情况,比如生意往来。但是,"能力"不一定是可见的,地位标识可被视为将才能相似的人联系在一起的重要象征。互补性互动的命题有助于我们理解,为什么某些身份"道具"或物质商品在特定场合会被共享。举个例子,在商界,劳力士手表和阿玛尼西装之所以如此流行,或许是因为这些被广泛认为是商业能力的可见标识,如果拥有它们,商业人士就可能有机会建立更多的有用关系。雷格的论点暗示,"不落人后"(尤指物质生活方面)这种旧观念可能并不像我们之前认为的那样肤浅。

当前,欧洲和其他地区右翼民粹主义政治异军突起,并在各种选举中取得了成功,这引起了人们对民粹主义为什么能赢得公众支持这个问题的兴趣。在一些人看来,民粹主义代表了对自由主义的世界主义精英的反应,因为不平等在加剧,而财富集中在一小部分人手里。吉德龙和霍尔(Gidron and Hall 2017)认为,这种经济问题和文化因素相结合,引发了支持民粹主义的热潮。利用20国的调查数据,这项研究表明,与其他任何形式的政治一样,民粹主义从一个广泛的民众联盟中获取支持。但是,民粹主义确实得到了一部分没有接受过高等教育的白人男性工人的强力支持。在过去三十年里,这部分人的相对地位有所下降,而女性的地位则有所上升。这篇文章指出,对社会地位低下的主观感知使人们更有可能支持民粹主义政治事业。吉德龙和霍尔将地位焦虑重新带入对政治派别的分析,有效地证明了地位的概念仍有许多可资借鉴的地方。

参考文献与进一步阅读建议

Bourdieu, P. (1986) *Distinction: A Social Critique of the Judgement of Taste* (London: Routledge & Kegan Paul).

Chan, T. W. (ed.) (2010) *Social Status and Cultural Consumption* (Cambridge: Cambridge University Press).

Crompton, R. (2008) *Class and Stratification: An Introduction to Current Debates* (3rd edn, Cambridge: Polity).

Gidron, N., and Hall, P. A. (2017) 'The Politics of Social Status: Economic and Cultural Roots of the Populist Right', *British Journal of Sociology*, 68(S1): 57-84.

Rege, M. (2008) 'Why Do People Care about Social Status?', *Journal of Economic Behavior and Organization*, 66(2): 233-242.

主题六

人际关系与生命历程

Community
社区/共同体①

定 义

一个有争议的概念,但简单来说,就是生活在特定地区或共享某种利益的一群人,他们彼此之间进行系统的**互动**。

源起与历史

早在 14 世纪,"社区/共同体"这一术语就被使用,指的是那些与有地位的贵族不一样的"普通人"。从 18 世纪起,这个词开始被用来描述生活在特定地区或者有共同利益的人,如"利益共同体"(Williams 1987)。到了 19 世纪,社区越来越多地被看作与社会相对的概念,与非个人化、规模更大的"**社会**"相比,"社区"的规模要小很多。德国社会学家费迪南·滕尼斯(Tönnies [1887] 2001)发现,共同体(Gemeinschaft;或社区纽带)日渐衰落,而社会(Gesellschaft;或"社团"纽带)则快速扩张。这种对比在社会学研究和社会评论中多次出现,社区由此获得了一个规范性元素,当人们用这个概念来进行分析时,这个元素就成了问题。

早期的社区研究意味着研究者参与特定地区的生活,以便更好地了解这个社区。然而,这些研究往往被认为是单纯的描述,缺乏理论上的严谨性。到了 20 世纪 70 年代,社区研究看起来相当过时,很快就失去了新一代社会学家的青睐。然而,在 20 世纪 80 年代和 90 年代,学界重新燃起了对有关日常生活和生活方式的观点的兴趣,将社区研究带回了舞台中心,这使研究者可以在地方层面探索**性别**、**族群**

---

① "community"一词,兼含社区和共同体双重含义,本书将根据具体情境和上下文语义差别,灵活交替使用这两个概念或表述。——译者

或其他形式的社会不平等。在过去的二十年里,社区研究的焦点再次发生转变,研究者开始关注**全球化**和它的地方效应之间的关系、在线虚拟社区的构建,以及日益增加的跨地域流动对社区关系的影响等。

含义与解读

社区是一个很难界定的概念,包含多种意思,还带有一些破坏性的规范性含义。然而,它明显有两个基本含义。一方面,我们经常谈论学术界、同性恋群体、族裔群体等。这个定义是基于"利益共同体"这一概念,它涉及的人或群体可能在地理上是分散的,甚至从未见过,但仍然具有一些共同的利益。是什么构成了这些群体的"共同"方面?我们对此并不完全清楚,尽管它可能是对共享**身份认同**和共同利益的一种认知。另一方面,部分研究者仍然认为,社区是基于地域的社会群体,包括亲属关系网络、邻居、商贩和朋友,尤其是在社区规模较小的情况下。这种基于空间的定义可以追溯到 20 世纪五六十年代的早期社区研究传统。当然,在某些情况下,这两个定义可能交叠,比如"采矿社区",既有地区性元素,又涉及在工作场所确立的共同利益和一种共享身份认同。

李和纽比(Lee and Newby 1983)概述了社区研究,勾勒出三种不同的定义。第一种,社区是指人们居住的特定地区或有界领土。这个定义的问题是,它看起来更像是一个地理定义,而非社会学定义。很多人也许住在同一区域,但彼此之间没有任何关系。这种定义没有考虑到社会关系和人们是否会互动。第二种,一些研究将社区定义为"一个当地的社会系统",涉及在这个地方运作的各种社会关系。这里的问题在于,形成社会系统的社会关系可能根植于对立和仇恨,而这些对立和仇恨会让社会群体保持分离。这种情况能算作单一的社区吗?第三种,社区被界定为一种建立在共同体身份认同基础上的关系类型。李和纽比称之为"公会"(communion),因为即使迁离原先的居住地,这种共享的身份认同仍然存在。

批判与讨论

社区概念的一个主要问题在于,社会分析始终存在陷入规范性偏见的危险。与其他规模更大的人类居住形式相比,社区被认为在道德上和社会交往上都更具优势。滕尼斯对共同体与社会的对比就是一个典型。尽管他的研究在很多方面准确抓住了快速城市化和工业发展所带来的一些重要的社会变迁,但在这个过程中,人们感到一些有价值的和珍贵的东西正在消失。

另外,在逻辑上,社区研究会自然地向内看,聚焦于特定地区内的关系,以生产对社会生活的丰富描述。其缺点是无法将社区内部的社会生活与外部世界联系起来。为此,许多社会学家完全放弃了这个概念,转而采用社会**网络**分析,这为研究社会关系提供了一个更加客观的思路。社会网络分析的一个优点是,它可以突破社区的边界,把本地社会网络与外部世界连接起来。在当下这个流动性更强的全球化时代,这是一个特别重要的因素。例如,全球**移民**的模式意味着网络是跨越国家边界的,移民工人与他们的原籍社区和目的地社区都保持着紧密的联系。

意义与价值

我们有理由怀疑社区概念将在社会学中继续存在。尽管面临一些批评,但社区概念确实引起了我们对一些基本问题的关注,即人们的生活质量。早期的社区研究可能过于内向,但确实提供了许多丰富且深入的描述,这些很难用后来的更加客观的方法再现。社区研究能够帮助我们更好地理解我们生活于其中的有意义的关系。只要这种研究有足够的包容性,能考虑到**冲突**、社会不平等及在今天变得更普遍的广泛社会网络,那么社区概念依然有助于我们理解数字时代的全球—地方联系。

随着数字革命把沟通转移到超越时空的线上环境中,社区的概念在未来将如何发展?当下,许多评论都集中在数字技术的阴暗面,如危险的"暗网"、黑客、通过网络诱奸儿童、借助数字设备加强监视和监控,以及企业利益主导网络和社交媒体等。

然而,林格尔(Lingel 2017)提出了不同的观点,他把美国线上的反文化(对抗主流文化)看作一种网络化的社区生活。他选择了三个例子:第一个是人体改造爱好者的社交媒体平台——《人体改造杂志》(*Body Modification Ezine*,BME);第二个是新布伦瑞克的地下朋克音乐舞台;第三个是布鲁克林的"变装皇后"文化。林格尔在书中提出这样的观点:数字媒体可以给处于主流社会边缘地带的个体和群体提供许多帮助。当然,他也意识到,数字技术既有助于这些团体打造社区,又阻碍了这些社区的发展。数字技术可以帮助这些反文化团体建立更有效的沟通结构,远非他们在线下世界的努力可比。但是,由于软件和平台总是不断升级和改变,它们也有可能破坏线上的沟通网络,既为包容也为排斥提供新的可能性。这种现实的经验思路向我们展示了发挥社会学的想象力是多么有价值,能让我们更好地理解数字化的潜力及它带来的问题。

参考文献与进一步阅读建议

Blackshaw, T. (2010) *Key Concepts in Community Studies* (London: Sage).

Crow, G., and Allan, G. (1994) *Community Life: An Introduction to Local Social Relations* (Hemel Hempstead: Harvester Wheatsheaf).

Lee, D., and Newby, H. (1983) *The Problem of Sociology* (London: Routledge).

Lingel, J. (2017) *Digital Countercultures and the Struggle for Community* (Cambridge, MA: MIT Press).

Tönnies, F. ([1887] 2001) *Community and Society [Gemeinschaft und Gesellschaft]* (Cambridge and New York: Cambridge University Press).

Williams, R. (1987) *Keywords: A Vocabulary of Culture and Society* (London: Fontana).

Family
家庭

定义

由有血缘关系、婚姻关系或收养关系的人组成的社会团体,他们对团体有共同的承诺。

源起与历史

家庭的概念几乎与社会一样古老。无论是古典时期的创始人,还是现当代的社会学家,他们对家庭问题都有自己的看法。今天,很多社会学家认为,我们不能把家庭当作一种通用模式(the family)来谈论。有许多不同形式的家庭,比如继亲家庭(step-family)、单亲家庭等,社会学家通常采用其复数形式(families),以反映这种多样性。

许多人怀恋过去家庭生活的"黄金时期",那时儿童在稳定和谐的家庭环境中成长,这样的想法都被证明是错误的。举例来说,许多政治家和评论家把今天的家庭与维多利亚时代看上去稳定的家庭相比。但是,在19世纪的英格兰,死亡率极高,婚姻平均存续时间不到12年,21岁以下的青少年中,有超过50%的人至少失去了双亲之一。类似地,维多利亚时代的家庭纪律建立在严苛的规则和体罚的基础之上,这对今天的大多数人来说是无法容忍的。彼时,中产阶级家庭的妻子或多或少被限制在家里,许多"有身份的"男人经常去嫖娼并定期光顾妓院。童工也非常普遍。历史社会学及时提醒我们,人们常识性的历史记忆往往是怀旧的和不现实的。

含义与解读

在今天,要给"家庭"下一个明确的定义是非常困难的,因为社会学家已经认识到,不论是在单一**社会**内部,还是在不同国家,家庭形式多种多样。在一些地方,传统家庭结构历经一个多世纪的沧桑,延续至今,基本保持不变。然而,在发达社会,人们的家庭安排发生了重大变化,亟须用新的方法来研究家庭生活。

在发达国家,少数族裔的存在,如南亚或西印度群岛人的家庭,以及女性主义等运动的影响,让家庭形式产生了相当大的文化差异。穷人、技术工人以及中产阶级和上层阶级内部的各种群体之间持续存在的**阶级**分化,使家庭结构保持着重大区别。人们在**生命历程**中的家庭体验也是多样的。比如,某个人可能来自父母生活在一起的家庭,结婚,随后又离婚。另一个人可能在单亲家庭中长大,结过几次婚,每段婚姻都有孩子。

个人与父母、祖父母或关系更远的亲人之间的联系也变得越来越弱,因为家庭成员在全国各地或世界各地工作,从而与留下来的人失去了日常联络。另一方面,现在有更多的人活到了老年,三代家庭(已婚的人、他的父母和祖父母)可能彼此关系密切。相比以前,家庭内部的性别也越来越多样。很多西方国家对同性恋者越来越宽容,在这些国家既有异性恋者的伴侣关系和婚姻,也有同性恋者的伴侣关系和婚姻。

家庭类型、家庭结构和家庭实践的多样化,已经超出了盛行的基于核心家庭的理想家庭观念。很多人试图重振这种现在看来算"传统"的家庭形式,支持者认为核心家庭是养育孩子的稳定且可靠的场所。然而,这种理想化对家庭生活的"阴暗面"视而不见,比如家庭暴力、虐待儿童,因而其对核心家庭的描述是片面和不充分的。近些年来,一些发达国家宣布同性婚姻合法,同时,高离婚率带来了更多的继亲家庭或混合家庭,这些都表明,"家庭"(family)观念与"家庭"(families)现实之间的差距可能正在慢慢缩小。

批判与讨论

家庭根植于互相帮助和支持的主流观点是值得怀疑的。经验研究发现,不平等在家庭生活中很常见,有些成员从中受益,而另一些则处于不利地位(Pahl 1989)。资本主义生产让家庭领域和工作领域明显区分开来,导致男性和女性领地或公共和私人领域的分化。在当代发达社会,家庭事务(如照顾孩子和做家务)仍主要由女性负责,即便是那些在正规经济部门就业的妇女也无法免除。女性不仅需要承担更多的具体工作,如打扫卫生和带孩子,在维持家庭关系及照料老人方面,她们也投入了大量的情感劳动。

女性主义者提醒人们注意家庭生活的"阴暗面",比如家庭暴力、婚内强奸,以及对儿童的性虐待等。这些暴行长期被忽视,使社会学中的家庭形象特别积极和正面——是无情世界中的避风港。女性主义研究表明,如此亲密及私人的家庭环境,恰恰为**性别**压迫、情感或身体虐待提供了重要场所。这些研究进一步揭开了家庭的神秘面纱。

意义与价值

尽管多样性已经成为家庭研究的一个核心特征,但随着**全球化**让各种文化更加紧密地联系在一起,也可能出现一些通行模式。比如,瑟伯恩(Therborn 2004)就认为,家族和其他亲属群体的重要性日渐下降,自由择偶的风气日益盛行。不管是结婚还是家庭决策,女性权利得到了越来越多的尊重。与此同时,在原先约束较多的地区,男女的性自由程度也越来越高。此外,还有一个普遍趋势是儿童权利的扩展和社会对同性伴侣关系的接受度逐渐提升,而核心家庭的主导地位正在经历一个长期衰落的过程(Ware et al. 2007)。

在英国,对"家庭实践"的研究取得了进展,它探讨的是"家庭"在社会中是如何被实践和理解的,而不是把家庭视为固定不变的社会设置(Morgan 2011)。这一视角提醒我们关注人们是如何扮演他们的家庭角色的,如母亲、父亲等。一个很好的例子是考夫曼和格伦隆德(Kaufman and Grönlund 2019)对英国和瑞典的育儿及性别化劳动分工的比较研究。父母如何做个"称职"的家长?在英国,母亲通常会休更长的育儿假,从事兼职工作,并有限使用日托,父亲则继续长时间地工作。在瑞典,父母更加平均地分担育儿责任和育儿假。在这两个国家,父母都在努力地承担亲职,但不同的政策和国家支持对"亲职究竟意味着什么"产生了影响。在英国,性别分工得到了强化,而在瑞典,性别平等得到了体现。这项研究表明,通过将家庭实践思路和对不同国家政策内容的分析相结合,我们可以作出更有力和全面的说明。

参考文献与进一步阅读建议

Chambers, D. (2012) *A Sociology of Family Life* (Cambridge: Polity).

Kaufman, G., and Grönlund, A. (2019) 'Displaying Parenthood, (Un)doing Gender: Parental Leave, Daycare and Working-Time Adjustments in Sweden and the UK', *Families, Relationships and Societies*, https://doi.org/10.1332/204674319X15683716957916.

Morgan, D. H. J. (2011) *Rethinking Family Practices* (Basingstoke: Palgrave Macmillan).

Pahl, J. (1989) *Money and Marriage* (Basingstoke: Macmillan).

Therborn, G. (2004) *Between Sex and Power: Family in the World, 1900-2000* (London: Routledge).

Ware, L., Maconachie, M., Williams, M., Chandler, J., and Dodgeon, B. (2007) 'Gender Life Course Transitions from the Nuclear Family in England and Wales 1981-2001', *Sociological Research Online*, 12(4), www.socresonline.org.uk/12/4/6.html.

Life Course
生命历程

定义

一个人在其一生中经历各种社会创造的过渡阶段的轨迹。

源起与历史

长期以来,人们对人类生活的看法是,存在一个普遍的生命周期,每个人都会经历,它包含若干固定的生命阶段。我们都会是婴儿、孩童、青少年、成年人和老年人,当然,最终我们都会死去。然而,从20世纪70年代开始,随着童年、青年亚文化和老龄化成为主流社会学的一部分,人们越来越清楚地认识到,这些看上去自然的或生物必经的阶段,其实是人类生命历程的组成部分,必须理解为是由社会建构而成的。

历史社会学家发现,在封建社会,童年的经历与现在非常不同,当时并没有一个区别于成年的阶段。儿童在很大程度上被视为"小大人",早早就被安排去工作。1945年之后,才出现了具有自身特征的青年文化;同时,随着预期寿命的延长,与先前时期相比,越来越多的人可以活到"高龄老人"(old-old;超过80岁)阶段。相较于生命周期,社会学家更喜欢生命历程这个概念,因为它考虑到了在不同社会和不同时期发现的生命阶段的巨大差异。

含义与解读

特定**社会**的生命历程,是这个社会的社会结构、**文化**和经济体系的产物。这是说,生命历程阶段的数量和类型,会随着时间的推移和不同社会的差异而不同。最简单的例子就是老去和死亡。在大多数发达社会,现在的平均死亡年龄超过75岁,死亡被认为是与变老相关的事情。但是,在过去,由于缺乏有效的医疗体系,或者对感染的原因不甚了解,婴儿死亡率非常高,因此死亡和老年生活并没有必然的联系。其他社会因素,如社会**阶级**、**性别**和**族群**,也会影响我们对生命历程各个阶段的体验。在19世纪,上层阶级家庭的孩子通常上寄宿学校,并在很长一段时间里继续接受**教育**,至于工人阶级家庭的孩子,13岁的男孩在煤矿或工厂里工作,而同龄的女孩去做女佣,则是很平常的事情。可见,童年并不是生命历程中一个与年龄相关的普遍阶段。

同样,同期出生群(由出生于同一年的人组成的群体)往往受到相同的重大事件的影响,而其他组群则没有。在这个意义上,一代人有一代人的生命历程体验。同期出生群有自己的文化和政治参照点,经历不同的政府、**冲突**和音乐潮流等。近些年来,"9·11"袭击、美国入侵伊拉克和阿富汗等事件,在塑造共同的生命历程经历方面影响深远,尽管人们对这些事件的解读方式可能有所不同。再比如,"婴儿潮一代"用上了第一批家用电视,拥有蔚为壮观的独特青年文化,收入水平不断提高,对性和道德问题也比较开放。他们的生命历程在很多方面与父母和祖父母的生命历程截然不同。

社会科学家投入了大量时间研究童年,这看上去是一个明显且普遍的生命阶段。但是,童年作为一个独特的生命阶段,只有大约三百年的历史。在这之前,大一点的孩子就直接去工作,而不会经历被称为"童年"的生命历程阶段。通过研究中世纪的绘画和其他艺术作品,社会史学家菲利普·阿里耶斯(Ariès 1965)指出,我们所知的童年概念和生命阶段当时并不存在。绘画作品中的"儿童"都穿着"成人"的衣服,脸看上去要比他们的实际年龄大很多。我们称为"童年"的生命历程阶段,是在很晚的时候才由社会创造出来的。时至今日,还有很多儿童和年轻人自小就开始工作,从矿场到田地,都可以看到他们的身影。联合国一直致力于确定一个通用的童年定义和一套统一的儿童权利,等于默认童年并不是一个普遍的生命阶段。当然,我们可以用这种**社会建构论**的观点来描绘我们所熟知的所有生命阶段,包括青少年、青年和中年等。

社会学家已经开始对发达国家新出现的一种生命阶段进行理论说明,我们可以称之为成年早期(young adulthood)。处于这个阶段的是那些二十几岁,或者三十出头,生活相对独立,尚未成家,或成了家但还没有孩子的人;因此,他们仍然在尝试各种情感关系和生活方式。然而,这个阶段并不是所有阶级和族群都会经历的。它可能只是描述了一小群二十岁左右的较富裕的人,他们有时间和精力去旅行和探索其他生活方式。那些上了大学,开拓了事业,而不是早早进入传统**家庭**生活的年轻女性,也可能经历这个阶段。

批判与讨论

很显然,关于人类生命历程的社会建构思路是极富成效的,为个体生活研究带来了一个全新的维度。一些后现代思想家认为,这还远远不够。原因在于,生命历程研究仍然固守人会经历标志着特定变化的过渡阶段的想法,这或许暗示了一种不再存在的结构,这种结构可以回溯到早期的生命周期的生物模型。这里的批评是,生命历程研究没有彻底与旧的生物阶段研究决裂。在后现代主义者看来,人类的寿命是一个连续体(continuum),而非由一系列独立的阶段组成,任何识别特定人生阶段的努力都可能强加一个非法的排列顺序。但是,这种批评也许没有考虑到与生命历程阶段相关的转折性事件的全部影响,如接受义务教育、享受社会福利、达到法定退休年龄和领取养老金等。这些都是象征性的标志,与人们自我意识的改变有关。

意义与价值

在社会学领域,生命历程是一个不那么成熟的概念。不过,将生命历程引入对儿童、家庭生活、青年文化、老化过程和人际关系等的研究,表明一种新的研究议程是可能的,它超越了旧的基于人类生物性的生命周期思路。生命历程还激发了人们对新的研究方法的兴趣,如传记研究和口述史,这些方法使社会学家能够了解到,处境不同的个体是如何体验生命历程的不同阶段的。这些研究很可能会从处于生命历程不同阶段的社会行动者的角度,提供关于**结构—能动**问题的新信息。

在特定生命历程阶段发生的事件,对我们晚年时的年龄认知尤为重要吗?谢弗(Schafer 2008)认为,答案也许是肯定的。他那篇精彩的文章考察了所谓的"主观年龄",即人们对年龄和老化过程的认知。例如,通过统计分析,谢弗发现,幼年丧母的人,成年后主观年龄更大,而幼年丧父的人似乎不存在类似现象。他由此认为,关键的生命历程转折事件发生的时点与个人社会自我的发展之间存在重要关联,对未来的主观认知和成年后的健康状况有影响。这篇文章告诉我们,在生命历程研究中考察"生命阶段"仍然很重要。

参考文献与进一步阅读建议

Ariès, P. (1965) *Centuries of Childhood* (New York: Random House).

Green, L. (2010) *Understanding the Life Course: Sociological and Psychological Perspectives* (Cambridge: Polity).

Priestley, M. (2003) *Disability: A Life Course Approach* (Cambridge: Polity).

Schafer, M. H. (2008) 'Parental Death and Subjective Age: Indelible Imprints from Early in the Life Course?', *Sociological Inquiry*, 79(1): 75-97.

Network
网络

定义

在社会学中,一个网络是由相对松散的社会纽带或关系联系起来的一群人。这些纽带可以是非正式的,如社交媒体上的"好友",也可以是正式的,比如同事。

源起与历史

社会科学家长期关注家庭亲属关系网络和朋友网络,以及员工和商业熟人形成的社会网络。可以说,格奥尔格·齐美尔在20世纪初提出的关于二人组(dyads)和三人组(triads)等基本社会形式的动态变化的理论观点,是研究更广泛的社会网络的先导。尽管网络是非常古老的人类联结方式,但在一部分社会学家看来,由于信息技术为网络创造了很多新的机会,它们正在成为当代社会的决定性组织结构。相较于旧的**组织**类型,网络固有的灵活性和适应性具有巨大优势。有人观察到,一些企业开始采用网络化结构,以便在全球经济环境中实现效率最大化。

含义与解读

社会学家将人与社会群体之间的众多联系称为网络。对网络的研究比对"社会"这种相对静态的概念的研究更具优势。克罗斯利(Crossley 2015:67)指出,在人类互动性的关系之外,并不存在社会这种"东西",更确切地说,这种关系构成了社会。或许,理解网络的最佳方式是设想一种网状结构,或者一个矩阵,其中横线和竖线相交的点叫作"节点"(nodes)。在社会学语境里,这些节点可以是个人、群体甚至组织。进入某个网络,就有可能打通与其他节点(个人、群体或组织)的关系,然后利用这些关系来取得某种优势。网络可以被看作人和群体之间或直接或间接的联系,包括朋友圈和没那么亲近的人,如朋友的朋友。

然而,组织也可以是网络化的,从属于网络化的组织能扩大人们的社交范围和影响力。类似地,许多其他社会团体为个人提供了组建网络的多种机会,从而让社会生活"更加平顺",从接近当地的议员到寻找专业的技术工人,不一而足。一些团体,比如政党和慈善机构,具有国际影响力,可以为去陌生国家旅行或搬到新国家的人提供有价值的联络信息。

就算联系没那么紧密,社会网络也具有很多有用的功能,但进入更强大的网络的机会往往受到严格控制。长久以来,女性被拒于商界、政界和私立学校的关键网络之外,从而限制了她们在这些及其他生活领域的机会。英格兰的一些收费学校,比如伊顿公学和哈罗公学,只招男生,这就意味着女性无法接触到这些强大的关系网。社会学家发现,在劳动力市场上,与男性相比,女性的网络往往较弱,这也恶化了她们的就业前景。但是,随着越来越多的女性接受高等**教育**,并在工作场所晋升到更高的职位,这种情况或许正在发生变化。

在卡斯特(Castells 2009)看来,计算和技术的巨大进步使网络比科层制更加高效。许多行政管理事务,比如数据处理,不再需要员工聚集到大型办公区,而是可以由分布在世界各地的独立团队来完成。组织和公司利用这种新的弹性模式,变得越来越去集中化,强化了向更小更灵活的企业发展的趋势,包括居家办公。传统上,组织通常被安置于特定的物理空间,如写字楼或大学校园,在那里科层制行之有效。但在今天,随着在日益全球化的环境中新技术的应用超越了国家和时区的界限,与其他组织共同构成一个更广泛的网络来运作可提高效率,组织的物理边界正在被侵蚀。卡斯特认为,我们现在见证的是,作为最高效和最有效的组织形式的**科层制**的主导地位正在缓慢瓦解。

批判与讨论

信息技术和网络的结合,让我们完全摆脱了韦伯对科层制未来的悲观看法了吗?对此,我们最好保持谨慎。科层体系正越来越多地受到其他更加扁平的组织形式的挑战。但它不可能完全消失。网络**社会**看起来并不会发展到不存在任何实体组织的地步,而那些实存的组织很可能采用更多的科层结构。在不久的将来,在组织的大型化、非个人化和等级化与相反的趋势之间,会有持续的推拉。

意义与价值

毋庸置疑,网络更为广布,而数字技术的应用将强化这一趋势。社会网络分析并不是全新的事物,人类学和古典社会学在研究亲属关系网络时早就用过这种方法。尽管如此,与之前相比,社会学家现在更可能用这种方法来分析广泛多样的社会网络。

社会网络分析的一个很好的例子,是克罗斯利(Crossley 2008)对伦敦早期朋克摇滚运动内部网络的经验研究。他认为,这个网络的结构性特征可以解释朋克摇滚运动的兴起。举例而言,他觉得,朋克运动起源于伦敦而不是英国的其他城市,部分原因是后来构成运动"核心圈"的几个关键人物相互熟识,使得在伦敦采取集体行动成为可能。类似地,早期的朋克乐队成员彼此也有往来,在几支乐队之间不断跳槽,共享各种信息并不断扩展这个网络。简言之,这个共同的联系紧密的社会网络,让新生的朋克着装风格和独特**文化**合法化,挡住了外部那些给他们贴上"异类"标签的人的各种攻击。当然,朋克的政治和意识形态元素也很重要,但如果没有预先存在的社会网络结构这个有利条件,这些元素不可能得到表达。

另一项极具创新性的研究,是迈耶和普勒(Mayer and Puller 2007)对社交网站脸书的交友数据的分析。他们收集了十所私立和公立大学的交友数据,来探讨影响学生建立友谊关系的关键要素。研究发现,校园网络与"经典"社会网络有很多相似之处:它们都是"小团体"性质的,社交达人结交的也大多是社交达人。不过,如果两个学生具有相同的政治倾向,他们更有可能成为朋友。此外,在少数族裔中,**种族**是建立友谊关系最重要的预测变量。不管学校规模和性质如何,这种模式始终成立,也就是说,学生间社会网络的形成,是其自身偏好的结果。这意味着,旨在鼓励互动多样性的政策对学生交友网络的形成可能作用有限。

参考文献与进一步阅读建议

Castells, M. (2009) *The Rise of the Network Society* (2nd edn, Oxford: Wiley Blackwell).

Crossley, N. (2008) 'Pretty Connected', *Theory, Culture and Society*, 25(6): 89-116.

—— (2015) 'Relational Sociology and Culture: A Preliminary Framework', *International Review of Sociology*, 25(1): 65-85.

Mayer, A., and Puller, S. L. (2007) 'The Old Boy (and Girl) Network: Social Network Formation on University Campuses', *Journal of Public Economics*, 92(1/2): 329-347.

138 Sexuality
性存在

定义

人类的性特征和性行为,涵盖社会、生物、生理和情感等各个方面。

源起与历史

直到相当晚近,我们关于性存在的大部分知识都来自生物学家、医学研究者和性学家,这些人的研究可以追溯到19世纪。然而,上述研究一般只关注个体心理,对社会学家感兴趣的人类性存在的一般模式则鲜有涉及。许多早期研究者通过观察动物行为,以间接探索人类的性存在,直到现在,一些学者还在这么做。显然,性存在确实有生物性的一面,比如繁衍后代的冲动,但在社会学家眼里,人类的性存在却是一个复杂的综合体,既有生物属性,更掺杂了许多社会因素。

从社会学角度研究性存在的第一个重要成果,产生于20世纪40年代和50年代,当时阿尔弗雷德·金西(Alfred Kinsey)和他的美国同事围绕人类的性行为,开展了一项大规模调查。他们的发现震惊了公众,揭示出大量与公共规范和人们的预期严重不符的真实性行为。米歇尔·福柯在20世纪70年代末的性存在系列研究,引发了人们对性存在的历史,以及人类的性存在如何被创造、否认和压抑的新兴趣。这是一个标志性的转折点,之后的性存在研究就跳出了生物学,开始进入历史学、政治学和社会学的视野。

含义与解读

性取向指的是一个人所受的性或浪漫吸引的方向,这是生物属性和各种社会因素复杂的相互作用的结果。在所有社会,大多数人都是异性恋。历史上,异性恋一直是婚姻和**家庭**的基础。当然,也存在许多其他类型的性趣味和性倾向。比如,朱迪斯·洛伯(Lorber 1994)区分了十种性身份认同(sexual identities):直(异性恋)女、直男、女同性恋者、男同性恋者、女双性恋者、男双性恋者、异装癖女性(平时打扮成男性的女性)、异装癖男性(平时装扮成女性的男性)、跨性别女性(男性转变成女性)和跨性别男性(女性转变成男性)。人类的性实践甚至更为多样,每个社会都有相应的规范,鼓励其中的一部分,谴责另外一部分。

米歇尔·福柯(Foucault 1978)的研究显示,在18世纪之前,欧洲好像根本没有同性恋这个概念。同性恋这个词是在19世纪60年代提出的,从那时起,同性恋者逐渐被视为性行为异常的独特人群。再后来,同性恋进入医学**话语**,在临床上被认为是一种精神障碍,或是一种行为偏差,而不再是宗教上的"罪"。与其他"异类"(如恋童癖和异装癖)一样,同性恋被看成一种生理病态,会对主流**社会**的健康运转造成极大的威胁。直到几十年前,同性恋在几乎所有国家仍然是一种犯罪行为。1987年,美国精神医学学会最终将其排除在精神疾病之外,而在这之前,美国人一直把同性恋看作一种精神障碍。同性恋从边缘地带进入社会主流的过程远未完成,但最近几年发生了一些变化。

毫无疑问,过去四十多年里,大部分西方国家的性态度变得更加放任自流。人们性生活的很多重要方面已经发生了根本的改变。在早期社会,性存在与生育过程紧密相连,但在我们这个时代,两者之间早就没有必然联系了。如今,性存在作为生活的一部分,每个人都可以去自由探索和任意挥洒。如果说性存在曾经被"限定为"异性恋和婚姻关系中的一夫一妻制,那么到了今天,在广泛的背景下,我们对各式各样的性行为和性取向的接受度越来越高。

在社会学出现之后的大部分时间里,社会学家一直小心地避开对性存在的研究,直到20世纪40年代,金西的研究团队在美国开展了一项里程碑式的大型调查,才打破了这样的观点,即同性恋是一种病,需要加以治疗。调查人们的性行为会面临重重困难。与生活中的其他大多数领域不一样,很多人把自己的性行为看作纯粹的个人问题,不愿意和陌生人讨论如此私密的话题。这可能意味着,那些愿意配合调查的人,基本上是一个自我选择的样本,因此无法代表一般人群。

批判与讨论

金西的研究遭到了保守派和宗教组织的激烈抨击,部分原因是调查样本里有 16 岁以下的未成年人。学术界的批判针对的是金西广泛的实证主义思路,他收集到了大量的原始数据,却没有抓住他所发现的多样的性行为背后的性欲的复杂性。这项研究也没有关注人们赋予自己的性关系的各种意义。此外,后续研究发现,有同性恋经验的人口比例,其实并没有金西团队所说的那么高,所以他们的研究样本的代表性可能没有他们自己认为的那么好。尽管如此,要让一项研究解决上述所有问题,确实有些苛责了,尤其是对一个这么难的研究题目来说。因此,应该肯定金西研究的贡献,是他为社会学研究打开了性存在领域的大门。

性行为调查的信度和效度问题,持续引发各种争论。许多学者批评说,这种调查根本不可能为我们提供任何关于性实践的可靠信息。公开表达的观点,也许只是反映了人们对主流社会规范的理解,而无关他们自己的态度和性行为。然而,这种批评也可以针对其他关于人类生活各层面的调查,比如婚姻、离婚、犯罪和**越轨**,但在这些领域,社会学家会权衡收集到的资料的利弊,为政策制定者提供有益的见解,我们没有理由认为对性存在的研究做不到这一点。

意义与价值

20 世纪 60 年代的各种改革运动促成了文化和法律等领域的变革,这是性存在这个议题进入社会学理论和研究的原因之一,它为社会学家开辟了一系列新的课题。随着这些运动逐渐成为社会主流的一部分,与性行为有关的旧有规范在某种程度上重新稳定下来。一些新近的调查显示,相当高比例的受访者赞同应阻止未成年人的性行为,少数人仍然反对同性关系。在这种情况下,社会学研究应当对大众态度和公共规范的变化保持敏感,同时需要设计出新的研究方法,以便更加准确地把握人们生活的真实状态。

一个受到政治家、评论家和社会科学研究者广泛关注的领域,就是年轻人的性行为,尤其是他们在网络空间里的相关活动。年轻人会在各种社交媒体上分享露骨的带有性意味的图片和视频,用智能手机发送"色情短信"(sexting),查看各种线上色情制品。这些活动通常被认为是"危险的",需要加以监视、管理和控制。一部分社会学家从风险理论的角度来考察这些行为。内泽尔(Naezer 2018)进行了一项民族志田野作业,对象是荷兰12—19岁的年轻人,她发现这种风险叙事的后果就是将年轻人的这类活动"病态化"(pathologize)和道德化,从而可以对这些行为进行监管。问题在于,这种反应等于把年轻人看作新数字技术和设备的被动被害者,但事实上,在社会学家看来,年轻人是社会生活的积极参与者。

内泽尔建议,我们需要重新进行概念说明,避开风险分析,而是将年轻人的在线性活动视为一种"探险"。换句话说,这类活动"无法确定会有什么结果",所带来的结果可能是负面的,也可能是正面的,或者两方面都有。此外,为了更好地理解年轻人的在线性活动,社会学家应该让他们的声音被听到,因为特定活动在风险连续体上处于什么位置,是主观的和不断变化的。采用这种研究思路,可以避免对这些活动以及参与这些活动的年轻人强加不当的结论。

参考文献与进一步阅读建议

Foucault, M. (1978) *The History of Sexuality* (London: Penguin).
Kelly, G., Crowley, H., and Hamilton, C. (2009) 'Rights, Sexuality and Relationships in Ireland: "It'd Be Nice to Be Kind of Trusted"', *British Journal of Learning*

Disabilities, 37(4): 308-315.

Lorber, J. (1994) *Paradoxes of Gender* (New Haven, CT: Yale University Press).

Naezer, M. (2018) 'From Risky Behaviour to Sexy Adventures: Reconceptualising Young People's Online Sexual Activities', *Culture, Health and Sexuality*, 20(6): 715-729.

Taylor, Y., and Hines, S. (2012) *Sexualities: Past Reflections, Future Directions* (Basingstoke: Palgrave Macmillan).

Weeks, J. (2016) *Sexuality* (4th edn, London: Routledge).

Socialization
社会化

定义

社会新成员学习社会规范、社会价值的社会过程；在这个过程中，新成员逐渐发展出独特的自我认知。社会化过程贯穿人的一生。

源起与历史

社会化是一个常见的概念，各种社会学视角都会采用，尽管它是在功能主义传统里发展和成熟起来的。特别需要提到的是，塔尔科特·帕森斯用这个概念来化解"社会秩序难题"。互动主义者，比如米德和库利，也用社会化这个概念来分析童年阶段的**社会自我**的形成过程。社会化指的是，把一个幼小无助的婴儿培养成具有自我意识和知识的人，他能够按照自身所处**文化**的要求行事。社会化是社会再生产的必要条件，随着时间的推移，它维持了社会的延续性。在社会化过程中，不仅孩子向成人学习，成人也会学着与孩子相处。做父母这件事把成人和孩子联系在一起，往往会持续到生命终结，祖父母的情况也是如此。通常，我们把社会化分为初级社会化和次级社会化：初级社会化相对集中，主要发生在一个人的生命早期；次级社会化则贯穿整个生命历程。

含义与解读

社会化一般通过各种中介(机构)来完成,比如**家庭**、同辈群体、学校,以及大众媒体。其中,家庭是初级社会化的主要场所,尽管越来越多的孩子在这个阶段会接受某种形式的学校教育或上托儿所。在现代社会,一个人的社会位置并不是与生俱来的,**族群**、**性别**、家庭的社会**阶级**及出生地,都会对社会化模式产生影响。通过观察和学习父母、邻居或**社区**其他成员的行为方式和语言习惯,孩子在很大程度上无意识中习得了自己的性别。大人对待孩子的不同方式,也会影响他们的性别意识。例如,父母和其他大人同男孩和女孩说话及互动的方式是不一样的,他们对不同性别的期望也让孩子形成了适当的行为规范。孩子在很小的时候就可以识别自己和他人的性别差异,而且这种认识在整个儿童期经由各种方式不断得到强化,比如有性别区分的玩具,以及书本、电影、电视节目等对不同性别形象的差异化呈现等。但是,话说回来,性别社会化也不是一个完全无意识地接受的过程。家长和同辈群体都会积极推广性别角色和期望,违反性别规范的孩子则要面对各种处分,比如羞辱、漫骂或责罚等。持续的无意识学习,加上惩罚和各种强制手段的强化,使性别社会化成为一个强有力的过程,一直持续到成年早期,有时甚至更久。

"次级社会化"始于中小学校里的正式和非正式课程,并延续到大学和工作场所。当男孩开始偏重传统上属于"男性"的科目,女孩开始专注于"女性"科目时,他们在科目选择上就出现了分化,高等教育阶段基本上也会保持这种模式。教师的期望会作用于这种性别化模式,学校和工作场所的同辈群体同样如此。今天,由于许多家庭都是双职工模式,同辈群体的影响可以说越来越大。

成年后,社会化过程仍在继续,因为人们要学习如何在新的社会生活领域里行事,比如应对工作环境,或是表达政治信仰。**大众媒体**,

如广播、电视、CD、DVD 和互联网等,也被认为在社会化过程中扮演着越来越重要的角色,人们的意见、态度和行为无不受其影响。随着新媒体的出现,人们可以借助聊天室、博客或其他工具进行虚拟互动,情况尤其如此。综上所述,社会化的各种中介给我们带来了一系列复杂甚至相互冲突的影响,同时也为我们提供了各种与他人**互动**的机会,这说明了为什么社会化永远不可能是一个完全定向或受控的过程。尤其是,人类具有自我意识,他们对接收到的各种信息有自己独特的解读方式。

批判与讨论

对社会化理论的主要批评是,它倾向于夸大社会化的影响。帕森斯的结构功能主义理论尤其如此。一些学者批评他把人当作"文化傀儡",任由社会化中介摆布。然而,一些社会学理论高度依赖社会化这个概念,以解释社会再生产和文化再生产是如何发生的。丹尼斯·朗(Wrong 1961)就对社会学中"过度社会化的人的概念"表示不满,因为它把人纯粹当作演员,认为其只能遵循主流社会规范来演绎社会脚本。如果我们转一个方向,看看西格蒙德·弗洛伊德关于自我和**身份认同**形成的理论,就有可能发展出一套替代性理论,把个人,甚至小孩,看成社会化过程中的能动者,而不是被动的容器。社会化几乎总是一个充满**冲突**、饱含情感的过程,完全不像一些社会学教科书描述的那样流畅、顺利。现如今,社会再生产和文化再生产的理论对社会化过程中固有的矛盾更加敏感,这也反映在布尔迪厄、威利斯和麦克安盖尔等人的作品中。

意义与价值

社会化是社会学的一个基本概念,有助于解释一个社会如何跨代传递知识、社会规范、意识形态和价值观。尽管上文提及的各种批评都有各自的道理,但社会化依然是一个很强大的社会过程,尤其是在初级社会化阶段,此时儿童学会控制自己的冲动,慢慢发展出自我意识。它还可以帮助我们评估社会化中介的相对重要性,如大众媒体、同辈群体和学校在整个**生命历程**中的作用。此外,对不同国家的社会化过程,以及同一国家不同时段的社会化过程的比较研究,也为我们提供了许多有益的见解。简言之,在解释社会变迁及社会再生产时,社会化是一个必不可少的概念,尽管可能不太充分。

考虑到女性主义和"LGBTQ+"运动的发展,平权立法的变化,以及家庭和家户形式的多样化,我们或许会预期,今天的初级社会化过程不会再像以往那样,强调性别差异或者充满异性恋的气息。然而,在对英国九个学前班开展了为期十个月的民族志研究后,甘森(Gansen 2017)发现现实情况远非如此。她观察到,异性恋本位(认为异性恋是常规)仍然是这些班级的一个特征,教师会通过各种方式来建构一种性别化的"性存在"。孩子们则在玩耍过程中不断再生产性别规范和性别身份认同。甘森指出,孩子们在学前阶段就已经知道,男孩对女孩的身体有支配权力。这并不意味着性别分化的异性恋本位的社会化是绝对的,因为有教师破坏这些规范和孩子抵制它们的例子。然而,文章的最终结论是,传统的社会化结果依然在英国的学前教育环境中存在。

在梅内松(Mennesson 2009)对男性参与向来被认为属于"女性"领域的活动(如芭蕾)的描述中,可以发现关于非传统的成人社会化效应的精彩分析。梅内松访谈了14名跳爵士舞和芭蕾舞的男性舞者,试图挖掘男性在社会化过程中缘何对女性活动产生了兴趣,并探讨身处"女性"世界会如何影响男性舞者的性别认同。她发现,女性参与"男性"运动(比如足球和橄榄球)也有类似情况。研究结论是,某些家庭结构中的"逆向性别社会化"似乎会形成这类偏好,而男性舞者的社会化导向了特定的结果,一些人热衷于"保持男性身份",另一些人则乐于将自己描述为兼具男性和女性的气质。

Denzin, N. K. (2009) *Childhood Socialization* (New York: Transaction).

Gansen, H. M. (2017) 'Reproducing (and Disrupting) Heteronormativity: Gendered Sexual Socialization in Preschool Classrooms', *Sociology of Education*, 90(3): 255-272.

Maccoby, E. E. (2008) 'Historical Overview of Socialization Research and Theory', in J. E. Grusec and Paul D. Hastings (eds), *Handbook of Socialization: Theory and Research* (New York: Guilford Press), pp. 13-41.

Mennesson, C. (2009) 'Being a Man in Dance: Socialization Modes and Gender Identities', *Sport in Society*, 12(2): 174-195.

Wrong, D. (1961) 'The Over-Socialized Conception of Man in Modern Sociology', *American Sociological Review*, 26: 183-193.

主题七
人际互动与沟通

Culture
文化

定义

生活方式,包括知识、习俗、规范、法律和信仰等,它是特定**社会**或社会群体的特征。

源起与历史

由于文化概念错综复杂的历史,"文化"与其公认的对立状态"自然"一样,是英语中最为复杂且最难以准确定义的单词之一。自15世纪始,文化的一个重要含义就是照料作物和动物。随着这层意思扩展到人类,文化就意味着对人的思想和观念的"培育"。在18世纪的德国,文化与"文明"相对立,前者被认为比后者更优越。到了19世纪,对"文化"或者文化整体的认知得到了发展,这也是文化的现代社会科学用法的起点。这个意义上的文化,指的是一个社会的生活方式所有可以习得的元素,包括语言、价值观、社会规范、信仰、习俗和法律等。然而,传统上,文化并不包括建筑或家具之类的物质性人造物,尽管随着社会学家对"物质文化"越来越感兴趣,这种情况已经发生改变。就此而言,文化的比较研究是一项具有广阔前景的事业。

含义与解读

在大部分时间里,社会学都将文化与社会关系和社会结构放在一起来研究。例如,马克思主义的研究倾向于将整个文化大厦及文化生产体系,视为建立在资本主义生产方式之上的上层建筑。因此,宗教信仰、主导思想、核心价值观和社会规范的存在,是要为社会关系的剥削性经济体系提供支持,并使之合法化。甚至在电视时代来临之前,法兰克福学派的批判理论就认为,新兴的大众文化是一种**社会控制**的形式,在它的长期驯化下,大部分人变得意志消沉且缺乏批判意识,只会被动地消费各种庸俗的娱乐节目。这种批判最具讽刺意味的是,它将高雅文化与大众文化区别开来,认为前者更有价值,即便这是受过教育的上层阶级的专利。

文化再生产不仅涉及语言、普遍价值和规范的延续和发展,还涉及社会不平等的再生产。例如,从表面上看,**教育**应该是一种"重要的校平器"(great leveller),使有能力的人能够跨越**性别**、**阶级**和种族的界限,实现自己的人生抱负。但是,过去四十余年的大量研究表明,教育体系的作用反而是再生产既有的文化区隔和社会分化。

迄今为止,关于文化再生产的最为系统的一般性理论,是皮埃尔·布尔迪厄(Bourdieu 1986)的理论。它将经济状况、社会**地位**和符号资本与文化知识和技能联系在一起。布尔迪厄理论的核心概念是**资本**,它有多种形式,能够帮助人们获取各种资源,进而占据优势。布尔迪厄区分了几种主要的资本类型:社会资本、文化资本、符号资本和经济资本。社会资本指的是精英社会**网络**中的成员资格及参与程度;文化资本主要是在**家庭**环境中和通过教育获得的,常见的形式是文凭及其他资格证书;符号资本包括声望、地位和其他形式的荣誉,让地位较高的人能够支配地位较低的人;经济资本包括财富、收入以及其他经济资源。布尔迪厄认为,不同类型的资本可以相互转换。

那些拥有较多**文化资本**的人,可能会用它来换取**经济资本**;在高薪工作的面试中,他们出众的知识和资格证书使他们比其他求职者更具优势。那些拥有较多**社会资本**的人,也许会"认识头面人物",或者"进入重要的社交圈子",能够以此来交换**符号资本**,得到他人更多的尊重,提升自己的社会地位,从而增加他们获得**权力**的机会。这些交换通常发生在组织社会生活的场域或社会舞台上,每个场域都有自己的"游戏规则",无法应用于其他场域。

文化资本可以表现为一种**具身状态**(embodied state),体现在我们说话、思考和行动的方式上。它也可以是一种**客观状态**(objectified state),也就是我们拥有的艺术品、书籍和衣服等物品。它甚至可以是一种**制度化形式**(institutionalized forms),比如学历,在劳动力市场上很容易转化为经济资本。就像其他许多社会学家发现的那样,教育并不是一个与大社会相分离的中立领域。教育系统内部的文化及各种评价标准都反映了这个社会,中小学校体系系统性地有利于那些在家庭中和通过社会网络获得了较多文化资本的人。在这个意义上,教育系统是存在社会不平等的现有社会的文化再生产的重要一环。

自20世纪80年代以来,人们对"消费社会"的轮廓的兴趣与日俱增,文化研究由此逐渐接近社会学的主流。探究人们如何购买和消费各种产品和服务,意味着重新审视对大众文化的批评,但这一次社会学家是从消费者和受众的角度来切入这个问题的。从前统一的大众文化日益多样,人们越来越重视小规模的细分市场,由此,品味这一研究主题及"品味文化"的存在进入了人们的视野。人们的文化品味是与阶级位置、性别和**族群**等直接相关,还是独立于这些结构化的处境而存在?

批判与讨论

许多对文化的批判研究都持这样一种假设,即大众(流行)文化在某种程度上不如高雅文化。享受大众文化不必付出什么努力,或是具有较高的教育和知识水平,高雅文化则需要很多知识及细腻的感受性才能准确领会。然而,高雅文化的合法性建立在这样一种理念上,即这种努力是有价值的,因为高雅文化能够熏陶出"更好的人",把人类带向更加文明的社会。施泰纳(Steiner 1983)认为,这种看法完全站不住脚。二战期间,当德国军队在欧洲集中营进行大规模屠杀时,古典音乐会不曾间断,照常举行。由此,施泰纳总结说,所谓高雅文化具有"教化"作用,明显是错误的。

后现代理论家同样看到了这一点,认为区分高雅文化与流行文化是不可取的,这些只是人们不同的偏好及品味选择,谈不上什么高级和低级。在一些人看来,消除这种文化差异是一种解放,使流行文化形式第一次进入社会学严肃研究的范围。近期有一些研究探讨了Lady Gaga、大卫·贝克汉姆的文化含义,以及电视肥皂剧对失能的呈现。另有一些人认为,正如布尔迪厄所承认的,真正需要关注的是文化品味对生活机会究竟造成了什么样的影响。

意义与价值

20世纪80年代以来,社会**科学**发生了"文化转向",这将文化研究带入了主流社会学。其中有许多研究颇有洞见,探讨了文化生产和消费对生活方式及生活机会的影响。对文化的研究也提醒我们,符号性表征、娱乐和媒体能够告诉我们很多关于社会关系的信息。然而,近期对文化研究的批评却认为,它们大多是"装饰社会学"(decorative sociology),过于关注文本、**话语**和解释,忽视了真实的社会关系和人们的日常生活(Rojek and Turner 2000)。这种担忧很有道理,文化研究需要确保始终关注结构化的权力关系和文化制度的历史发展。

随着数字革命变得不那么"颠覆",而是更多地嵌入我们的日常生活和工作,与数字化相关的核心特征开始塑造当代文化。例如,祖博夫(Zuboff 2019)在她的《监控资本主义的时代》一书中指出,一种流氓形式的资本主义正在出现。与此同时,利昂(Lyon 2018)试图理解今天基于数字技术的"监控文化",他认为这是前所未有的现象。对大多数人来说,网上购物、使用社交媒体、在线游戏等能带来令人愉快的互动和交流,是自由选择的延伸。然而,上述所有活动产生的数据"容易量化,便于追踪,有可能创造经济收益,而且可以远距离收集——它们是去地域化的"(ibid.:5)。监控文化真正的新颖之处在于,人们并不是政府监管的被动受害者,而是监控自我和监控他人的积极参与者。当我们在社交媒体平台上发布讯息,查看他人的个人资料和账号,收发短信,发送推文,评论商品,或者通过电子设备共享个人信息时,就会发生这种情况。这种文化与奥威尔笔下的"老大哥"不太一样。相反,在这种文化中,"监视"已经成为一种生活方式。利昂在书中审视了这种监控文化是如何产生的,并提供了一些方法,以减少有害的监控形式。

参考文献与进一步阅读建议

Bourdieu, P. (1986) *Distinction: A Social Critique of the Judgement of Taste* (London: Routledge & Kegan Paul).

Featherstone, M. (2007) *Consumer Culture and Postmodernism* (2nd edn, London: Sage).

Jenks, C. (1993) 'Introduction: The Analytic Bases of Cultural Reproduction Theory', in C. Jenks (ed.), *Cultural Reproduction* (London: Routledge), pp. 1–16.

Lyon, D. (2018) *The Culture of Surveillance: Watching As a Way of Life* (Cambridge: Polity).

Rojek, C., and Turner, B. (2000) 'Decorative Sociology: Towards a Critique of the Cultural Turn', *Sociological Review*, 48(4): 629–648.

Steiner, G. (1983) *In Bluebeard's Castle: Some Notes on the Redefinition of Culture* (New Haven, CT: Yale University Press).

Zuboff, S. (2019) *The Age of Surveillance Capitalism: The Fight for a Human Future at the New Frontier of Power* (London: Profile Books).

Discourse
话语

定义

一种谈论和思考某一主题的方式,它由共同的假设聚合而成,可以塑造人们对这一主题的理解和行动。

源起与历史

话语这个概念起源于语言学,也就是对语言及其使用的研究。在这种情况下,话语指的是言语沟通或书面交流,例如面对面的交谈、公开辩论、在线聊天等。在语言学中,对话语进行分析是为了了解人与人之间的沟通是如何运作和组织的。然而,到了 20 世纪 50 年代,英国哲学家 J. L. 奥斯汀(Austin 1962)指出,书面和口头的沟通并不仅仅是中立的、被动的陈述,而是积极塑造人所共知的世界的"言语行为"。米歇尔·福柯将语言研究与主流社会学对**权力**及其**社会**效应的兴趣联系在一起。从此以后,话语和"话语实践"开始吸引社会学家越来越多的关注。

含义与解读

对语言和沟通的研究主要集中在技术层面,例如语法和语法规则在意义建构中所起的作用。然而,自 20 世纪 50 年代末起,话语开始被理解成一种行动,因此是对世界的一种干预。比如,我们是把政治团体描述成"恐怖组织"还是"自由斗士",或者新闻媒体是报道罢工的原因还是它的破坏性后果,都会影响我们的行为方式。"言语行为"的概念改变了我们对语言和日常对话的看法。之前看似边缘的现象,很快就成为我们理解社会结构和权力关系的关键,对**文化**和**媒体**的研究来说也同样重要。社会学家可以探究语言如何被用来框定政治论点、将特定观点排除出辩论,以及控制人们讨论议题的方式等。

毫无疑问,米歇尔·福柯的理论是最具影响力的话语理论,他研究了精神疾病(用他自己的话来说就是"疯癫")、犯罪、刑罚制度和医疗机构的历史。他(Foucault [1969] 2002)一针见血地指出,不同的话语确立了建构社会生活的框架,权力就是经由这些话语体系运作的。在这个意义上,话语框架更像是一种范式,限定了对特定主题我们可以讨论些什么以及如何去讨论它。例如,有关犯罪的讨论是根据"法律与秩序"的主流话语来组织的,这使得遵纪守法成为日常生活中理所当然的事。如果有人建议反抗大规模的治安管理,或者是主张穷人应该经常违犯法律,这几乎是无法理解的。由于关于犯罪的话语在人们进入社会前就已经存在,人们的行为和态度在一定程度上受其影响,因为他们在**社会化**过程中吸收了社会规范和价值观。在这个意义上,话语有助于人们打造自我意识和**身份认同**。这清楚地提醒我们,人们不可能完全自由地去思考、表达和行动,因为人类的能动性是受限的。

福柯的话语概念甚至走得更远,让话语和话语实践成为权力研究的核心。他认为,知识和权力紧密联系,而不是对立的。学术科目如犯罪学和精神病学分别寻求关于犯罪行为和精神疾病的客观知识,但它们也生产了权力关系,影响了人们如何理解犯罪和精神疾病及采取相应的行动。精神病学的话语在理智和疯癫之间画出一条界线,使隔离、治疗和照顾精神病患者的专业医疗机构合法化。类似地,不断变化的关于犯罪的话语也不仅仅是描述和解释现实犯罪行为,它还有助于形成界定和应对罪犯的新方法(Foucault 1975)。

批判与讨论

不可否认,话语是一个很有启发性的概念,受到了社会学界的普遍认可。但是,福柯的核心思想,即话语是离身性的,与特定的社会基础(如社会**阶级**)无关,却同其他关于权力的研究不一致。大量权力相关研究都认为,权力能够获取并且可以让个人或群体占据优势,例如,男性相对女性所拥有和运用的男权制权力,以及统治阶级对从属阶级行使的权力。那种认为权力会自然"润滑"社会关系的观点,显然没有看到权力的巨大不平等所带来的真实后果。另一个批评是,话语首要关注语言、言说和文本,赋予了它们太多的重要性。对于一些批评者来说,这催生了一种"装饰社会学",让社会关系湮没在文化领域,回避了关于权力平衡之变化的困难而真实的社会学议题(Rojek and Turner 2000)。不仅仅是话语,现实的社会关系和物质文化在塑造社会生活方面更为重要。

意义与价值

话语框架是社会生活的重要部分,这个核心思想至今依然很有创造力,它为许多不同主题的研究提供了信息,表明话语在现实世界中具有真实后果。举个例子,艾贝尔等人(Eberl et al. 2018)考察了欧洲各国媒体报道中有关移民的主流话语。研究发现,尽管会有一些国家差异,但报道中存在一些反复出现的模式。新闻故事中缺乏移民的声音,即使他们出现,也往往被描绘为越轨者或罪犯。同时,报道的重心在于冲突,而且口吻通常是负面的。这种模式反过来助长了人们对移民群体的刻板印象,强化了他们对移民和迁移的消极态度,并有可能影响到他们的投票行为。

类似地,莱萨(Lessa 2006)评估了一家英国政府资助的机构,它主要服务于青少年单身父母。莱萨用话语分析来理解青少年单身父母、他们的父母及照顾者的解说。与将单身母亲刻画成不负责任的、无用的福利"乞讨者"的主流社会话语相比,这家机构帮助当事人建构了另一种话语,即青少年母亲也只是"年轻父母",完全有权获得社会支持。这种替代性话语在争取资源和转变认知方面取得了一些成功,表明当前的主流话语有可能被颠覆。

最后,尽管关于战争的语言和修辞并没有随着时间的推移发生什么大变化,但马钦(Machin 2009)指出,战争的视觉表现(也是一种叙事或话语)却发生了深刻的改变。他利用多模态话语分析(结合文本、图像、肢体语言及其他)考察了2005—2006年出现的关于伊拉克战争的新闻图片,他揭示出正在进行的战争往往被描绘为专业的"维和"任务,士兵小心翼翼地保护弱小无辜的平民,而"敌人"的伤亡则被排除在外。战争照片不再记录具体事件,而是越来越多地服务于页面布局以呈现一般性主题,如"痛苦"、"敌人"或"平民"等。马钦还特别指出,媒体越来越倾向于使用商业图片库的廉价照片,这些照片更为一般化,也更具象征意义。因此,我们可以把摄影看作当代战争的新话语框架中的一个重要元素。

参考文献与进一步阅读建议

Austin, J. L. (1962) *How to Do Things with Words* (London: Oxford University Press).

Eberl, J.-M., Meltzer, C. E., Heidenreich, T., Herrero, B., Theorin, T., and Lind, F. (2018) 'The European Media Discourse on Immigration and Its Effects: A Literature Review', *Annals of the International Communication Association*, 42(3): 207–223.

Foucault, M. ([1969] 2002) *The Archaeology of Knowledge* (London: Routledge).

—— (1975) *Discipline and Punish* (Harmondsworth: Penguin).

Lessa, I. (2006) 'Discursive Struggles within Social Welfare: Restaging Teen Motherhood', *British Journal of Social Work*, 36(2): 283–298.

Machin, D. (2009) 'Visual Discourses of War: Multimodal Analysis of Photographs of the Iraq Occupation', in A. Hodges and C. Nilep (eds), *Discourse, War and Terrorism* (Amsterdam: John Benjamins), pp. 123–142.

Rojek, C., and Turner, B. (2000) 'Decorative Sociology: Towards a Critique of the Cultural Turn', *Sociological Review*, 48(4): 629–648.

Identity
身份认同

定义

个体性格或群体性格的独特方面,与他们的自我意识密切相关。

源起与历史

身份认同是后天塑造的,而不是在出生时给定的。库利(Cooley 1902)和米德(Mead 1934)在20世纪早期的研究,对自我和身份认同的理论的发展非常重要。库利的"镜中我"理论认为,他人评价可能影响并改变人们对自己的看法。然而,米德的理论才是第一个关于自我形成和发展的系统的社会学理论,它坚持认为自我并不是我们生理构造的一部分,也不会随着人类大脑的发育而自然形成,自我是在个体与他人的社会**互动**中产生的。米德证明了,对个人自我的研究不能脱离对**社会**的研究,因此我们需要社会学的视角。自我意识的出现是形成个人身份认同的必要前奏。在过去三十多年的时间里,对身份认同的研究成倍增加,这是因为,在**消费主义**和高度个性化的冲击下,从前稳固的集体认同来源已经被削弱,身份认同变得更加灵活多样。

含义与解读

从本质上说,一个人的身份认同,是他对自己是个什么样的人的理解。但身份认同也具有明确的社会属性,因为我们的身份认同与周围他人的身份认同密不可分,而他们的身份认同也离不开我们的身份认同。在另一方面,人类的身份认同既是个人的,也是社会的,因为它们是在社会互动和面对面接触的过程中产生的(Scott 2015:4)。詹金斯(Jenkins 2014)认为,身份认同有三大要素:个体或私人性要素、集体或社会性要素,以及身份认同的具身化(体现)。其中,最后一个要素非常重要,因为身份认同不可能离开一个人的生物躯体。身份认同来源各不相同,层次也非常丰富。

身份认同的一个主要区分在于初级身份认同和次级身份认同,它们对应于初级**社会化**和次级社会化。初级身份认同形成于生命历程的早期,例如**性别**和**族群**的身份认同;次级身份认同则建立在初级身份认同的基础上,还加入了社会角色、职业及社会**地位**等因素。认识到上述区分十分重要,有助于我们理解身份认同是复杂多变的,且会随着人们获得新的社会角色或遗弃旧角色而改变。这也意味着,身份认同很少是一成不变的,而是处于不断变化的过程中。一个重要的结果是,身份认同标明了相似性和差异性。我们通常会认为,自己独一无二,与众不同。举例来说,名字就是个体差异的例证。现在,许多父母都热衷于给自己的孩子起一个独特的名字,以表明他们是特别的,而不是沿用"家族"成员的名字或普遍使用的名字。与这种现象相反,集体身份认同则展现了我们与他人相似的地方。认同自己是或被他人认同为工人**阶级**、环保主义者或专业社会学家,可以成为自豪感和集体团结感甚至羞耻感的来源。

不论我们对自己的身份有何看法,个人身份认同和社会身份认同总是在具身的自我中密切联系在一起的。展现社会身份认同和身体的紧密关系的一个绝佳案例,是戈夫曼(Goffman[1963]1990)对"**污名**"的研究。举个例子,他向我们展示了,由于存在显而易见的身体损伤,失能者往往会被污名化(discredited stigma,显性污名),他们的个人身份认同更难于"管理",而身体没有明显缺陷的人则比较容易隐藏可能沾染污名的特质(discrediting stigma,潜在污名)。戈夫曼用戏剧来比喻,认为互动就是人们像演员一样在一个舞台上或一出戏剧中扮演不同的角色。当然,这并不是说生活完全是戏剧,但这个比喻为我们提供了一种思路,让我们看到社会行动者事实上扮演着许多角色,而这些角色承载着社会的期望,人们的行动在某种程度上受到这些期望的影响。印象管理的技巧在于,帮助我们管理他人看待及对待我们的方式。

社会通过多种渠道影响人们的性别身份认同。例如,对亲子互动的研究表明,即使父母坚信自己一视同仁,但他们对待男孩和女孩的方式实际上存在明显的差别。幼儿世界里的玩具、图画书和电视节目大多强调男性与女性的差异;尽管情况在发生变化,但男性角色往往更加积极、更富冒险精神,而女性角色则被描绘为被动、保守和以家庭为主。女性主义研究者已经证明,以年轻受众为目标的文化产品和媒体产品,体现了对性别及对女孩和男孩应该有什么样的目标和抱负的传统态度。

批判与讨论

"身份认同"的理念容易给人留下这样一种印象,即人们的身份认同是相对固定的,或者是由社会化中介指派的,近来一些理论对此提出了挑战。追随福柯的观点,批评者认为,性别和**性存在**,以及与这些概念相关的其他术语,构成了一种特殊的性**话语**,而不是真实反映客观情况。例如,福柯认为,今天与男同性恋者密切相关的男同性恋身份认同,在19世纪及更早时期并不是主流性话语的一部分。因此,这种形式的身份认同并不存在,直到它成为医学和精神病学的话语的一部分,或者是在医学和精神病学的话语中被创造出来。就此而言,我们应该把身份认同看作多元的、不稳定的,且在一生中可能发生剧烈变化的。

意义与价值

身份认同概念已经变得越来越重要,并广泛传播到许多其他专业领域。例如,**社会运动**研究现在探讨集体身份认同是如何建立的;阶级分析关注对一些社会阶级群体的认同发生了什么变化;健康社会学家则表明个体的身份认同在患上慢性病和病情发展过程中是如何被破坏的。如今,身份认同概念在社会学中已经非常成熟,并被用来研究许多新主题,包括在工作环境中身份认同的变迁。对大多数人来说,他们在工作场所的身份与他们在私人家庭环境中的身份有明显区别。但一些工作场所已经变得"人性化"(特别是办公室、呼叫中心及其他以服务为导向的工作场合),它们为一系列"趣味"活动创造了机会并引入了设施,这可能模糊私人生活和工作职责之间的界限。在回顾这一主题的文献时,鲍德里和哈利尔(Baldry and Hallier 2010)指出,尽管这种做法有吸引人的一面,但很可能事与愿违。员工会反感管理者入侵他们的私人领域,抵制任何改变其价值观的尝试。因此,与其说是提升了"生产率",不如说工作场所的趣味化可能提高了员工的**异化**程度。

近些年来,许多学者关注右翼民粹主义政治运动的支持来源,身份认同概念是这类研究的核心。例如,亚尔迪纳(Jardina 2019)考察了支持美国前总统唐纳德·特朗普的核心选民。这在很大程度上归功于"白人身份政治"的兴起,他们推销的是白人要团结起来的理念。具体来说,就是反对移民和政府外包,支持保护主义的贸易政策,呼吁福利支出向白人社区倾斜。从 1970 年到 2000 年左右,许多研究得出结论说,白人的族群意识要么没有出现,要么没什么政治后果。但最近二十年,情况明显发生了变化。这是因为,随着美国的族群多样化,白人的人口占比不断下降。白人的种族态度并不是纯粹基于偏见,而是来自他们群体内部的种族身份认同,以及对保护群体整体利益的渴望。亚尔迪纳研究得出的一个结论是,"'白人的白',现在是美国政治的一个突出的核心组成部分"(ibid.:7)。

参考文献与进一步阅读建议

Baldry, C., and Hallier, J. (2010) 'Welcome to the House of Fun: Work Space and Social Identity', *Economic and Industrial Democracy*, 31(1): 150–172.

Cooley, C. H. (1902) *Human Nature and the Social Order* (New York: Scribner's).

Elias, N. (2000) 'Homo Clausus and the Civilizing Process', in P. du Gay, J. Evans and P. Redman (eds), *Identity: A Reader* (London: Sage), pp. 284–296.

Goffman, E. ([1963] 1990) *Stigma: Notes on the Management of Spoiled Identity* (London: Penguin).

Jardina, A. (2019) *White Identity Politics* (Cambridge: Cambridge University Press).

Jenkins, R. (2014) *Social Identity* (4th edn, London: Routledge).

Mead, G. H. (1934) *Mind, Self and Society*, ed. C. W. Morris (Chicago: University of Chicago Press).

Scott, S. (2015) *Negotiating Identity: Symbolic Interactionist Approaches to Social Identity* (Cambridge: Polity).

Ideology
意识形态

定义

一个社会中的"常识性"观念和普遍信念,通常间接地为主导性群体的利益服务,并使其地位合法化。

源起与历史

意识形态这个概念的首次使用,是在 18 世纪末的法国,它被用于描述一种有关观念和知识的假定**科学**,即观念的科学(idea-ology)。在这个意义上,意识形态是一门类似于心理学或生态学的学科。现在看来,这个定义是"中性的",并不代表观念是有偏见的或带有误导性的,只是说社会中存在各种观念,可以加以研究和比较。在 20 世纪 30 年代和 40 年代,卡尔·曼海姆试图在他的知识社会学中重振这一思想,将特定的思维模式与它们的社会基础联系起来。比如,曼海姆认为,不同社会**阶级**背景下产生的知识都只是片面的,知识社会学的目标应该是把各种不同的解释结合起来,以便更好地理解作为一个整体的社会。事实证明,中性的意识形态概念不怎么受欢迎。

更具批判性的意识形态版本一直都是社会学的主流概念。在卡尔·马克思看来,意识形态是资本主义社会阶级统治再生产的一个重要因素。他指出,权势集团有能力控制哪些思想可以传播,成为社会的主流观念,从而使自己的特权地位合法化。因此,每个时代的主导观念就是那些支持统治阶级的观念。意识形态是平等的绊脚石,后来的马克思主义者投入了大量的时间和精力,来说明如何打击意识形态,以唤起工人对自己受剥削地位的认识。他们认为,社会分析家应该去揭示意识形态的扭曲,帮助无权者正确认识自己的生活处境,这是他们采取行动改善自己生活状况的前提。今天,意识形态概念已经不像 20 世纪 70 年代和 80 年代那样流行,社会学对观念力量的兴趣更可能借鉴福柯关于话语及其效应的概念,它已经把焦点从观念和信仰转移到语言的使用、话语和文献资料上。尽管如此,这两个概念并不一定是对立的。

含义与解读

将一个想法或陈述描述为"意识形态",是指在某些重要方面,它是错误的、具有误导性的或对现实的片面解释,可以而且应该加以纠正。因此,意识形态这个概念暗示,我们有可能获知社会事实或真相。长期以来,意识形态研究主要由马克思主义传统主导,它认为意识形态与阶级统治密切相关。宣扬自然秩序的宗教信仰,比如"富人别墅庄园住,穷人倚靠在门外,上帝创造高低,安排财富多少",也是意识形态的一个主要来源。马克思主义理论认为,这种观念充满了意识形态的意图,旨在说服被压迫和被剥削的人,不平等是自然的,自己在社会中地位低下是上帝的旨意。

在20世纪,新马克思主义法兰克福学派的批判理论兴起,学派成员对他们所说的"**文化**工业"(如电影、电视、流行音乐、广播电台、报纸和杂志等)进行了系统的研究。他们指出,在大众社会,就像其他产业一样,文化生产以获取利润为目的,制造出了没有任何实际价值的标准化产品。文化差异基本被抹平,文化产品瞄准的是尽可能多的受众。在法兰克福学派看来,这种抹平意味着大众文化没有挑战性或是教育性,剩下的只有空洞的慰藉,目的是抑制批判,鼓励安于现状。批判版本的意识形态概念的价值之一,就是它把观念和文化产品与权力和权力关系联系在一起。意识形态关涉的是符号性权力的运作,即观念是如何被用来掩盖、证明和合法化主导群体的利益的。

格拉斯哥媒介研究小组(Glasgow Media Group)组织了一系列调查,聚焦于事实性新闻报道,揭示了看上去中立的新闻采集和报道过程中的意识形态问题。通过一系列基于内容分析的经验研究,格拉斯哥小组向人们展示了电视新闻报道是如何系统地生产偏见的。比如,在报道劳资纠纷时,新闻媒体往往站在政府和管理层一边,而忽视了罢工工人的诉求。根据报道,管理层不断"作出让步",工人和工会却"得寸进尺"。这种报道就带有明显的选择性和偏见。新闻记者通常来自中产阶级家庭,他们的观点与主导群体的观点比较一致,不可避免会认为罢工者危险且不负责任。这项研究的主要结论是,新闻报道必然是有选择的,永远不可能客观中立。新闻报道是反映自身所处的不平等社会的另一种文化产品,因此,也是意识形态的又一个来源。

批判与讨论

随着传播媒体日益多样化,触及的人口不断增多,意识形态生产的范围也在扩张。但是,情况可能正在发生变化,随着网站、聊天室和博客等更多交互形式的出现,内容生产者和受众之间的关系和**互动**变得更为直接。博客和推特等都是独立的信息源,在近期的一些冲突中也扮演了重要的角色,让**冲突**区的人们提供的消息成为主流新闻渠道和报道的一种替代。

一些新闻制作人指责说,格拉斯哥媒介研究小组的成员也有自己的偏见,偏向罢工工人而非政府和管理层。例如,他们指出,《坏消息》(*Bad News*)专辟一章讨论"工会和媒体",但对"管理者和媒体"却惜墨如金,这表明研究者有"意识形态"方面的偏见。哈里森(Harrison 1985)获得了1976年(格拉斯哥小组)原创研究所考察的英国ITN(独立新闻公司)新闻报道的文字记录,指出原创研究分析的那五个月并不典型。当时因为罢工运动而损失的工作日异常多,新闻不可能报道一切。他还认为,格拉斯哥小组称新闻报道过于强调罢工的各种效应是错误的,因为受罢工影响的人要远远多于参与罢工的人。① 简言之,新闻报道并没有意识形态上的偏见。

意义与价值

历史上,意识形态概念一直与马克思主义相联系,其命运也受后者的强烈影响。随着20世纪80年代新自由主义**资本主义**的盛行,以及苏联解体,或许有人会认为,意识形态概念已经失去原有的地位。

---

① 对这部分受罢工事件影响的人,媒体的关注和报道其实远远不够。——译者

事实上,如果我们大致比较提到"**话语**"的文献和使用"意识形态"的文献的数量,就会发现,在福柯的影响下,社会学家的兴趣已经转到话语和话语实践上了。自20世纪70年代以来,一直有学者尝试注销意识形态这个概念,但到目前为止,各种"意识形态终结论"看上去还为时过早。

近些年来,意识形态领域出现了一些新的发展,包括宗教激进主义、环境主义、生态主义,以及右翼民粹主义的重新抬头。或许,最新的意识形态的候选者是卢卡尔迪(Lucardie 2020)所说的"动物主义"(animalism)。它以动物权利的哲学和非人动物的利益为核心。最近,我们看到主张动物权益的政党纷纷成立,例如德国的人类、环境和动物福利党(PMUT),以及荷兰的爱护动物党(PvdD)。这两个政党在2014年欧洲议会选举中都赢得了席位。澳大利亚和葡萄牙的类似政党也在国家和地方选举中获得了席位,看上去倡导动物权利的政党及政治的"大家庭"在日益壮大。卢卡尔迪的文章仔细分析了七个这类政党的宣言,他试图弄清楚,倡导动物权益是不是围绕单一议题的社会运动,或者是不是存在一种独特而统一的意识形态。带有一些警告的意味,他认为存在一种新兴的"动物主义",它和民粹主义一样,是一种"弱意识形态",专注于人类和其他动物之间的关系。具体来说,它的核心是同情的概念,支持这个概念的是相互依赖、平等权利及所有生物都有内在价值的理念。可见,只要新的政治意识形态不断出现,意识形态这个概念对社会学家来说就依然有用。

参考文献与进一步阅读建议

Freeden, M. (2003) *Ideology: A Very Short Introduction* (Oxford: Oxford University Press).

Glasgow University Media Group (1976) *Bad News* (London: Routledge & Kegan Paul).

Harrison, M. (1985) *TV News: Whose Bias?* (Hermitage, Berks: Policy Journals).

Heywood, A. (2017) *Political Ideologies: An Introduction* (6th edn, London: Red

158　Lucardie, P. (2020) 'Animalism: A Nascent Ideology? Exploring the Ideas of Animal Advocacy Parties', *Journal of Political Ideologies*, 25(2): 212-227.

Zeitlin, I. M. (1990) *Ideology and the Development of Sociological Theory* (4th edn, Englewood Cliffs, NJ: Prentice Hall).

Interaction
互动

定义

在正式或非正式的场合,两个或更多的人之间的任何类型的社会接触。

源起与历史

日常接触,比如谈话、见面以及其他看起来琐碎的生活方面,似乎并不是科学学科研究的"合适"对象。然而,从20世纪20年代迅速发展起来的社会学中的符号互动论传统表明,探究上述日常生活事件,能够提供许多重要的见解,帮助我们更好地理解社会生活的特征和结构。一般来说,社会互动包括有焦点和无焦点的交流。有焦点的互动,通常称为"相遇"(encounters),涵盖了我们与朋友和**家庭**成员的大部分会面。无焦点的互动,大致指的是与他人共同在场,但没有一对一接触的情形。比如,逛街购物就涉及许多无焦点的互动,形式包括肢体语言、面部表情和手势,这些互动让我们可以在大量其他人在场的情况下四处走动,平常度日。

关注社会行动的社会学传统中的其他视角,包括现象学社会学和常人方法学,也都聚焦于社会互动。现象学学者研究人们是如何获得对世界的各种理所当然的假设的,常人方法学则探讨人们在日常生活中会运用什么方法来理解和构造他们自己的世界。

含义与解读

社会互动部分是通过非语言交流进行的,比如行为举止和面部表情。当我们把人类的面部与其他物种的面部放在一起比较时,就会发现我们的表情确实更加灵活,可控程度也高很多。诺贝特·埃利亚斯(Elias 1987)指出,对人类面部表情的研究发现,和其他所有物种一样,人类经历了长期的自然进化,而且在社会发展过程中,我们的生物基础和文化特征交织在一起。人类的面部是裸露的,极其灵活,可以任意扭曲调整成各种样子。在埃利亚斯看来,人类面部的发展与有效沟通系统的演进性"生存价值"(survival value)密切相关,而人类仅靠面部"信号板"就能传达各种情绪。因此,我们利用他人的面部表情和身体姿态来评估,这些人所说的是否真诚,他们到底有多可靠。

在互动主义传统中,有大量的社会学研究集中在对话或"交谈"上。长期以来,语言学一直致力于探索语言的使用,而社会学家把语言看作"情境中的交谈",也就是说,人们在不同的社会环境中是如何交流的。常人方法学就是挖掘语言在不同情境中的使用的一种独特视角。之所以叫这个名字,是因为它关注人们在普通社会情境中使用的各种方法,也就是人们怎么过自己的日常生活(ethnomethods,一般人使用的方法)。特别是,人们是怎么理解他们的周遭世界以及其他人的行为的。在大多数情况下,我们只有知道了社会背景,才能理解对话的意义,对话本身并不能告诉我们这一点。最无足轻重的日常交谈形式,都需要交谈双方共享复杂的知识。日常交谈中使用的词语并不总是有准确含义的,我们一般都通过支撑情境的默会假设(unstated assumptions)来"补全"我们想要表达的准确意思。

由于互动是由社会大环境决定的,男性和女性对语言沟通和非语言沟通的认知和表达方式可能有所不同。在男性总体上主导女性(无论是在私人生活还是在公共领域)的社会,比起女性,男性可以更自在地和陌生人进行目光接触。男性盯着女性看,会被看成一种"自然"或"单纯"

的行为,如果女性觉得不舒服,那她可以通过移开视线来回避这种凝视。但如果反过来,女性盯着男性看,则往往被理解成一种性挑逗或性暗示。在非语言沟通方面,男性的坐姿通常会比女性更加放松,向后倾斜,双腿自然张开;女性则身体更加拘谨,正襟危坐,双手放在膝盖上,两腿收紧。一些研究还表明,女性比男性更常寻求和回避目光接触。这些看上去细如发丝的微观互动,为我们提供了不易察觉但却非常重要的线索,揭示了男性在更广泛的**社会**中对女性的**权力**支配。

批判与讨论

在几乎每一个研究项目里,社会学家都会关注某种类型的互动,不管是微观层面的交流,还是全球政治的国际舞台上的国家间交往。然而,互动视角经常被指责为忽视社会结构问题,只关注面对面的互动,而社会结构会影响到互动的类型和质量。事实上,一些微观理论家拒绝承认社会结构的存在,认为社会学家的重点应该放在社会关系和互动上,它们不断再造社会秩序;正是这种常规化的社会秩序被一些人误认为是类物的社会结构。另一些讨论社会结构的社会学家则坚信,尽管我们看不见这些结构,但它们的影响是真实的,可以观察得到。毕竟,我们可能看不到引力,但并不影响科学家通过测量它对其他可观察现象的效应来推论它的存在。

意义与价值

互动这个概念是如此重要,以至于没有它就很难"做社会学"(开展社会学研究)。经验已经证明,这个概念非常灵活,适应性很强,并被应用于有关人类存在的诸多领域。这方面的证据可见于最新一轮对网络空间(cyberspace)里的社会互动的研究,这种技术介导环境在很多方面都与日常的面对面世界大不相同。研究这种截然不同的互动,很可能需要我们发展出一些新的概念,来扩展人们对社会互动的理解。

理解网络环境中的社会互动,是学术研究的一个新兴领域。普劳格(Ploug 2009)认为,在网络空间内外,人们的互动和道德行为存在一些重要差异。比如,在网络空间里,人们往往觉得线上环境在某种程度上是"不真实的",至少不像他们居处的现实世界那么真实。普劳格指出,这会影响人们在线上的道德立场。相比"现实世界"中的证据,网络环境中的各种证据缺乏可信度。据报道,网上的争论和不满比面对面的互动要多很多,人们表达异见的方式也更激烈,常常体现为攻击和辱骂。所有这些都表明,有必要弄清楚,网络环境如何及为什么会产生不同的道德标准,以及这可能造成什么样的后果。

霍尔(Hall 2016)讨论了一个更为基础的问题:人们使用社交媒体就等于在社会互动吗?社会互动真的转移到了网络环境吗?使用混合方法,包括事件抽样和经验抽样(event and experience sampling),霍尔针对人们在社交媒体平台上的活动进行了三项研究。也许令人惊讶的是,研究发现,人们使用社交媒体的行为很少被认为属于社会互动。例如,为期五天的经验抽样揭示,只有2%的社会互动发生在社交媒体上。与此同时,针对与朋友交往的事件抽样表明,有96.5%的互动发生在社交媒体之外。那些确实发生在社交媒体上的社会互动,往往也是与亲密伙伴进行一对一的交流。这项研究挑战了这样一种常见看法,即面对面的互动正在输给社交媒体和线上交流。展望未来,我们还需要对此进行更多研究。

参考文献与进一步阅读建议

Elias, N. (1987) 'On Human Beings and their Emotions: A Process-Sociological Essay', *Theory, Culture and Society*, 4(2-3): 339-361.

Garfinkel, H. (1984) *Studies in Ethnomethodology* (2nd rev. edn, Cambridge: Polity).

Goffman, E. (2005) *Interaction Ritual: Essays in Face-to-Face Behaviour* (2nd edn, New Brunswick, NJ: Aldine Transaction), esp. Joel Best's Introduction.

Hall, J. A. (2016) 'When Is Social Media Use Social Interaction? Defining Mediated Social Interaction', *New Media and Society*, 20(1): 162-179.

Ploug, T. (2009) *Ethics in Cyberspace: How Cyberspace May Influence Social Interpersonal Interaction* (New York: Springer).

Ten Have, P. (2004) *Understanding Qualitative Research and Ethnomethodology* (London: Sage), esp. chapters 2 and 3.

Media
大众媒体

定义

所有可以覆盖大规模受众的传播形式,包括广播电台、电视、社交媒体和电影等。

源起与历史

在人类历史的大多数时间里,传播的主要方式是说话,面对面的交流是常态。在口头**文化**中,信息、观念和知识口口相传,世代延续。再后来,言语可以被记录下来并加以保存,于是新的书写文化出现了,最早见于大约 3000 年前的中国。现代大众媒体的一个重要先驱,是 15 世纪的谷登堡活字印刷机,它使文本得以大量复制。随着广播和电视的发明,更直接的消息传递成为可能,这两种方式也深受大众欢迎。电视因其节目内容的质量和覆盖全球人口的能力,尤其吸引社会学家的关注。到了 20 世纪后期,新的数字技术,如移动电话、电子游戏、数字电视及互联网,再一次彻底改变了大众媒体,互动式媒体从此成为可能,社会学还没来得及完全理解和评估它的影响。

含义与解读

早期关于大众媒体的社会学研究通常采用功能主义视角,关注媒体的社会整合功能。比如,媒体产生了关于**社会**和广阔世界的持续信息流,这创造了一种共享经验,使我们都感到自己是同一个世界的一部分。大众媒体解读环球大事,帮助我们理解周遭世界,它在儿童**社会化**的过程中发挥着重要的作用。而媒体提供的各种娱乐节目,能够让我们从平凡的工作世界中暂时脱身。但这种说法有个大问题,即它似乎只看到了大众媒体的某些积极方面,却忽视了受众的主动解读。更严重的是,功能主义的解释说明没有考虑到重大的利益**冲突**,以及旨在维护不平等现状的**意识形态**的产生。

相比之下,政治经济学思路向我们展示了主要的传播手段是如何被私人利益集团占有的。比如,在20世纪,战前,一小撮"传媒大亨"掌控了大部分报纸,他们为新闻及其解释设置了议程。进入全球化时代,传媒集团开始跨越国界,传媒大亨现在坐拥跨国媒体公司,这给他们带来了国际认可和影响力。和其他行业类似,传媒行业所有者的经济利益排斥那些缺乏经济实力的声音,而能够留下来的基本不可能批评现有财富和权力分配模式。

自20世纪后期以来,符号互动主义研究越来越流行。汤普森(Thompson 1995)分析了媒体和工业社会发展之间的关系,区分了面对面**互动**、中介性互动(涉及某种媒体技术),以及中介性准互动(跨越时空但个体并不产生直接联系)。前两种都是对话式的——对话或者打电话,个人直接进行沟通;第三种是"独白式的"——比如,电视节目就是一种单向沟通的形式。大众媒体打破了公共领域与私人生活之间的均衡,让更多信息进入公共领域,并为公共辩论创造了许多途径。

让·鲍德里亚认为,大众媒体时代的到来,尤其是电视等电子媒体的出现,已经从根本上改变了我们的生活。电视并不只是"表征"我们周遭的世界,它越来越多地定义了我们生活于其中的世界到底是什么样子的。因此,现实和表征之间的边界已经垮塌,我们再也无法区分媒体表征和真实生活。在鲍德里亚看来,两者都是超现实世界的组成部分。超现实世界指的是这样一个世界,只有能在电视和其他媒体上看到的才能说是原真(authenticity)和现实的,也就是"比现实更真实"。这或许可以部分解释为什么现在名人文化那么兴盛,在这种文化中,成功和具有重要性的唯一标志就是出现在电视或各种精美的杂志上。

批判与讨论

研究不断证明,大众媒体对女性形象的呈现始终固守传统的**性别**刻板印象。妇女通常被认为只适合家庭角色,如家庭主妇或者家务操持者,即使走出家门,她们从事的工作也不过是家庭角色的一种延伸,像是护士、护工或者办公室文员。不管是新闻报道、戏剧还是娱乐节目,对女性的呈现大多千篇一律。媒体对少数族裔和失能群体的呈现方式,也被认为是在强化而不是挑战原有的刻板印象。直到最近,主流的电视节目都很少能看到黑人和亚裔的面孔,即使他们在新闻报道和纪录片中出现了,也往往是作为有问题的社会群体。失能者在电视剧和娱乐节目里几乎不存在,即使入了镜头,通常也是被描述为罪犯、精神不稳定的人,或是"坏人、疯子和不幸的人"。社会学家认为,媒体表征本身不是歧视的原因,但这种刻板表征确实会强化对特定社会群体的负面想法。

相当多的传媒批判理论把大众看作媒体消息的被动接受者,而不是传播的积极参与者,甚至反抗者。但有很多**社会运动**组织,比如绿色和平,确实一直在与大众媒体竞争,试图向公众呈现另一个版本的现实,进而动员那些旁观者参与环保运动。近来一些受众研究也发现,两者的关系其实更为平衡,受众是积极的消费者,能够解读和评判各种媒体内容。

意义与价值

关于各种媒体形式的社会学理论告诉我们,永远不能假定这些媒体在政治上是中立的或是对社会有益的。与此同时,也不能把世界的各种病态和问题统统归咎于大众媒体。我们应该相信,受众不是"文化傀儡",他们完全具备辨识媒体偏见的能力。媒体社会学家的下一步是研究新的数字媒体,这很可能意味着,社会学家要建构新的理论,来更好地理解这些新的媒体形式。在研究电视和广播的过程中发展出来的理论,似乎解释不了互联网和社交媒体。

随着越来越多的人利用互联网来获取新闻、时事动态和政治信息,人们开始担心网络新闻来源的质量和可靠性,以及网民是否有能力从海量信息中筛选出可靠的新闻来源。在近期一项对法国人利用社交媒体平台搜寻新闻行为的研究中,杜波依斯等人(Dubois et al. 2020)同时考察了意见领袖和意见寻求者的策略,试图去理解这些群体在搜寻信息时,会否以及如何去做事实验证,从而避免受虚假信息和有偏报道的蒙蔽。研究的出发点是,随着人们对社交媒体作为可靠新闻来源的信任持续下降,对虚假信息和只呈现片面报道的极化"回音室"(echo chambers)的担忧也日益增加。这可能会对民主辩论和选举进程产生破坏性后果。这项研究着眼于四个主要群体。第一类是意见领袖,他是追随者的可靠信息来源,追随者通常不会主动跟进各种新闻。第二类是领袖-寻求者,和意见领袖不同,这些人会从自己的同伴那里获取额外信息,之后再与他人分享。第三类是意见寻求者,或者叫"追随者",他们也会向同伴寻求信息,但一般不会与人分享。最后一类是回避者,指的是很少看新闻并会刻意避开特定政治主题的人。

杜波依斯及其团队在 2017 年调查了 2000 名法国网民,他们发现,意见领袖是媒体生态系统中的可靠信息源和重要人物。与意见寻求者和回避者相比,意见领袖和领袖-寻求者会更多地去核对事实,并且不太可能陷入回音室。他们对新闻媒体的信任程度也相对高一些,而回避者的信任水平最低。最小心求证政治信息是否真实准确的是领袖-寻求者,尽管领袖和寻求者也会采取一些措施,确保自己足以应对可能出现的混乱的社交媒体新闻和政治信息。回避者最容易受到虚假信息的影响,原因是他们很少做事实核对,有可能陷入回音室,对新闻媒体也极不信任。这项研究表明,社交媒体平台注重基于点赞、分享和点击的个性化和优化,传播的是意在引起轰动而非可靠的信息。作者建议，社交媒体应该开发新的衡量指标来鼓励用户积极搜寻信息，从而培养人们的社交媒体素养。

参考文献与进一步阅读建议

Altheide, D. (2007) 'The Mass Media and Terrorism', *Discourse and Communication*, 1(3): 287–308.

Andreasson, K. (ed.) (2015) *Digital Divides: The New Challenges and Opportunities of e-Inclusion* (Boca Raton, FL: CRC Press).

Clarke, J. N., and Everest, M. M. (2006) 'Cancer in the Mass Print Media: Fear, Uncertainty and the Medical Model', *Social Science and Medicine*, 62(10): 2591–2600.

Dubois, E., Minaeian, S., Paquet-Labelle, A., and Beaudry, S. (2020) 'Who to Trust on Social Media? How Opinion Leaders and Seekers Avoid Disinformation and Echo Chambers', *Social Media + Society*, April-June: 1–13.

Flew, T. (2014) *New Media: An Introduction* (Melbourne: Oxford University Press), esp. chapter 4.

Takahashi, T. (2010) *Audience Studies: A Japanese Perspective* (London: Routledge), esp. the Introduction.

Thompson, J. B. (1995) *The Media and Modernity: A Social Theory of the Media* (Cambridge: Polity).

Public Sphere
公共领域

定义

现代社会中公开辩论和讨论的舞台，由各种正式和非正式的空间组成。

源起与历史

现代民主是随着**大众媒体**，尤其是报纸、宣传手册和其他出版物发展起来的。在某种非常现实的意义上，大众媒体促成并鼓舞了民主**文化**。公共领域最早出现于 17 世纪和 18 世纪的伦敦、巴黎以及欧洲其他城市的沙龙和咖啡馆，人们经常聚集在这些地方，讨论时下议题。尽管只有少数人参与这种文化，但这对**民主**的早期发展至关重要，因为沙龙引入了政治问题可以通过公开辩论的方式来解决的理念。

今天，人们对大众媒体的看法是负面的，认为它让民主进程显得无关紧要，并营造了一种普遍敌视政治事业的氛围。这种急转直下是怎么发生的？这个过程可以逆转吗？关于公共领域的辩论的一个核心人物是德国哲学家和社会学家尤尔根·哈贝马斯，他基于对语言和民主化过程的研究，在法兰克福学派的基础上，发展出了不同的主题。他分析了从 18 世纪初至今大众媒体的出现与发展，为"公共领域"的产生及随后的衰败勾勒出清晰的脉络。

含义与解读

在哈贝马斯（Habermas［1962］1989）看来，公共领域是一个公开辩论的舞台，参与者就大家共同关心的问题展开讨论并形成意见，这是有效的民主参与和民主进程的必备条件。至少在原则上，公共领域的参与者是平等地聚集在一起进行公开辩论的。但是，公共领域的早期发展所承诺的美好前景并没有完全实现。现代社会的民主辩论越来越多地受到文化工业的掣肘。大众媒体和娱乐产业的扩张导致公共领域日渐萎缩。现如今，政治在议会和大众媒体中被精心安排，犹如表演，与此同时，商业利益似乎占据了主导地位。"舆论"（公众意见）不再是通过公开、理性的讨论形成的，而是通过操纵和控制形成的，例如，以广告为手段。另一方面，全球媒体的扩张会给威权政府施加压力，迫使其放松对国家控制的广播机构的掌控。在许多"封闭"社会，媒体可以成为促进民主的一种强有力的工具。

然而，随着它们的商业气息越来越浓，全球媒体正在以哈贝马斯所描述的方式侵占公共领域。商业化媒体迫于广告收入的压力，不得不优先制作和播出那些能够确保收视率和市场效益的内容。结果是，娱乐节目必然占据上风，压过热点事件和公开辩论，从而削弱公民对公共事务的参与，进一步压缩公共领域的生存空间。媒体，以前给了我们那么多承诺，现在却成了问题的一部分。但哈贝马斯依然乐观，认为还是有可能建立一个超越单个**民族国家**的政治社区（共同体）；在这样一个政治**社区**里，人们可以公开讨论各种议题，形成的公众意见也有可能影响政府决策。

理查德·森尼特（Sennett［1977］2003）也认为，私人空间和公共领域已然分离，无论是在物质意义上——住宅区、工作场所和休闲娱乐设施（包括购物中心）都是独立发展的，还是在哲学意义上——比如，想想我们是如何看待自己独特的私人生活的。然而，他指出，私人领域似乎正在渠化（canalize）或接管公共领域，以至于现在公众对政治家的评价，更多的是基于他的个人特征，比如是否诚实和真挚，而不是他履行公共职责的能力。现代视觉媒体的出现，尤其是电视，促使政治人物在公众面前娴熟地展示其个人形象，目的就是满足人们对其个性的这种期待。森尼特批评说，这对有效的政治生活是一种破坏，导致有理想有追求的公职人员越来越难以出人头地。

批判与讨论

哈贝马斯的思想受到了重要的批评。他推崇的作为文明理性辩论的舞台的沙龙文化，严格限于较高的社会**阶级**，工人阶级无法触及。这是一种精英主义的消遣方式，与大众民主参与的需求几乎没有什么相似之处。公共领域的构成还排除了某些社会群体，比如女性、少数族裔和无产者。尽管公共领域本质上是有局限的，但它让中产阶级男性意识到了自己的存在和作用，并将这些作为放诸四海而皆准的东西呈现给他人。

女性主义学者指出，哈贝马斯不够重视公共领域的性别化本质。在将社会分为公共领域和家庭私人空间两部分的过程中，许多对女性而言至关重要的议题被简单排除在外了。而南希·弗雷泽（Fraser 1992）认为，如果"公共"领域的意思是向所有人开放，那么它从来都名不副实。一部分"公众"，比如女性，就被刻意阻止参与，这表明支撑共同的公共领域这个理想化概念的是冲突的社会关系。因此，公共领域是一种**意识形态**，有助于使社会不平等合法化。哈贝马斯视当代大众媒体为对公共领域的一种破坏，这也可能具有误导性。因为今天的媒体实际上可以通过广泛传播公共议题，鼓励更多的**社会**公众参与讨论，来促进公开辩论。拥有不计其数的论坛、博客、社交媒体和聊天室的互联网就是最新的实例，这表明公共领域事实上可能在继续扩张，而不是在萎缩。

意义与价值

哈贝马斯的观点引发了一系列讨论和争议。这些观点由于一些批评而失去了部分阵地：有的批评来自大众媒体的捍卫者，他们认为，总体而言，大众媒体在社会中是一种积极的力量；还有的来自后现代思想家，他们从哈贝马斯的叙述中看到了对"大众"的公共的恐惧和不信任。这样的批评都有一定的道理。尽管如此，哈贝马斯提醒我们，以理性为主要特征的现代性工程（计划），仍然是一座有待开采的富矿，值得社会理论继续深入挖掘。

有些人认为中国缺少公共领域，公众较少参与一些争议议题的讨论和决策。而从国家法团主义的视角来看，中国政府允许社会团体和组织开展活动，只要它们合法登记并接受国家监管。怒江水电开发项目引发了重大争议，中国政府最终决定搁置这个项目。扬和卡尔霍恩（Yang and Calhoun 2007）对此进行了讨论，认为有一个"绿色"公共领域正在中国出现。这个初生的公共领域有三个构成元素："绿色话语"或环境**话语**，生产和消费绿色话语的社会团体（主要是环保 NGO），以及传播这些话语的各种媒体。这两位学者不认同传统的国家法团主义立场，认为它不够重视社会组织在当代中国的创造性行动。

大众媒体经常被单拎出来,承受让政治和文化生活细碎化的指责。默多克(Murdock 2010)的文章以最近引起社会学家兴趣的名人文化的发展为例,对这个话题进行了深入剖析。他通过对英国两家通俗小报(《太阳报》和《每日镜报》)的研究,分析了20世纪60年代摄影图片报道出现以后"视觉文化"的变迁。由于选民的投票行为越来越捉摸不定,政治家被迫更加重视自己及所属政党的品牌塑造,这意味着他们越来越注重自己在大众市场媒体所打造的图片世界中呈现的外表和形象。

参考文献与进一步阅读建议

Fraser, N. (1992) 'Rethinking the Public Sphere: A Contribution to the Critique of Actually Existing Democracy', in C. Calhoun (ed.), *Habermas and the Public Sphere* (Cambridge, MA: MIT Press), pp. 109-142.

Gripsrud, J., Moe, H., Molander, A., and Murdock, G. (eds) (2010) *The Idea of the Public Sphere: A Reader* (Lanham, MD: Lexington Books).

Habermas, J. ([1962] 1989) *The Structural Transformation of the Public Sphere* (Cambridge, MA: MIT Press).

McKee, A. (2005) *The Public Sphere: An Introduction* (Cambridge: Cambridge University Press).

Murdock, G. F. (2010) 'Celebrity Culture and the Public Sphere: The Tabloidization of Power', in J. Gripsrud and L. Weibull (eds), *Media, Markets and Public Spheres: European Media at the Crossroads* (Bristol: Intellect Books), pp. 267-286.

Sennett, R. ([1977] 2003) *The Fall of Public Man* (Cambridge: Cambridge University Press).

Yang, G., and Calhoun, C. (2007) 'Media, Civil Society, and the Rise of a Green Public Sphere in China', *China Information*, 21(2): 211-236.

主题八

健康、疾痛与身体

Biomedicine
生物医学

定义

一种西方的医疗实践模式,根据可识别的身体症状进行诊断,用客观标准定义疾病,寻求以科学的医疗手段恢复身体健康。

源起与历史

在工业时代和对疾病的科学认识出现之前,人们生病时依靠的是**家庭**里代代相传的方法,或者**社区**中有特殊地位的信仰疗法术士所掌握的传统疗法。其中一些古老的治疗方式流传至今,在发达国家,它们一般被统称为"补充疗法"(complementary therapies)或者"替代医疗"(alternative medicines)。之所以是"替代的",是因为在过去的两百多年里,西方的医学思想一直占据主导地位,体现为健康的生物医学模型。生物医学的基础是现代科学方法,两者齐头并进,成为全世界大多数国家医疗保健体系的基础。随着**科学**被用来对付疾病,人们开始根据身体表里可识别的各种客观"信号"来定义疾病,而不是病人所体验到的症状。无论是身体疾病还是精神疾病,社会普遍接受的治疗手段都是由经过专业训练的"专家"提供的正规医疗服务。医学也逐渐成为纠正越轨行为和"反常"状态的一种工具,从犯罪到同性恋和精神疾病。

含义与解读

健康的生物医学模型有几个核心要素。疾病被视为身体发生了故障,它使人体偏离了"正常"或"健康"的状态。为了恢复身体健康,必须把病因分离出来,加以治疗,最终消除疾病。生物医学将精神和身体分开处理,因此,当患者来就诊时,医务人员基本上将病人视为"生病的躯体",而不是一个完整的个体。重点在于治愈他们的疾病,可以针对疾病进行独立的检查和治疗,个体因素则被完全排除在外。

医学专家采用"医学凝视"(medical gaze),以一种超然的方式观察和诊治患者。治疗的过程中立且价值无涉,医务人员以临床医学的术语来收集和汇总患者信息,并将其保存在个人病历中。只有经过适当训练的医学专业人士才被视为治疗疾病的唯一专家;同时,医学界遵守公认的道德准则。自学成才的医者或"非科学"的医疗手段,都得不到社会的承认和许可。医院代表了治疗严重疾病的最佳场所,原因在于,这些治疗往往依赖科学技术、药物或手术的某种组合。

批判与讨论

在过去三十多年里,生物医学模型饱受争议,这个领域的社会学研究大都对其持批评态度。有学者认为,科学医学的有效性和治疗效果被高估了。更有医学史专家指出,尽管现代医学赢得了声望,但人类整体健康状况的改善与生物医学模型的应用关系不大(McKeown 1976)。19世纪初以来,公共卫生水平显著提升,但这些实际上都是社会和环境变化带来的积极结果,比如公共卫生系统、更为高效的食品生产方法和更好的营养,加上旨在提高卫生标准和倡导卫生习惯的公共卫生运动。麦基翁的论点是,与科学医学的干预相比,这些普遍的社会和环境进步对降低死亡率和发病率的贡献更大。药物、疫苗接种和医院治疗的重大影响只是在20世纪中期才显现出来。

伊里奇(Illich 1975)甚至表示,因为医源病或"医生造成的"疾病的存在,现代医学弊大于利。伊里奇认为有三种医源病(iatrogenesis):临床型、社会型和文化型。临床型医源病,是指药物治疗使病人病情恶化或出现新的病症。社会型医源病,是指医学扩展到了越来越多的领域,人为制造出对医疗服务的过度需求。社会型医源病进一步导致文化型医源病,即各种医学解释和治疗手段的发展,显著削弱了人们应对日常生活挑战的能力。对于伊里奇这样的批评家来说,现代医学的范围应该被大大压缩。

另一种批评意见是,生物医学通常不会考虑病人的主观感受和经验。由于医学是建立在客观、科学的认识之基础上,病人的讲述和理解就没有必要认真对待了。批评者认为,只有将病人视作会思考、有能力且对自身状况有正确认知的个体,才可能进行有效的治疗。把医生和患者截然分开的做法,往往导致误解和不信任,这些社会因素会对诊断过程和治疗效果造成干扰。

最后一个批评是,科学医学标榜自己优于其他任何替代形式。然而,在最近几十年里,一些传统的和新兴的替代疗法表现不凡,开始流行起来。现在,很多人会去尝试针灸、顺势疗法(homeopathy)、反射疗法(reflexology)、脊柱按摩疗法(chiropractic)及其他疗法。个中缘由难以一概而论,但社会学家认为,人们会选择替代模式,或者是因为所有的生物医学治疗都失败了,或者是因为人们丧失了对科学医学的信心,再或者,也是很重要的一点,是因为他们患的是慢性病,难以真正"治愈"。

医学社会学家发现,在20世纪,人类所患疾病的类型和特点发生了很大的变化,由急性病转变为通常终生相伴的慢性病,如糖尿病、高血压和关节炎。随着慢性病变得越来越普遍,医学似乎没有以前那么强大了,生物医学模型看上去也不那么合适了。对于慢性病,控制病情比治愈更为必要,也更有现实意义,患者本人可以成为管理自身健康的专家,因为他们最知道该如何照顾好自己。这一点往往会改变医患关系,原因在于患者的意见和经验对治疗的效果至关重要。这样,患者就是一个积极、"完整的"人,我们应该关心患者的整体福祉,而不仅仅是身体健康。

意义与价值

近几十年来,生物医学面临大量批评,至今未见消停。但是,我们应该牢记,生物医学仍然是全球医疗保健体系的主导模式,在应对致命疾病如脊髓灰质炎和肺结核上,预防性的疫苗接种极大地降低了婴儿死亡率,拯救了无数生命。当面对健康危机时,比如 Covid-19 大流行或 20 世纪 80 年代 HIV/AIDS 的出现和传播,人们仍然期待医学提供指导和有效的治疗,这肯定表明了一种深层假设,即至少生物医学是一种优越的治疗模式。

替代疗法的兴起也在不断挑战主流的医疗保健模式——我们应该如何对待替代疗法?是严令禁止,还是许可保留?米兹拉希等人(Mizrachi et al. 2005)的一项研究集中探讨了这两个体系之间的关系,他们以一间以色列医院为研究对象,观察生物医学专家和替代治疗师(主要是针灸师)之间的合作。替代治疗师成功地"攻入了堡垒",不过他们显然未能打破两个体系之间的界限。生物医学专家采取的策略是"在工作中维持边界",而没有采用自上而下的正式政策。这样,他们既能有效地遏制潜在竞争对手,也可以避免不必要的冲突。通过类似的微妙手段,生物医学专家得以控制替代医疗师,但也不得不赋予他们一定的合法性。

生物医学保持其在医疗保健领域的优越地位的主要方式是持续研发,探索新的知识和治疗方法,甚至不惜挑战社会的底线。举个例子,近些年来基因科学的发展引起了人们的担忧:这项技术到底会把人类带向何处?恩姆(Åm 2019)对挪威的基因科学家进行了一系列半结构式访谈,以确定他们如何处理自己的研究所牵涉到的伦理问题。恩姆把引起公众关切的事件称为"错乱时刻"(moments of dislocation),因为这些实践者意识到自己的既定做法引发了争议,从而挑战了"常规"。作者发现,尽管科学家可以理解公众的伦理关切,也能够讨论他们的科研工作与这些议题之间的关系,但他们对伦理原则的使用特别注重正式性和仪式性,这也让他们避免涉入更广泛的社会和政治关怀。由此,科学家就可以控制自己内心的不适感,也能有效地化解困难的议题。与我们的常识相背,恩姆指出,引入伦理议题往往会延续生物医学的现状,而不是改变它。

参考文献与进一步阅读建议

Åm, H. (2019) 'Ethics as Ritual: Smoothing Over Moments of Dislocation in Biomedicine', *Sociology of Health & Illness*, 41(3): 455-469.

Illich, I. (1975) *Medical Nemesis: The Expropriation of Health* (London: Calder & Boyars).

McKeown, T. (1976) *The Role of Medicine: Dream, Mirage or Nemesis?* (Oxford: Blackwell).

Mizrachi, N., Shuval, J. T., and Gross, S. (2005) 'Boundary at Work: Alternative Medicine in Biomedical Settings', *Sociology of Health and Illness*, 27(1): 20-43.

Nettleton, S. (2021) *The Sociology of Health and Illness* (3rd edn, Cambridge: Polity).

Medicalization
医疗化

定义

将生活方式问题,比如体重、吸烟和性行为等,转化为医疗问题,由医疗专业人员予以治疗的过程。

源起与历史

医疗化概念是在20世纪六七十年代提出的,当时医疗行业快速扩张,引发了各种批评,认为该行业变得过于强大,会带来许多危险,医疗化概念就是这些批评的一部分。伊万·伊里奇、欧文·佐拉、R. D. 莱恩、托马斯·萨斯、米歇尔·福柯等评论家都认为,医疗是一种**社会控制**的形式,病人被置于医疗专业人员的监管之下。例如,萨斯就批评了精神病学专业知识的不断增长,许多单纯的"生活适应问题"都被贴上了"精神疾病"的标签。一些行为本应被描述为难以应对困难环境,现在却都被医疗化了,人们受到专家的控制和监督,精神病专家甚至有**权力**限制他们的人身自由。20世纪70年代以后,医疗化概念已成为健康和疾痛的社会学研究的主流。

含义与解读

批判生物医学模型的社会学家认为,医学界作为一个整体拥有的权力太大,这没有必要,甚至很危险。这种社会权力的表现之一,就是医学界有判定何为疾病、何为健康的能力。如此一来,医生便成为"医学真相"的裁判,政府和大众都必须认真考虑他们的看法。更为严格的批评是,随着时间的推移,现代医学渗透到越来越多的生活领域,而在此之前,这些领域都被认为是私人空间或者只是日常生活的一部分。这个长期的渗透过程便被称为医疗化(Conrad 2007)。

女性主义社会学家已经表明,女性生活的许多方面,如怀孕和分娩,已经被医疗化并为现代医学所占领。在发达国家,分娩基本上是在医院由男性妇产科医生引导完成的。怀孕这一常见的自然现象,却被认为如"疾病"一般充满**风险**和危险,因此必须运用最新的技术(如超声波扫描和其他检查)来不断监测。这看上去是一件"好事",因为医学的介入降低了婴儿死亡率,保证大多数母婴在分娩中能够存活下来,但在女性主义者看来,这只是故事的一部分。分娩,是女性生命中至关重要的一环,如今她们却丧失了对这个过程的控制,她们的意见和知识在新的医学专家面前几乎不值一提。

对明显"正常的"状况的医疗化也引发了类似的担忧,比如儿童多动、情绪低落或轻度抑郁(通常用百忧解等药物进行调节),还有被定义为慢性疲劳综合征的持续疲倦。这几个医疗化的例子的一个问题是,一旦被纳入医学诊断范畴,就会出现相应的"医治"手段和药物,难免会对人体产生一些副作用。

伊里奇(Illich [1976] 2010)有力地论证了,由于医源病或者"医生造成的"疾病的存在,现代医学的扩张弊大于利。他认为,社会型医源病,即医疗化,人为制造了对医疗服务的大量需求。随着医疗化的发展,人们照顾自己健康的能力越来越弱,对医疗保健专业人士的依赖越来越强。这种依赖使得整个社会对医疗服务的需求不断增加,医疗服务则相应扩展,于是形成了螺旋上升的恶性循环,以牺牲其他服务为代价推高了医疗服务预算。伊里奇认为,要转变这种局势,关键是要挑战社会中医生的权力。

批判与讨论

也有观点认为,人们对于医疗化的反应有点过度了。医学不断扩展到新的领域,固然造成了一些问题,但医疗化也带来了许多好处。把分娩转移到医院可能会让一些本土"专家"靠边站,但它带来的最大好处是绝大多数婴儿都能平安降生,甚至早产儿的存活率也很高。现代医学出现之前对生孩子过程的描述,现在读起来就像是恐怖故事,婴儿和/或母亲在分娩过程中死亡的情况比比皆是,令人胆战心惊。就算它有种种缺点,也没有人会否认在医院分娩其实是一种进步。同样,医疗化还让患有某些疾病的人得到认真对待,鼓励他们积极寻求帮助。患有慢性疲劳综合征的人总会被认为是在装病,而患有肌痛性脑脊髓炎(ME)的人不得不努力向别人说明自己的症状是真实的;在被确认为医学问题之前,患有注意缺陷多动障碍(ADHD;通常说的小儿多动症)的儿童只是被当成生性顽皮。因此,医疗化也许并不像一些社会理论家所认为的那般危险或具有破坏性。

意义与价值

医疗化命题已经成为许多社会学研究的一个重要的批判方向,而最近对生物医学主导地位的挑战也说明,反医疗化主张自有其支持者。但我们确实应当缓和一下批评的声音,承认现代医疗保健体系有可能会改变,比如将一些侵入性较小的替代疗法引入主流。许多一度被认为离奇古怪且边缘化的治疗方法,到了21世纪也很快被主流**生物医学**所接受,成为许多健康和疾痛研究的一部分。

类似地,一些对"情绪低落"或"悲伤"这一日常现象的解释说明提示,它们往往被归到"临床抑郁症"的生物医学标签之下,因此很容易被医疗化。然而,在对荷兰316个主动报告情绪低落的案例进行研究后,布勒尔和贝塞林(Bröer and Besseling 2017)发现,"临床抑郁症"并不是主要的标签。只有在涉及关系冲突的情况下,才可能作出医疗化的诊断,而且临床抑郁症标签持续在社会上引起广泛共鸣。尽管如此,研究的核心发现是,人们有能力让情绪低落现象"去医疗化",而情绪低落本身可以是"非医疗化的"。

睡眠与医学有什么关系?威廉姆斯等人(Williams et al. 2008)考察了媒体对失眠和打鼾等健康问题的报道,发现睡眠可能是人类生活中又一个被医疗化的领域。作者向我们展示了,在关于睡眠问题的报道中,媒体对失眠和打鼾这两个紧密相关的问题的处理方式差异很大。对于失眠,媒体更多地将它描述为一种症状而不是疾病,认为它主要是个人习惯问题。在这种情况下,尽管很同情遭受失眠困扰的人,但报纸提倡的是改变行为,把药物和治疗视为"最后的手段"。与之相反,打鼾被认为类似于吸烟,会影响到身边的人,因此被确认为一种健康问题,甚至可能导致严重的后果,比如睡眠呼吸暂停综合征(apnoea)。可见,不仅仅是医学专家,在医疗化的社会进程中,记者也扮演了重要的角色。

参考文献与进一步阅读建议

Bröer, C., and Besseling, B. (2017) 'Sadness or Depression: Making Sense of Low Mood and the Medicalization of Everyday Life', *Social Science & Medicine*, 183, June: 28–36.

Conrad, P. (2007) *The Medicalization of Society: On the Transformation of Human Conditions into Treatable Disorders* (Baltimore, MD: Johns Hopkins University Press).

Illich, I. ([1976] 2010) *Limits to Medicine-Medical Nemesis: The Expropriation of Health* (London: Marion Boyars).

Nye, R. A. (1995) 'The Evolution of the Concept of Medicalization in the Late Twentieth Century', *Journal of the History of the Behavioral Sciences*, 39(2): 115-129.

Williams, S. J., Seale, C., Boden, S., Lowe, P. K., and Steinberg, D. L. (2008) 'Medicalization and Beyond: The Social Construction of Insomnia and Snoring in the News', *Health*, 12(2): 251-268.

Sick Role
病人角色

定义

塔尔科特·帕森斯发明的一个概念,用于指称社会对生病和病人行为的期望,如果偏离这种期望,个人将不得不面临一系列惩罚和**社会污名**。

源起与历史

当人们生病时,他们会向医生咨询求助,医生则会进行检查,作出诊断,提供一个旨在使他们恢复健康的治疗方案。这是一个看似浅显且不言自明的过程,但美国社会学家塔尔科特·帕森斯却另有看法。他(Parsons 1952)观察到,尽管健康和疾病看上去是与社会学无关的简单问题,但事实上,我们有充分的理由相信,应该用标准的社会学概念把它们当作社会现象来研究。帕森斯提出,对于生病的人,社会上有一套公认的行为模板,如果病人没有照此行事,别人可能根本不认为他"生病了"。帕森斯还发现有一些关键的"守门人",由他们来判断人们生病或康复与否。到了20世纪70年代和80年代,随着社会学中功能主义整体的衰落,"病人角色"这一概念逐渐失宠,但也有一些人试图复活这个概念,用于对"患病"进行跨社会的比较研究。

含义与解读

在社会学家看来,生病并不是个人的事,病人还应当了解**社会**在他们生病时对他们有什么期望。帕森斯指出,存在这样一种病人角色,规定生病就应该有生病的样子,这是社会强加给个人的"生病"方式。这种做法确有必要,目的是让疾病对社会平稳运行产生的干扰最小化。当我们生病时,一般不太可能继续工作或者操持家务,也无法像平时那样在**家庭**生活中发挥我们的作用。因此,我们生病会对同事、家庭成员和朋友产生各种影响,我们无法充分参与社会所激起的涟漪,层层外推,最终将生病的负担传导给他人。因此,界定病人角色就是要明确社会对病人有什么期望,以及他们应当如何行事。对帕森斯来说,人们要学会如何生病。也就是说,他们必须了解,如果他们生病,周围他人对他们的期望是什么,并在生病时将这种知识付诸实践。

首先,人们对生病没有个人责任,因此病人不应遭受责备。科学医学认为,大多数疾病不是病人自己的过错,疾病的发作与个体行为或行动没有关系。其次,病人角色赋予人们一些权利和特权,包括从工作和家庭责任中暂时脱身,平时不被接受的行为也会被容忍和原谅。再次,生病的人应该咨询医疗专家并同意成为一名"病人",努力恢复健康。这一点十分关键。病人角色严格来说是暂时的和"有条件的",取决于病人是否积极康复。想要扮演病人角色,人们必须得到医生的认可,由此生病的主张才得以合法化。病人应当谨遵"医嘱"来配合治疗,如果他们不这么做,他们的特殊**身份**就会被取消。

弗莱德森(Freidson 1970)提出了一个有用的三分法,将病人角色分为三种类型:有条件的(conditional)、无条件的(unconditional)和非法的(illegitimate)病人角色。有条件的合法病人角色,对应的是生了病但预计很快就会康复的人扮演的短期角色。相比之下,无条件的合法病人角色,对应的是需要管理病情但不太可能完全康复的慢性病患者。因此,这种病人角色通常是永久性的,如果这个人没有好起来,不会有污名或任何处罚。不合法的病人角色,对应的是那些患有被广泛认为当事人应当承担至少部分责任的疾病的人。与酗酒、肥胖或吸烟有关的疾病就是这样的例子,当事人很可能遭到各种怀疑或者污名化评价。弗莱德森的分类可以帮助我们理解，为什么同样是患病，不同的人会受到不同的对待。

批判与讨论

帕森斯的病人角色命题，将个人患病与社会的制度性结构联系在一起，一直很有影响力。但是，随着帕森斯功能主义的光环逐渐褪去，他的病人角色命题也慢慢失去了立足之地。这个概念的一个不足之处在于，缺乏对"生病"的实际体验。人们是如何经历急性病或慢性病的？这对他们的自我认同会产生什么影响？这些看似简单的问题却引发了医学社会学大量新的经验研究。有意思的是，这些研究和帕森斯的思想基本没有任何关系。许多学者认为，帕森斯的思想强调"合意"（consensual），无法准确描述病人与医学专家之间的复杂互动。帕森斯之后的经验研究详细描述了许多**冲突**案例，展现了病人是如何挑战医生的能力和诊断的。20 世纪后期以来，人们对"专家"不再那么顺从和信任，这种挑战可以说变得越来越普遍。各种替代疗法和补充疗法的出现表明，很多人已经准备好超越主流的生物医学模型。

病人角色本身也比帕森斯的模型所暗示的要更加复杂和模糊。出现某种症状的人，可能极力避免去看医生，有时候一拖就是好几年，在没有任何诊断或没在扮演病人角色的情况下，就这么照常过日子，但很明显他们仍然在生病。此外，病人角色模型没有考虑到误诊、医疗错误和疏忽等情况。或许，更为严重的是，随着人类的疾病负担从急性病转为慢性病，如糖尿病和关节炎，我们其实并没有一套普遍适用的对慢性病患者的角色期望，慢性病的影响是多种多样的。因此，在今天，病人角色这个概念看起来不再像从前那么有用了。

意义与价值

帕森斯的病人角色概念在现今这个医疗消费时代似乎不太管用了，因为现在的人比 20 世纪 50 年代的人拥有更多的知识和更强的反思能力。然而,特纳(Turner 2009)认为,大多数社会的确发展出了病人角色,只是形式各不相同。比如说,在许多西方社会,病人角色是个人化的,如果患的不是危及生命的疾病,住院期通常很短,探访时间有限,探访人数也受到严格的控制。但在日本,更为公共性的病人角色是常态。在治疗结束后,病人往往会在医院住上一段时间,平均住院期比西方国家长很多。医院探视更加非正式,**家庭**成员和朋友经常一起在病房用餐,停留时间也更长。特纳提出,我们仍然可以从病人角色的比较社会学研究中,了解到许多有关健康的社会基础的有用信息。

病人角色概念还可以帮助我们更好地理解员工生病期间的工作场所关系。杰伊等人(Jaye et al. 2020)用质性(定性)研究方法,考察了新西兰一所大学里"病假"的使用和管理。对请假权利的管理生成了一种规范化的话语,有助于构建组织的"好员工",例如,通过确定合理使用病假的条件和记录病假,来影响员工的身份认同。理想的模范员工,应该是遵守规则、尊重他人且具有生产力的,它的反面则是坏员工。富有同情心的管理者,可能会被认为给予了员工太多的弹性空间,也有被贴上"异类"标签的风险。这项研究告诉我们,病人角色期望有着广泛的社会基础和深远的影响。

参考文献与进一步阅读建议

Freidson, E. (1970) *Profession of Medicine: A Study of the Sociology of Applied Knowledge* (New York: Dodd, Mead).

Jaye, C., Noller, G., Richard, L., and Amos, C. (2020) '"There is No Sick Leave at the University": How Sick Leave Constructs the Good Employee', *Anthropology and Medicine*, September: 1–16; https://doi.org/10.1080/13648470.2020.1814988.

Parsons, T. (1952) *The Social System* (London: Tavistock).

Shilling, C. (2002) 'Culture, the "Sick Role" and the Consumption of Health', *British Journal of Sociology*, 53(4): 621–638.

Turner, B. S. (2009) *Medical Power and Social Knowledge* (2nd edn, Thousand Oaks, CA: Sage), esp. chapter 3.

White, K. (2009) *An Introduction to the Sociology of Health and Illness* (London: Sage), esp. chapter 6.

Social Model of Disability
失能的社会模型

定义

一种将与失能有关的不利处境的"原因"归于**社会**及其组织而不是个人的思路。

源起与历史

直到最近,在西方社会,占据主导地位的仍然是失能的个人模型。该模型认为,个人的局限性或"身体失能",是失能者在找工作、出行、成为社会的完整公民等方面遇到重重困难的主要原因。在失能的个人模型看来,是个人身体的"异常"导致了某种程度的"失能"或功能受限。医生在失能的个人模型中扮演着关键的角色,因为他们的工作就是为失能者提供治疗和康复诊断。正因如此,失能的个人模型也被称为"医学模型"。从20世纪70年代开始,失能群体组织的社会运动蓬勃发展,上述模型遭到许多活动家的批判。

20世纪60年代末,在英美两国出现了另一种观点,反对占据主导地位的个人模型,主张把失能视为一个政治问题而非医学问题。一种新的关于失能的"社会模型"由此出现,它明确区分了两种状态:损伤(impairment),这是个人问题,比如肢体残缺;失能(disability),这种不利状况的出现是因为**组织**不作为,没有为身体损伤者提供相应的服务和设施。从那以后,越来越多的研究者开始关注和改进社会模型,这极大地影响了相关平权立法,即从法律上要求组织为失能者提供"必要的设施和服务"。然而,近年来,也有批评意见认为,社会模型需要进行修改以纳入真实的失能体验。

含义与解读

在英国,身体损伤者反隔离联盟(Union of the Physically Impaired against Segregation, UPIAS)在其1976年宣言里,严格区分了损伤和失能两种状态,在此基础上引入了一个激进的定义。他们接受了身体"损伤"是关涉个人的生物医学属性的定义,并且将其扩展到包括非身体的、感官的和智力的损伤。然而,失能不只是个人问题,而是失能者在完全参与社会的过程中面临的社会障碍。因此,失能是对完全**公民权**的否定,也是一种歧视形式。

迈克·奥利弗(Oliver 1983)是第一个明确区别失能的个人模型和社会模型的理论家,社会模型很快就成为失能者权利运动和学术研究的焦点。社会模型对失能者为什么会在社会、文化和历史等方面遇到障碍提供了一个连贯的解释。从历史上看,许多障碍是为了阻止失能者完全参与社会而设置的,尤其是在工业革命时期,由于资本主义工厂开始以个人雇佣劳动为基础,失能者实际上被排除在劳动力市场之外。那个时候,许多失能者都无法保住自己的工作,对此,国家的反应是严厉威慑,并采用制度化手段系统排斥他们。事实上,即使在今天,失能者在劳动力市场上的存在感依然很低。

社会模型极大地改变了今天人们对失能问题的看法。它虽然起源于英国,却在全球范围内产生了广泛影响。社会模型致力于为失能者完全参与社会清除各种障碍,它使失能者能够专注于政治策略。对此,有人评价说,社会模型帮助失能群体发起了"一场新的**社会运动**"。个人模型将个人的"伤残"视为失能的原因,而社会模型反对这种看法,认为失能是压迫的结果,在很多失能者看来,社会模型是一种"解放"。

批判与讨论

自20世纪80年代后期开始,出现了一些反对社会模型的声音。

有人认为它没有关注到身体损伤带来的经常性疼痛或不适体验,而这对许多失能者的日常生活是至关重要的。莎士比亚和沃森(Shakespeare and Watson 2002)指出:"我们不仅仅是失能者,我们同时也是有身体损伤的人,假装没有疼痛和不适,就是对我们生活中的主要内容视而不见。"针对这个指责,社会模型的支持者反驳说,社会模型并没有忽略失能者的日常经验,只是更关注他们在充分参与社会时面临的重重障碍。然而,奥利弗(Oliver 2013:1025)认为,尽管在为关于失能的辩论重新定向方面社会模型做了很多有益的工作,但它的目的是成为改变生活的实用工具,而不是无休止的概念或理论讨论的中心。他指出,或许"现在已经到了一个关键时刻,我们要么激活社会模型,要么干脆用其他模型取而代之"。

一些医学社会学家也反对社会模型,认为它所依赖的对损伤和失能的严格区分是错误的。在他们看来,社会模型从生物医学的角度定义损伤,从社会的角度定义失能,将两者截然分开。医学社会学家进一步说,损伤和失能都是社会建构而成的,且两者紧密相关。例如,哪里是损伤的尽头,哪里又是失能的开始,人们很难说清楚。一栋建筑在设计时遗漏了轮椅通道,显然会给轮椅使用者人为制造出行阻碍,但在更多的情况下,我们不可能消除所有的失能来源。还有观点提到,持续疼痛或严重智力障碍之类的损伤,会使个人无法完全参与社会,这是任何社会变迁都无法解决的问题。因此,要想全面理解失能,就必须同时考虑到个人损伤和社会的影响。

意义与价值

无论是在关于失能的学术研究,还是在鼓励失能者与其他社会群体共同参与政治方面,社会模型都是激进之举。尽管有上述批评,但是目前并没有什么更好的替代模型足以对它构成挑战。社会模型重新界定了失能概念,使失能社会学成为可能。总之,社会模型表明,失能不是可以放手留给医学界处理的问题,它需要整个社会**科学**来共同研究。

郭和她的同事(Guo et al. 2005)依循社会模型的思路,探讨了中国的失能者在使用互联网时遇到的社会障碍。研究采用了问卷调查方法,25个省份的122个受访者构成了样本。调查发现,只有少数失能者是互联网用户,但对于这些人来说,互联网确实帮助他们提高了社会交往的频率和质量,有助于减少各种社会障碍。同时,与"现实生活"相比,他们还能接触到更多的人。但结果也表明,中国的失能群体内部存在明显的数字鸿沟,大部分人目前仍无法使用互联网。社会模型提示,重组现有社会生活,重塑社会政策,或许能找到这个问题的解决方案。

莱维特(Levitt 2017)接受了迈克·奥利弗的挑战,试图为我们这个新时代重振社会模型,尽管他不认同关于这个模型的辩论应该停下来。他首先注意到,这个模型是特定时代和地点的产物,但今天英国人对失能的态度已经发生了重大变化。是故,社会模型现在应该更多考虑它所应用于其中的社会背景。他列出了五个或许有助于推进这场辩论的问题。第一,社会给失能者造成的消极影响的哪些方面值得我们重点关注?第二,怎么使用社会模型(除了奥利弗所说的实用工具)最有前景,以及要去做些什么?第三,应该向哪些群体传播这个模型?第四,社会模型与其他模型是什么关系,更加优越,相互矛盾,还是互为补充?第五,社会模型当下的主要目标是什么,如何可能实现这些目标?莱维特(ibid.:590)最后提醒我们,为什么说社会模型值得我们努力挽救:"社会模型推动英国社会发生了很多变化,作为一个失能者,我从中受益良多。我坚信,这个模型可以继续为失能群体的福祉和人们对失能的理解作出巨大贡献。"

参考文献与进一步阅读建议

Barnes, C., and Mercer, G. (2008) *Disability* (Cambridge: Polity), esp. chapters 1 and 2.

Gabel, S., and Peters, S. (2004) 'Presage of a Paradigm Shift? Beyond the Social Model of Disability toward Resistance Theories of Disability', *Disability and Society*, 19(6): 585-600.

Guo, B., Bricout, J., and Huang, J. (2005) 'A Common Open Space or a Digital Divide? A Social Model Perspective on the Online Disability Community in China', *Disability and Society*, 20(1): 49-66.

Levitt, J. M. (2017) 'Exploring How the Social Model of Disability Can Be Reinvigorated: In Response to Mike Oliver', *Disability and Society*, 32(4): 589-594.

Oliver, M. (1983) *Social Work with Disabled People* (Basingstoke: Macmillan).

—— (2013) 'The Social Model of Disability: Thirty Years On', *Disability and Society*, 28(7): 1024-1026.

Sapey, B. (2004) 'Disability and Social Exclusion in the Information Society', in J. Swain et al. (eds), *Disabling Barriers-Enabling Environments* (London: Sage), pp. 273-279.

Shakespeare, T., and Watson, N. (2002) 'The Social Model of Disability: An Outdated Ideology?', *Research in Social Science and Disability*, 2: 9-28.

Social Self
社会自我

定义

当个体人类有机体对他人对它的不同反应作出反应时,就会形成自我意识。

源起与历史

人们常说,人类是唯一知道自己存在和自己会死的生物。从社会学的角度来看,这说明人类具有自我意识。在探讨自我形成的社会学理论中,乔治·赫伯特·米德(Mead 1934)关于自我如何形成的思想是最有影响力和原创性的理论之一。他相信,这种社会学视角对于我们认识自我的产生和发展是不可或缺的。他的思想后来成了社会学中符号互动论传统的基本主张。米德认为,尽管自我一旦被创造出来就基本等同于"认真思考"(think things through)的能力,但它是一个具身化的自我,栖居于真实的人类个体内部,与"灵魂"或"精神"这些类似的概念不一样,不能脱离身体来考虑它。

含义与解读

米德的理论旨在理解幼儿如何通过模仿和玩耍发展出自己是一种社会存在(social beings)的认识。我们经常能观察到,孩子喜欢模仿父母和其他孩子的各种行为,比如组织过家家式的茶会、打理绿植盆栽,或者用玩具吸尘器清洁地毯,都是因为他们看到大人做过类似的事情。这是自我形成过程的起点。当他们从四五岁开始玩各种游戏(games)①时,就进入了自我形成的下一个阶段。一起玩耍(play)意味着,孩子们必须试着去考虑不同社会角色的各种特征,而不仅仅是简单模仿他们看到的一切。米德称之为"扮演他人的角色",这要求孩子们站在别人的立场上来看待他们的玩耍。只有到了这个阶段,社会自我方始浮现。通过扮演他人的角色,以及有效地"从外部"看自己,孩子们渐渐意识到自己与他人是不同的个体。

米德理论的基础,是将自我分为"主我"(I)和"客我"(me)两部分。"主我",对应的是人类有机体,即那个还没有社会化的自我。"客我",是在社会交往过程中发展出来的自我,始于上文提及的模仿和玩耍。社会性的"客我"从八九岁开始形成,彼时,孩子们开始玩组织化程度更高、需要多个玩家相互配合的游戏。要学会玩有组织的游戏,就不仅要了解游戏的规则,还必须明白自己在游戏中的位置,以及游戏中存在的其他角色。在这个过程中,孩子学着从外部来看自己,不是扮演单个角色,而是扮演"概化他人"(generalized other)的角色。

---

① 在米德看来,自我形成通常会经历三个阶段:玩耍阶段(play stage)、游戏阶段(game stage)和概化他人阶段(generalized stage)。玩耍和游戏不同,玩耍是无规则的,游戏是有规则的。随着参加人数的增加,游戏规则会越来越复杂,进而出现概化他人的角色。——译者

这样，个人就可能通过个体有机体的"主我"和社会化的"客我"之间的"内部对话"，发展出自我意识，也就是我们常说的"思考"，或者一种"与自己对话"的方式。有了自我意识作为基石，我们接下来才能建构更为复杂的个人身份认同和社会身份认同。

批判与讨论

一种批评是，米德理论所描绘的自我形成的过程过于一帆风顺，但实际情况很可能是，成长充满了矛盾**冲突**和情绪波动，甚至会留下影响一生的伤痕。在儿童获得**性别**认同的早期**社会化**过程中，情况尤其如此。西格蒙德·弗洛伊德和后来的弗洛伊德主义者都认为，对自我形成和性别**身份认同**而言，无意识和感觉发挥的作用比米德理论所设想的要大很多。无论是男孩还是女孩，与父母割断亲密关系的过程对许多人来说都是创伤性的。即使能够相对平稳地度过，男孩在成长中也很难和他人建立亲密关系。自我的形成是困难的，需要压制无意识层面的各种欲望，米德的理论没有考虑这些内容。还有人指出，米德的理论没有关注到父母**权力**关系失衡对儿童社会化的影响，这种权力不平等可能造成儿童自我功能紊乱，激发内部紧张和矛盾。

意义与价值

米德的理论对于社会学的发展非常重要。它是第一个真正意义上的系统阐述自我形成过程的社会学理论，强调想要更好地了解自己，我们必须从人类**互动**的社会过程开始。如此，他告诉我们，自我并不是与生俱来的，也不是简单地随着人类大脑的发育而自动形成的。米德向我们证明了，对个体自我的研究离不开对**社会**的分析，因此社会学的视角必不可少。

我们可能认为自己是独立的个体，那亲密关系及其破裂对这种认知会产生什么影响呢？有一篇文章（Slotter et al. 2009）考察了恋爱关系破裂及其对人们自我概念或"客我"的冲击。在稳固的恋爱关系中，人们的自我会交织在一起,个体边界变得相对模糊,证据就是在日常生活中会经常说"我们""我们的",而不是"我"。恋爱关系的终结通常会给人们带来痛苦和悲伤,同时也会影响自我意识的内容和结构,因为人们要重新安排和调整自己的生活。这项研究显示,在结束一段关系后,许多人会对自己产生怀疑,觉得自我变小了。正如米德和埃利亚斯所认为的,实际上,我们所体验到的个体独特性掩盖了这样一个事实,即自我不可避免是一个在社会互动和人际关系中形成的社会自我。

社会学家就近几十年来的重大社会变迁展开了激烈的辩论,包括**全球化**、信息技术的传播、大规模**移民**、旅行和时空的压缩,以及性别关系的重构和性别流动性的增加,等等。这些变化可能影响人们对自我的看法,为了弄清楚这个问题,亚当斯(Adams 2007)将对宏观社会变迁的描述和自我认同形式转变的理论结合起来。例如,一些理论家相信,随着**阶级**认同的淡化,人们的个体自我实际上会随波逐流,变得容易受到不确定性和**失范**的影响。然而,也有人认为,这些变化让一种更具反身性的社会自我成为可能,这种自我能够充分利用新出现的各种自由。此外,勒普顿(Lupton 2020)指出,数字革命,以及它推动的个人数据生成和采集的巨大扩张,对自我形成和发展的过程有重大影响。我们应该意识到,今天,在体现和生产自我的过程中,数字技术和数据变得越来越重要。简言之,正如她所说,"人和他们的数据相互成就"(ibid.:121)。

参考文献与进一步阅读建议

Adams, M. (2007) *Self and Social Change* (London: Sage).

Burkitt, I. (2008) *Social Selves: Theories of Self and Society* (2nd edn, London: Sage).

Lupton, D. (2020) *Data Selves* (Cambridge: Polity).

Mead, G. H. (1934) *Mind, Self and Society*, ed. C. W. Morris (Chicago: University of Chicago Press).

Slotter, E. B., Gardner, W. L., and Finkel, E. J. (2009) 'Who am I without You? The Influence of Romantic Break-Up on the Self Concept', *Personality and Social Psychology Bulletin*, 36(2): 147–160.

主题九

犯罪与社会控制

Anomie
失范

定义

由于体验到社会规范失效而产生的严重焦虑和恐惧感,常见于急剧社会变迁时期。

源起与历史

在现代性时期,社会变迁是如此迅速,传统的生活方式、道德、宗教信仰和日常行为模式都被打乱了,人们在短时间内又找不到相应的替代,以致经常引发重大的社会问题。涂尔干把这种令人焦躁不安的状况与失范联系在一起,也就是当人们"不知道生活该如何继续"时,会产生失去目标、恐惧和绝望的感觉。举个例子,早期工业资本主义的发展,破坏了组织化的**宗教**所提供的传统道德规则和标准。没有这些道德准则和行为规范作为日常生活的指引,许多人感到焦虑,没有目标,生活充满了各种不确定性。这恰恰是涂尔干所描述的失范状态。毕格尼斯(Bygnes 2017)借用这个概念来帮助我们理解,为什么在2008年金融危机后高技能人才会选择离开西班牙。当时西班牙在短时间内经历了剧烈变动,经济和社会等各方面都出现了混乱(在毕格尼斯看来,这就是非常典型的失范),很多人为此移民到挪威,因为那时挪威受到的影响不是很大。由于拥有较高的学历和高技能水平,这些人很快就重新找到了工作。

这个一般性概念后来也被罗伯特·默顿用来分析美国,但他改变了这个概念的含义,以便应用于对犯罪和越轨行为的经验研究。在默顿看来,失范之所以会出现,是因为社会的文化目标与个人实现这些目标的能力之间产生了社会张力(紧张)。之后,梅斯纳和罗森菲尔德

(Messner and Rosenfeld 2001)提出了一种修正版本的失范理论,也就是制度性失范,指的是市场伦理被过度强调,导致调节个体行为的社会规范被推翻和破坏。

含义与解读

似乎可以合理地假设,当个体实施犯罪或越轨行为时,他们是理性的人,很清楚自己在做什么。但社会学家发现,犯罪和越轨行为的模式会因**性别**、**阶级**和族群而异,这就提出了一些关于因果关系的新问题。比如,为什么某些社会阶级的人更容易犯罪?在相对富裕的社会,与自己的父母和祖父母相比,哪怕是较贫穷的人也拥有更多的物质财富和更好的生活方式,但犯罪率还是居高不下。罗伯特·默顿修改了涂尔干的失范概念以提供一种解释,他认为美国社会的结构本身就是造成这种现象的部分原因。

默顿(Merton 1938)论述的起点是从许多发达社会的官方统计数据中观察到的公认事实:大部分"获取性"(acquisitive)犯罪(为了眼前的经济利益而犯罪),是由"底层工人阶级"(这是当时指称无技术体力劳动者的常用术语)实施的。默顿注意到,美国社会有一个为大众普遍接受的文化观念:追求物质成功是合法目标,应该靠自律和努力工作来实现这一目标。不管来自什么背景,只要足够努力,无论起点多低,都能够获得成功。这就是所谓的"美国梦"。显然,这对很多定居美国的移民具有很强的吸引力。默顿解释说,对于底层工人阶级来说,"美国梦"已经成为一种**意识形态**,它掩盖了这样一个残酷的事实,即合法的成功机会并不是向所有人开放的。那些即便努力工作但依然无法过上富裕生活的人,发现自己对此竟然毫无办法。更糟糕的是,他们还被指责为工作不够努力。一边是根深蒂固的社会文化观念,另一边是自己无奈的社会处境,两面夹击造成巨大的社会张力,使得他们试图通过非法手段出人头地,结果就是这些群体实施获取性犯罪的水平较高。

简言之,默顿认为,美国是一个高度不平等和分裂的社会,其宣扬的成功目标只有一部分人有希望实现。许多工人阶级成员,尤其是年轻男性,接受了这种文化目标,追求各种象征物质成功的符号(如小型高科技设备、汽车、名牌服饰等),但转向通过获取性犯罪(如入室盗窃、商店行窃、小偷小摸、倒卖赃物等)来得到它们。在默顿看来,他们对达成目标的手段进行了"创新",这就解释了为什么在官方犯罪和监禁统计数据里,年轻的工人阶级男性的比例远高于他们在总人口中的比例。因此,不是个人品行缺陷,而是长期存在的深层次社会不平等制造的紧张,把一部分人推向特定类型的犯罪。

批判与讨论

186

批评者指出,默顿的目光投向了个体反应,没有注意到亚文化在维持越轨行为方面的重要性。如果所有底层工人阶级成员都体验到了社会紧张或失范,为什么只有一部分转向了获取性犯罪?帮派和越轨亚文化可以提供合理的解释,因为这个阶级的大多数人不会犯罪,而那些会犯罪的人往往混在一起,使他们的行为合法化。另外,默顿根据官方统计数据来做分析也是有问题的,因为已有研究证明这些数据有缺陷、不可靠,有些社会学家甚至认为官方数据根本没有什么使用价值。如果默顿的命题夸大了底层工人阶级的犯罪现象,那么反过来看,中产阶级的犯罪率很可能被低估了。后续对白领犯罪和公司犯罪的研究揭示,这类犯罪数量惊人,包括欺诈、贪污、违反健康和安全法规等。这些已经取得物质成功的人,为什么还要实施获取性犯罪?默顿的分析框架无法解释这种现象。

意义与价值

默顿对涂尔干的失范概念的创造性解读意义重大,因为他重新界定了这个概念,使之可以应用于其他调查领域的研究。默顿的研究问题是:"为什么在经济增长、财富增加的时期,犯罪率还在不断攀升?"这针对的是当时美国面临的一个重要社会问题。他的答案是:一方面,那些感到被整个社会甩在后面的人的**相对剥夺感**增强;另一方面,社会张力巨大。这个结论把人们的注意力引向了美国的社会阶级持续分化,尽管这个国家给自己塑造的形象是相对"没有阶级"的开放社会。

　　默顿的原创论点在 20 世纪 40 年代和 50 年代是有意义的,但现在已经进入 21 世纪,情况是否依然如此?鲍默和古斯塔夫森(Baumer and Gustafson 2007)分析了美国的几个官方数据集,包括统一犯罪报告(Uniform Crime Reports)和综合社会调查(General Social Survey),发现在"金钱成功欲望强烈"叠加"合法手段认可度低"的地区,工具型犯罪率依然居高不下。这是现代失范理论的核心观点,这项研究为默顿的紧张理论提供了部分统计证据。另一项有趣的研究,是郑(Teh 2009)把默顿的理论同梅斯纳和罗森菲尔德的观点结合起来,用来分析马来西亚经济繁荣时期的犯罪率上升现象。事实再一次证明,默顿的命题没有过时,对它产生于其中的发达国家之外的案例也同样适用。由此可见,建立一个关于犯罪的一般社会学理论是可能的。

参考文献与进一步阅读建议

Baumer, E. P., and Gustafson, R. (2007) 'Social Organization and Instrumental Crime: Assessing the Empirical Validity of Classic and Contemporary Anomie Theories', *Criminology*, 45(3): 617-663.

Bygnes, S. (2017) 'Are They Leaving Because of the Crisis? The Sociological Significance of *Anomie* as a Motivation for Migration', *Sociology*, 51(2): 203-208.

Merton, R. H. (1938) 'Social Structure and Anomie', *American Sociological Review*, 3(5): 672-682.

Messner, S. F., and Rosenfeld, R. (2001) *Crime and the American Dream* (Belmont, CA: Wadsworth).

Teh, Yik Koon (2009) 'The Best Police Force in the World Will Not Bring Down a High Crime Rate in a Materialistic Society', *International Journal of Police Science and Management*, 11(1): 1-7.

Waring, E., Wesiburd, D., and Chayet, E. (2000) 'White Collar Crime and Anomie', in W. S. Laufer (ed.), *The Legacy of Anomie Theory* (New Brunswick, NJ: Transaction), pp. 207-277.

Deviance
越轨

定义

采取违背**社会**广泛接受的规范或价值观的行动。

源起与历史

在 19 世纪,研究犯罪的生物学家和心理学家假定,越轨是个人"出了问题"的标志。他们相信,如果科学的犯罪学能确定越轨和犯罪行为的原因,那么就可以进行干预,从而防止这种行为。在这个意义上,犯罪的生物学和心理学理论本质上都是实证主义的,企图将自然科学方法应用到对社会世界的研究。

社会学关注越轨,始于 19 世纪末涂尔干的研究。在他看来,越轨行为在很多方面都是"正常的",对维持社会秩序具有一些重要的功能。当然,越轨行为太多也不行,会导致社会功能失调。从 20 世纪 50 年代开始,越轨概念被用于研究青年亚文化及其与主流社会的关系。到了 20 世纪 60 年代,出现了一种关于越轨的激进的互动理论,认为所谓越轨,可以是任何行为,只要它被社会中强势的守门人贴上这样的标签。**标签**理论把越轨社会学带到了远离早期的实证主义概念的另一个方向,强调越轨其实是社会给特定行为贴上标签的结果。

含义与解读

越轨,指的是"偏离"或违背特定社会认为可以接受或"正常"的准则或规范的行为。大多数人都会在某个时点突破社会共同认可的行为规则,尽管一般来说,童年期的**社会化**会让我们在大部分时间里遵守各种社会规范。越轨并不等同于犯罪,虽然在很多情况下,两者确实有重叠的地方。越轨的范围要远远大于犯罪,后者仅指那些违反法律的不守规矩的行为。越轨概念既可用于个体行为,也可以用于群体活动。越轨研究还提醒我们关注**权力**问题,当我们分析越轨时,必须牢记一个问题,即越轨行为破坏的究竟是谁的规则。在越轨社会学领域,没有哪个理论占据主导地位,而是存在一些重要和有用的理论视角。

涂尔干把犯罪和越轨看作社会事实,认为两者都不可避免,甚至在某种意义上,是任何社会都会出现的"正常"现象。在发达国家,个人主义的水平和个人选择的自由度较高,个体行为较少受到严格约束,所以人们对低水平的越轨行为的容忍度也比较高。在涂尔干看来,越轨还有两个主要的社会功能。首先,越轨可以是一种创新,给社会带来新的价值观念和理念,挑战那些历史悠久的传统。如此,它有可能助推重大的社会变迁。其次,当越轨行为激起负面反应时,它实际上起到了一种积极的作用,也就是提醒人们当前的行为准则和规范到底是什么。用社会学的术语来说,对越轨行为的反应有助于社会维护行为边界,厘清哪些行为是可接受的,哪些是不被认可的。另一方面,假如越轨行为水平过高,社会就无法正常运行,在这种情况下,就需要法律和秩序的力量介入。

使用最为广泛的越轨理论或许是标签理论,它解释说,越轨不是个体或群体的一系列特征,而是越轨者和遵守规则的人之间的**互动**过程。因此,我们需要弄清楚,为什么有些人会被贴上"越轨"的标签。标签不仅会影响周围他人如何看待一个人,还会改变这个人的自我意识。埃德温·莱默特(Lemert 1972)提供了一个模型,可以帮助我们理解越轨是如何与一个人的自我**身份认同**共存或成为其核心的。他指出,与一些人的设想相反,越轨行为其实十分常见,人们通常不会受到惩罚。比如,许多违反交通规则的行为很少被发现,工作场合的顺手牵羊则往往被"忽视"。莱默特把这些轻微过失称为**初级越轨**(primary deviance)。在大多数情况下,这些行为不太会影响一个人的自我身份认同,而且会"正常化"。然而,在某些情况下,"正常化"不会发生,并且当事人被贴上了罪犯或违法者的标签。莱默特认为,人们可能会接受他们被贴上的标签,将其内化为自我身份认同的一部分,并据此调整自己的行为。当他们接受的标签引发更多的犯罪和越轨行为时,我们可以称这种状况为**次级越轨**(secondary deviance)。贴标签可以是一个强有力的过程,对于某些人来说,"罪犯"这个标签或许能碾压他们身份认同的所有其他方面,成为当事人的"**主要身份**",致使他们走上犯罪的道路,不再回头。

批判与讨论

越轨的功能主义理论具有明显的优势,它把越轨、犯罪和日常生活中的顺从行为联系起来,表明"是否有机会"可能是一个人会否实施犯罪的重要影响变量。话说回来,我们必须牢记,所有社会**阶级**的绝大多数成员都没有成为职业罪犯,而且大部分人不会经常犯罪。有时候,标签理论会被批评为过于关注社会的少数部分、外来部分和极端部分,以及"使越轨行为人性化",却对"为什么大多数人遵纪守法"这个问题视而不见。还有一些学者建议,当不可接受的越轨水平变得过高时,与其让政府进行干预以降低不可接受的越轨水平,不如重新界定越轨和犯罪,以便将之前不可接受的行为纳入社会主流。一旦重新定义越轨,涂尔干的那种乐观想法,即我们可以明确知道什么是可以接受的水平,什么是不可以接受的水平,就变得不可能了。

标签理论隐含的建构主义立场也受到了批评。除了战时,一些越轨行为并不仅仅是社会的强势守门人单方面规定的,而是整个社会长期普遍禁止的。比如,不管政府如何看待,一般情况下,谋杀、强奸和抢劫都被认为是不可接受的。还有人认为,标签理论对政策制定者几乎没有任何帮助。如果所有的越轨都是相对的,那么我们如何决定哪些应该加以控制和制止,哪些可以容忍和接受?如果判断标准为是否造成了伤害,那么情况就与标签理论所说的相反,越轨确实是行为的一种特性,而不仅仅在于其社会定义和贴标签的过程。

意义与价值

在社会学领域,越轨概念有着悠久的历史,它继续给养关于破坏规则的行为及对这种行为的控制的有趣且有见地的研究。事实上,很难想象,如果没有这个概念,犯罪社会学和犯罪学还能做些什么。由于越轨的存在,我们不得不考虑许多社会行动者的作用,包括越轨者和罪犯,舆论制造者和道德捍卫者,警察、法院和政治家,等等。它是一个重要的概念,将"坏"行为与其周遭的社会环境紧密联系在一起。也有许多社会学家聚焦于积极的越轨,即虽然偏离了社会规范,但其结果或者意图是好的(Herington and van de Fliert 2017)。但大部分社会学研究关注的还是社会所界定的消极行为和违法行为。然而,无论是积极的还是消极的,对越轨的研究都会促使我们仔细思考,当下社会所谓的"正常状态",其标准到底是什么。

因此,越轨研究经常会把我们带到隐秘世界,而戈尔德施米特(Goldschmidt 2008)就继承了这个传统。他的小规模研究收集了10名警察在职业生涯里的越轨经历,比如非法拦截和搜查、栽赃、提交虚假报告,以及作伪证等。研究分析了警察自己给出的理由。大部分警察认为他们这么做是为了"崇高的事业",比如抓捕罪犯和保卫社区,他们也相信受害者会支持他们使用这些非常规手段。然而,很多警察的职业生涯受益于这些行为,他们还发展出了各种有效的办法来消除道德上的负罪感。

布里斯托尔等人(Bristol et al. 2018)考察了护士在引入电子病历系统(electronic health records system,HER)后的积极越轨行为。当面临这个新系统制造的制度性障碍时,很多护士会采用被定义为积极越轨的"变通办法"(work-arounds),在保证病人安全的同时,完成他们的照护任务。

参考文献与进一步阅读建议

Adler, P. A., and Adler, P. (2007) 'The Demedicalization of Self-Injury', *Journal of Contemporary Ethnography*, 36(5): 537-570.

Bristol, A. A., Nibbelink, C. W., Gephart, S. M., and Carrington, J. M. (2018) 'Nurses' Use of Positive Deviance When Encountering Electronic Health Records-Related Unintended Consequences', *Nursing Administration Quarterly*, 42(1): E1-E11.

Goldschmidt, J. (2008) 'The Necessity of Dishonesty: Police Deviance, "Making the Case" and the Public Good', *Policing and Society*, 18(2): 113-135.

Henry, S. (2009) *Social Deviance* (Cambridge: Polity).

Herington, M. J., and van de Fliert, E. (2017) 'Positive Deviance in Theory and Practice: A Conceptual Review', *Deviant Behavior*, 39(5): 664-678.

Lemert, E. (1972) *Human Deviance, Social Problems and Social Control* (Englewood Cliffs, NJ: Prentice Hall).

Labelling
贴标签

定义

一些个体和社会群体被有权力和影响力的人认定为具有某些特征的过程,有权势的人有能力让这种标签持续下去。

源起与历史

贴标签这个概念,最早由符号互动论传统下的社会学家于20世纪五六十年代提出。这个视角在犯罪和**越轨**研究中特别有影响力,提醒学者关注越轨是如何在社会**互动**过程中被定义和建构出来的。埃德温·莱默特区分了初级越轨和次级越轨,标签理论往往集中于次级越轨。比如,霍华德·贝克尔(Becker 1963)就认为,我们最好把越轨看成一个过程,在这个过程中,一些行为被界定和归类为离经叛道,并得到相应的处置。贝克尔的核心关注是这个过程对"越轨者"**身份认同**的影响,他们实际上成了"外人"(outsiders),被主流**社会**污名化和边缘化。

含义与解读

对犯罪和越轨行为的研究在很大程度上要归功于互动论,特别是标签理论或者贴标签视角。贴标签的出发点是,越轨行为是一个社会过程,涉及能够强加标签的人和被贴上标签的人之间的互动。例如,警察、法官、法院和**大众媒体**就掌握特定的权力,可以界定什么是越轨行为,而其他人则只能受限于这种定义。对一部人来说,贴标签的过程反映了一个社会的权力分配,因为制定规则的群体往往是白人、老年人、中产阶级和男性。我们要特别注意,不要认为贴标签是一个无关紧要的事情,这可不仅仅是"给狗安个罪名"的社会学版本。贴上标签只是一个长期社会过程的最终产物,往往牵涉到很多行动者,在某些情况下,人们也可能成功拒绝标签。

霍华德·贝克尔的研究向我们展示了,越轨者的身份认同是如何通过贴标签的过程而非由越轨动机或行为产生的。贝克尔还指出:"越轨并不是个体行为的某种特质,而是社会在'犯规者'身上加诸各种规则和处罚的结果。越轨者是那些被成功贴上这个标签的人……越轨行为就是人们贴上了这类标签的行为。"这个定义启发了大量研究,尽管它也受到了批评。贝克尔高度批评了犯罪学将"正常"和"越轨"截然分开的思路。在他看来,行为本身并不是人们成为"越轨者"的决定因素。相反,一些与个体行为毫不相干的社会过程,在决定一个人是否被贴上越轨标签方面,有着更为重要的影响力。穿着打扮、言谈举止,甚至原籍国,都有可能让某个标签向某人径直飞来。

标签理论揭示了刑事司法系统一个特别有讽刺意味的地方,就是那些负责减少犯罪的机构,比如警察局、法院和监狱,往往在创造和维持越轨及犯罪的身份认同方面发挥了关键的作用。在标签理论家看来,这显然是"**社会控制悖论**"的最佳例证,即意欲加强社会控制却造成了越轨放大。威尔金斯(Wilkins 1964)对越轨者是如何"管理"越轨身份认同并把它整合到日常生活中很感兴趣。越轨放大指的是给特定行为贴上越轨标签的意外结果,也就是控制机构实际上激起了更多相同的越轨行为。被贴上标签的人,通过不断升级的放大循环中的次级越轨把标签融入自己的身份认同。标签理论之所以如此重要,是因为它告诉我们,不能假定任何行为或任何人具有犯罪或越轨的"基因"。如果这么做,那我们就会成为非法的本质主义者。相反,我们应该把越轨和犯罪看作社会建构物,随时可能发生变化。

批判与讨论

对标签理论来说,初级越轨随处可见,因此不太需要特别关注。由于过度集中于次级越轨,标签理论家基本忽略了导致人们实施初级越轨行为的过程,使得我们对初级越轨几乎一无所知。但任何全面的越轨理论都必须同时关注初级越轨和次级越轨,不能偏执一端,厚此薄彼。同样,贴标签是否真的具有增加越轨行为的效果,这个问题也尚不清楚。青少年犯罪往往会在定罪后升级,但也可能涉及其他因素,比如与别的罪犯进行更多的互动或是知道了新的犯罪机会。标签理论提出了结构性权力关系的问题,但未能好好解决这些问题。那些强势群体是如何获得他们现在的地位的?回答这个问题需要关于社会的社会学理论,比如马克思主义或其他**冲突**理论,而贴标签不成其为关于社会的一般性理论。

意义与价值

任何社会都必须预留空间,以容纳那些行动不符合主流规范的个体或群体。那些循规蹈矩的人,面对来自政治、**科学**、艺术或其他领域的新思想时,第一反应往往是怀疑或产生敌对情绪。在这个意义上,由于犯罪学只关注犯罪以及如何减少犯罪,标签理论和更一般的越轨社会学是对犯罪学的一种有益平衡。此外,尽管标签理论没有回应其研究所提出的全部问题,但它确实为越轨及越轨身份认同的建构等议题开辟了广阔的天地,使后来的社会学家可以沿着新的兴趣路线继续前进。

时至今日,在研究受歧视的群体时,标签视角依旧十分有用。蒙克利夫(Moncrieffe 2009)用标签理论来研究"流浪儿童"和"童奴"(restavecs)在海地的地位。"童奴"指的是被从农村家庭送到城市家庭生活和工作的儿童。蒙克利夫指出,大部分"童奴"都饱受虐待,因为有确凿的证据表明存在殴打、长时间工作和性侵。然而,政府官员对此意见不一,有些人认为这种童工体系是海地国家声誉的"污点",另一些人却坚信"童奴"具有某种经济上的正向功能。另一方面,"流浪儿童"引发了更多的负面反应,他们被视为"海地最让人厌恶的群体"。这些标签往往在所有群体和**组织**中再生产,甚至是那些致力于消除**贫困**的机构,比如教会。蒙克利夫向我们展示了,经典的贴标签过程是如何与污名化密切相关的。

越轨与遵守社会规则是对立的。但是,在规则尚未规范化的环境里,可以应用越轨概念吗?考虑到网络空间相对缺乏必要的规则,或许有人会认为在网络世界里,越轨和正常的定义相当随意。但实际上,人们往往会把"线下"的习惯和规则带到"线上"环境。德内格里-诺特和泰勒(Denegri-Knott and Taylor 2005)对这个问题进行了有趣的讨论,他们调查了在线共享 MP3 音乐文件和虚拟世界里的"网络论战"(使用刺激性、煽动性语言)。他们探讨了这样的问题:在社会规范仍在逐步发展的环境里,"越轨"概念是否适于解释他们在网上观察到的某些行为。

参考文献与进一步阅读建议

Becker, H. S. (1963) *Outsiders: Studies in the Sociology of Deviance* (New York:

Free Press).

Denegri-Knott, J., and Taylor, J. (2005) 'The Labeling Game: A Conceptual Exploration of Deviance on the Internet', *Social Science Computer Review*, 23(1): 93-107.

Hopkins Burke, R. (2013) *An Introduction to Criminological Theory* (4th edn, Abingdon and New York: Routledge), esp. chapter 9.

Moncrieffe, J. (2009) 'When Labels Stigmatize: Encounters with "Street Children" and "Restavecs" in Haiti', in R. Eyben and J. Moncrieffe (eds), *The Power of Labelling: How We Categorize and Why it Matters* (London: Earthscan), pp. 80-96.

Wilkins, L. T. (1964) *Social Deviance: Social Policy Action and Research* (London: Tavistock).

Moral Panic
道德恐慌

定义

社会对特定群体或特定行为的过度反应,它们被视为更普遍的社会问题和道德问题的征兆。

源起与历史

斯坦利·科恩进行了一项具有重要影响的研究,在1972年以《民间恶魔与道德恐慌》(*Folk Devils and Moral Panics*)为题出版,主要考察了越轨放大的过程。在这部经典作品中,科恩探讨了与英国青年**文化**的兴起及对这种文化的控制相关的**贴标签**过程。他注意到,1964年,在海滨小镇克拉克顿,所谓的摩登派和摇滚派之间发生了一些小摩擦,但第二天报纸以超乎他想象的方式对此进行了大肆报道。在科恩看来,这就是一起道德恐慌事件。在这个过程中,"青年"成了各种社会问题的替罪羊。就像其他标签相关研究发现的那样,媒体的关注导致了越轨放大的循环。后续研究用道德恐慌这个概念来描述社会

194 对一些热点问题的广泛关注,比如恶犬、吸毒、狂野的"假小子"、移民等。一些理论家认为,作为一种**社会控制**机制,现在的道德恐慌如此广泛和分散,以至于它已经成为**社会再生产**的一个重要面向。或许,离散(互不关联)的道德恐慌的时代已经结束。

含义与解读

1964年在英国海滨度假胜地的聚会,吸引了各家媒体纷纷以耸人听闻的标题进行报道:"摩托车帮制造的恐怖日""野人入侵海边""年轻人掀翻小镇"。有感于这种激烈反应,科恩依据目击者的叙述、法庭记录和其他文献资料,试图还原当天整个事件的真实过程。结果发现,报纸对事件的报道与事实有很大出入。实际上,没有发生严重的暴力事件,没有人因为受伤被送往医院,和以前的假日周末相比,破坏情况也没有更严重。但是,上述反应为未来的新闻报道奠定了基调。科恩指出,以这种夸张的手法来大肆渲染年轻人的活动,媒体营造出了一种恐惧和惊慌的氛围,好像整个社会的道德准则都面临严重威胁似的。这样一来,媒体并不仅仅是对青年活动进行了报道,还在不经意间帮助建构了新的青年身份认同。在1964年以前,摩登派和摇滚派并没有作为独立的青年文化而存在,两者的相互敌对也是由媒体报道渲染和助长的。在随后几年,所有对这类聚会的描述都被纳入了主流框架,即各方代表了对立的青年文化,他们彼此之间和对主流社会都有使用暴力的倾向。

在科恩看来,这种给某个群体贴上"外人"或者"民间恶魔"标签的社会过程,有助于将人们的注意力集中到整个社会的发展方向上。当时,人们担心的是日益放纵的态度,1958年取消义务兵役制度后的纪律涣散,**家庭**破裂,以及口袋里不再缺钱的物质主义一代,所有这些都被怪到青年亚文化身上。许多道德恐慌随着立法的通过而结束,例如新的刑事损害法有助于缓解20世纪60年代对失控青年的担忧。然而,从那以后,几乎所有的青年文化,从朋克到锐舞文化,都引发了类似的道德恐慌。

一般来说,道德恐慌遵循一个固定的模式。首先,社会认定某件事情或者某个群体对公共道德规范构成威胁。接下来,**大众媒体**会夸大和简化这种威胁,使公众对这个问题更加敏感,并提升整个社会的关切程度。其后,公众会发出"是时候采取行动了"的呼声,向有关当局施压,督促启动新的立法程序。在部分情况下,这种恐慌会一直持续到媒体停止关注为止。在科恩的研究之后,许多学者对道德恐慌的问题展开了讨论。历史学家发现,在19世纪,甚至更早的时候,就有过类似的现象。

比如,杰弗里·皮尔森找到了一个发生在19世纪60年代的具体案例,当时在伦敦出现了一种暴力抢劫行为,隐隐有失控的迹象。关于"勒杀"的新闻报道侧重于在抢劫富人时使用了刀具及团伙作案,并评论说这种犯罪方式非常"不英国"(un-British),暗示这可能与当时大量涌入的意大利移民有关。皮尔森认为,这种恐慌产生的原因是,整个社会担心随着遣送、鞭笞和其他身体惩罚措施被废除,政府"对犯罪行为日渐手软"。面对恐慌,政府重新启用了鞭刑,公众的恐慌情绪才逐渐平息。道德恐慌理论是互动社会学的一个极佳案例,在这个理论框架内,道德卫士、舆论制造者、警察、司法机构、立法者和一般公众,当然还有"越轨者",相互联系,处于同一个**互动**过程。

批判与讨论

批评者指出,道德恐慌理论最致命的问题是,无法分清被夸大了的道德恐慌和真实存在的严重社会问题。比如,进入21世纪,对以伊斯兰教的名义实施的恐怖活动的反应,是道德恐慌的一部分,还是说这确实是一个严重的问题,需要媒体广泛报道和引入新的法律予以应对?在不必要的恐慌和合理的反应之间,有没有清晰的边界?如果有,这由谁来决定?另一个批评是,近年来,青少年犯罪、毒品使用和"虚假的"寻求庇护者等问题都引发了道德恐慌。这让一些社会学家认为,道德恐慌不再是离散的,也不再局限于短时间内的激烈活动,而是成了现代社会日常生活的长期特征,也就是说,道德恐慌已经常态化。如果事情确实是这样,那么要清楚界定**越轨**和正常的概念就变得愈发困难了。

意义与价值

科恩的早期研究尤其重要,原因是他成功地将关于越轨的标签理论同社会控制思想和越轨身份认同的建构相结合。这么做,它就为越轨社会学中富有成效的研究议程创建了框架,这个议程一直持续到今天。举个例子,拉姆斯登(Lumsden 2009)考察了苏格兰阿伯丁地区汽车爱好者的一种亚文化,叫作"飙车党"或男孩赛车手,这是当地社会道德恐慌的焦点。有人认为,相比以往,现今的"民间恶魔"更有能力抵制被贴上标签,因为他们有自己的博客,在社交媒体上也很活跃,这使他们能够对抗主流的负面标签。然而,这个案例实际上遵循了典型的道德恐慌的过程。男孩赛车手被媒体、其他群体和政府(通过针对反社会行为的立法)边缘化、污名化,并被贴上了标签。由此,尽管男孩赛车手试图重新定义这种情况,但最终还是逃不开被贴上标签的命运。

随着网络新闻的出现和"假新闻"传播故事的层出不穷,道德恐慌理论或许可以应用于对"假新闻"的讨论。假新闻助长了道德恐慌?或者说,对网络假新闻的广泛关注正在演变成一种道德恐慌?卡尔森(Carlson 2018)在2016年美国总统选举期间,结合新闻来源和新闻业探讨了这个问题。在大选期间,最终胜者唐纳德·特朗普把假新闻变成了一个关键议题,并广泛使用社交媒体与选民直接沟通。卡尔森认为,假新闻问题是"信息道德恐慌"中具有象征性的一个方面,因为新闻工作者视之为对新闻采集、制作和传播的重大转变的广泛关切的标志。特别是,新闻工作者的批评将某些新闻来源视为异常,而将其他来源视为合法。然而,这个例子里的道德恐慌集中在对社交媒体影响力日益增强而传统新闻媒体日渐衰落的焦虑上。

参考文献与进一步阅读建议

Carlson, M. (2018) 'Fake News as an Informational Moral Panic: The Symbolic Deviancy of Social Media During the 2016 US Presidential Election', *Information, Communication and Society*, 23(3): 374-388.

Cohen, S. (1972) *Folk Devils and Moral Panics: The Creation of the Mods and Rockers* (Oxford: Martin Robertson).

Goode, E., and Ben-Yehuda, N. (2009) *Moral Panics: The Social Construction of Deviance* (Oxford: Wiley-Blackwell), esp. chapter 10, on the 'witch craze'.

Lumsden, K. (2009) ' "Do We Look Like Boy Racers?" The Role of the Folk Devil in Contemporary Moral Panics', *Sociological Research Online*, 14(1), www.socresonline.org.uk/14/1/2.html.

Thompson, K. (1998) *Moral Panics* (London: Routledge).

Social Control
社会控制

定义

所有让社会保持一致的方式,包括正式和非正式的机制,以及内部和外部的控制。

源起与历史

控制理论一般可以追溯到 17 世纪的哲学家托马斯·霍布斯那里。霍布斯认为,在一个由自利个体组成的**社会**中,为了防止"所有人对所有人的战争",一个更强大的力量即国家是必要的。国家和个人之间存在一种契约,个人以对国家的忠诚来换取国家对自己的保护。随着社会控制研究进入社会**科学**的视野,各种更加复杂的社会学视角开始出现。

到了19世纪末,爱德华·罗斯提出,社会控制包括为使人们遵守社会规则而施加的所有压力,尽管这只是一种一般化的说法。塔尔科特·帕森斯(Parsons 1937)提供了一个基于**社会化**的替代性定义。他认为,对社会规则的遵从并不总是因为恐惧和外部机构的作用,也源于人们在社会化过程中对规则和价值观的内化。特拉维斯·赫希(Hirschi 1969)给出了一个更为具体的界定,他指出,当个人和社会之间的联结纽带被削弱或打破时,就会发生青少年犯罪。这一理论把注意力放在个人对**家庭**、同辈群体以及各种社会设置的依附上。然而,对马克思主义理论家来说,国家是生产社会控制的关键行动者,在资本主义社会,社会控制实际上就是对工人阶级的控制。

含义与解读

社会控制是**越轨**的反面。研究越轨和犯罪的社会学家关心人们为什么会违反社会规则和法律。社会控制理论家提出的问题则正好相反,即人们为什么会遵守规则。理解各种社会控制理论的一种方法是,把它们分为"制造遵从"和"压制越轨"两种思路(Hudson 1997)。"制造遵从"取向的理论一般关注的是个体如何习得社会角色和内化社会规范,而"压制越轨"取向的理论则侧重于越轨行为与为减少越轨行为而采取的措施之间的联系。可以说,更好的理论是能够结合这两种思路的理论。

帕森斯试图解决他所说的"社会秩序难题",即如何让一代又一代人遵从社会规则,从而维持社会稳定。他认为,人们遵从社会规则并不是被迫的或者逆来顺受,大多数人都是主动为之。这是因为,社会规范不仅是"外在"的,存在于法律手册和礼仪书籍中,同时也内在于我们的自我。社会化确保我们的自我意识与遵从规则绑定在一起,这有助于我们塑造一种"我是好人"的自我形象。在现实生活中,我们每个人都是自己的审查官,承担了大部分实时"监管"自己行为的责任。

比如，戴维·马茨阿(Matza 1964)对年轻人违法行为的研究就发现，即使是那些违反法律的人，也认可主流社会的一般价值观，他们发明了一种"中和化技术"(techniques of neutralization)，来讲述自己为什么违法。这样，他们才能在实施犯罪行为的同时，维护自己的自我形象。

赫希的社会控制理论认为，遵从社会规则源自依附和社会纽带。遵从主要是通过这些产生的：和朋友、家人及同辈群体的密切关系，对传统生活方式的坚守，对正常的合法活动的参与，以及尊重法律和**权威**人物的信念。这些依附和纽带作用于个人，使之在主流社会允许的范围内活动，没有机会接触越轨行为。因此，越轨的起因不仅仅在于个人出了问题，或者自私的个人主义，还在于个人与社会及其主要组织和社会设置之间的联系不够紧密，这使他们漂泊不定，容易受到越轨的诱惑。越轨行为本身不需要解释，因为一旦有机会，任何人都可能越轨。

一个强有力的例证是犯罪模式的性别差异，这或许是官方犯罪统计数据中最令人吃惊的方面。为什么女性的犯罪率远低于男性的犯罪率？按照赫希的理论，答案在于父母和各种社会**组织**对女孩和男孩的不同控制。社会鼓励男孩早日进入公共世界并勇于承担**风险**，以便他们长大后能够胜任各种成年男性角色。男孩在外面玩的时间越长，接触越轨活动的机会就越多。与此相反，女孩总是被父母留在家里，她们不被鼓励，甚至是被禁止与外面的世界接触，尤其是在天黑以后，这减少了她们破坏社会规范的机会。

批判与讨论

帕森斯关于社会控制的社会学思路，把我们的注意力从外部控制转移到内部自我控制上，这给我们带来了一个全新的理解维度。然而，批评者认为，这个理论过于强调社会化在制造遵从方面的作用，而社会化可能承担不了这么重的责任。原因是，在很多人看来，社会化和自我形成的过程本质上是冲突的,而不是一帆风顺的,其中还有许多情感上的紧张。这意味着,我们无法确保同一套社会规范和价值观能够被所有人内化。因此,在制造遵从的过程中,肯定存在比帕森斯预想的更加复杂的因素。

后来的社会控制理论,包括**贴标签**视角,认为社会控制和越轨是紧密相连的。然而,两者之间的关系极具讽刺意味,因为社会控制机构越是想方设法防范越轨,就越有可能产生更多的越轨行为。20世纪60年代之后,一系列关于越轨的互动研究告诉我们,社会控制如何让更多的行为被贴上越轨的标签,以及随后"越轨活动"是怎样扩散的。

意义与价值

社会控制的概念和社会秩序的产生,长期以来一直是社会学理论的主题。为了解决社会秩序难题,社会学家有在考虑结构与能动的问题、微观与宏观层面的现象,以及社会化和遵从社会规则之间的关系。但所有这些都不应该与犯罪和越轨研究相分离,因为它们是一枚硬币的两面。既然如此,只要还有犯罪和越轨研究,就会有人想知道它们对我们理解社会控制有什么影响。

科勒-豪斯曼(Kohler-Hausmann 2018)的一项近期研究,联系纽约市的刑事法庭和刑罚,对上述问题进行了探讨。研究发现,尽管美国的刑罚政策从20世纪70年代开始转向大规模监禁,但如果仅关注刑事犯罪和不断膨胀的监狱人口,那么我们对美国刑事司法和社会控制的理解就非常片面,会误解和低估美国刑事司法的影响范围。科勒-豪斯曼着眼于轻微犯罪,这在倡导犯罪预防的"破窗"命题提出后变得非常普遍。这些行为通常不会被判处监禁,如在公共场所小便或违章停车,但还是会让人们卷入司法体系。在法院系统内部,大量的轻罪案件被非正式地称为"轻罪地带"(misdemeanorland),也就是处理这些案件的物理和法律空间。从社会学的角度来看,这些不当行为大多没有挑战基本道德准则（涂尔干），对它们的处罚（如罚款）也不代表"中和阶级冲突"（马克思）。相反，这项研究告诉我们，社会控制是通过个人与刑事司法体系的持续牵扯及他对其中的机构的义务而存在的。

　　赫希的控制理论认为，紧密的依附关系可以帮助人们远离越轨行为，布斯等人（Booth et al. 2008）的研究重新审视了这个命题。他们基于学校，考察了社会控制、性别和青少年违法行为之间的关系，主要着眼于**性别**差异。早期的研究揭示，亲子关系对女孩的影响甚于对男孩的影响。相反，这项研究却发现，亲子关系对孩子（不管是男孩还是女孩）的危险举动或严重违法行为，基本没有什么影响。相比之下，参加亲社会活动，如体育、教会和学校活动，影响却很大。教会和非运动类的学校活动可以减少男孩的严重违法行为，但在女生身上效果并不明显；反过来，参加体育活动可以减少女生的违法行为，但对男生没有显著作用。这表明，那种认为体育可以让男生远离犯罪，而教会和非运动类的活动可以在女生身上起到同样作用的传统观念，可能是无效的。作者给出的结论是，在社会联系方面存在着重要差异，因此有必要对越轨行为分性别进行分析，不能一概而论。

参考文献与进一步阅读建议

Booth, J. A., Farrell, A., and Varano, S. P. (2008) 'Social Control, Serious Delinquency, and Risky Behavior', *Crime and Delinquency*, 54(3): 423–456.

Chriss, J. J. (2013) *Social Control: An Introduction* (Cambridge: Polity).

Hirschi, T. (1969) *Causes of Delinquency* (Berkeley: University of California Press).

Hudson, B. (1997) 'Social Control', in M. Maguire, R. Morgan and R. Reiner (eds), *The Oxford Handbook of Criminology* (2nd edn, Oxford: Oxford University Press), pp. 451–472.

Kohler-Hausmann, I. (2018) *Misdemeanorland: Criminal Courts and Social Control in an Age of Broken Windows Policing* (Princeton, NJ: Princeton University Press).

Matza, D. (1964) *Delinquency and Drift* (New York: John Wiley).

Parsons, T. (1937) *The Structure of Social Action* (New York: McGraw-Hill).

Stigma
污名

定义

一些身体或者社会特征,被认定为有失体面或为社会所不认可,会带来耻辱、社会距离或歧视。

源起与历史

对污名和污名化过程的社会学研究,大约是从 20 世纪 60 年代开始的,主要集中在符号互动论传统中。一些早期的研究,比如戈夫曼(Goffman [1963]1990)的研究,从理论上分析了污名化过程如何产生歧视,同时也探讨了被污名化的人如何作出回应。在戈夫曼看来,不同类型的污名有一些重要的差异,这决定了人们能够在多大程度上管理好自我**身份认同**和保护他们的自我意识。关于污名的思想的另一个重要源头是失能群体的权利运动。保罗·亨特(Hunt 1966)的《污名:失能的体验》,是早期对失能的个人模型的一个重要挑战。亨特认为,与其说失能者的问题是由他们的身体损伤引起的,不如说是失能者和健全者之间的**互动**导致了失能的污名化。近些年来,污名概念被成功地用于探讨 HIV/AIDS 及其他与健康有关的状况。

含义与解读

对污名的产生最为成功和系统的研究,来自欧文·戈夫曼。他出色地向我们展示了社会身份认同和身体呈现之间的密切联系。一旦一个人身体的某些方面被他人归为污名的来源,就会给这个人带来麻烦。例如,他告诉了我们具有某些明显身体缺陷的失能者是如何被污名化的。尽管如此,并不是所有污名的来源都是身体上的,因为污名可能附着于个人经历、品行"缺陷",甚至人际关系。

污名可以有许多形式。身体污名(physical stigma),如明显的损伤,一般是很难甚至不可能瞒过其他人的。就像戈夫曼所说的,这种情况让身份认同的管理变得十分困难。我们可以说这是一种显性污名,它在互动中得到确认。个人经历污名(biographical stigma),如早期的一项犯罪记录,相对容易隐瞒。我们也可以称之为潜在污名,指的是一旦传开了,就很可能带来污名化。管理这种类型的污名比较容易,但也需要持续的控制。品行污名(character stigma),例如与吸毒者往来,也可能是一种潜在污名,但如果这个人被看到和坏人混在一起,它就会变为显性污名。需要注意的是,戈夫曼并没有说人们应该隐藏自己的污名,他只是想弄清楚污名化的过程在现实世界中是如何运作的,以及人们如何运用各种策略来避免污名化。

戈夫曼指出,污名是一种贬损的社会关系,背负污名的人往往会失去为社会完全接受的资格。在医疗环境中时常出现污名化现象,当人们生病时,他们的身份也会发生变化——有时是暂时的,但在其他时候,如患上慢性病,则是永久的。戈夫曼认为,污名化过程必然伴随着**社会控制**。污名化某个群体,是社会控制他们行为的一种手段。在某些情况下,污名永远不会消失,这个人也永远不会被**社会**完全接受。许多早期的 AIDS 患者都有过这种经历,而在一些国家现在还是如此。

长期以来,同性恋在世界上许多国家都被污名化,自 20 世纪 60 年代以来,对男女同性恋者的仇恨被描述为"恐同症"(homophobia)。这既可能采用贬低性语言和辱骂的形式,也可能公然实施暴力。2016 年,一名持枪男子在佛罗里达州奥兰多的一家夜总会朝同性恋者开枪,造成 49 人死亡、53 人受伤,这是美国历史上最严重的大规模枪击事件之一。在很长一段时间里,诸如"粉扑"(poof)、"娘娘腔"(sissy)和"酷儿"(queer),以及很多类似的词语,在学校里非常普遍。考虑到儿童期是**社会自我**形成的关键时期,学校里的恐同现象被认为是社会中"异性恋本位"再生产的一个重要方面。内特尔顿(Nettleton 2021)指出,由于 AIDS 最早是在美国的男同性恋者中发现的,因此它一开始的名字是"GRID"(Gay Related Immune Deficiency,男同性恋免疫缺乏症),意思是与男同性恋者有关的免疫缺陷疾病。当时社会还普遍认为,同性恋者的"快车道"(fast lane)生活方式实际上导致了这种疾病,媒体经常称之为"同性恋瘟疫"。虽然这是错误的,但从流行病学的角度将男同性恋者划入"高危人群",往往会强化这些群体与"异性恋大众"的分化。

批判与讨论

污名研究的一个不足之处是,相对缺乏对政治和结构问题的关注(Tyler and Slater 2018)。例如,污名是由谁生产出来的?出于什么目的?污名与社会不平等的再生产有关吗?污名一旦形成,还有可能抵制它吗?近年来,对社会生活中污名的功能的研究试图对污名化过程作出更全面的描述,人们对这些问题的兴趣也日渐浓厚。

例如,就个人而言,人们可以直接拒绝接受某个污名化的标签,即便单独来看他们不太可能成功。然而,集体抵制在反击污名方面可谓意义重大。失能者和同性恋者的权利运动,往往通过抗议和直接行动,向社会对他们的显性和潜在污名的解释提出挑战。声势浩大的象征性抗议,正面直击歧视性语言和**贴标签**行为,这些施加了变革和通过新的平权立法的压力,也有可能改变社会的态度。早期的污名理论没有看到污名化过程的上述诸多可能性。

意义与价值

污名概念到现在仍然有用。比如说,对自残行为的研究揭示,那些自残的人敏锐地意识到他们的行为可能被污名化,因此往往选择最难被他人发现的身体部位下手,避免他们的潜在污名变成显性污名。同样,对神经性厌食症等进食障碍的研究也表明,人们会极力隐藏他们的反常行为,以管理他们对自我的展示,进而维护自己的身份认同。他们不愿在别人面前失控,不想被他人强加社会污名。

陈及其同事(Chan et al. 2009)对泰国的性滥交标签和 AIDS 的研究也表明,污名概念依然非常重要。这项研究采用了混合方法,探讨了曼谷的护士对于在工作中意外暴露于 HIV 的风险的看法。结果发现,护士对 HIV 的恐惧主要源于 HIV 检测呈阳性带来的社会排斥,而不是感染的医学后果。就算都清楚在工作中实际感染的可能性非常小,但他们对 HIV 的社会后果仍然心存恐惧。在近距离观察到他们的病人所背负的污名之后,这种担心和害怕变得愈发强烈。

参考文献与进一步阅读建议

Chan, K. Y., Rungpueng, A., and Reidpath, D. (2009) 'AIDS and the Stigma of Sexual Promiscuity: Thai Nurses' Risk Perceptions of Occupational Exposure to HIV', *Culture, Health and Sexuality*, 11(4): 353–368.

Goffman, E. ([1963] 1990) *Stigma: Notes on the Management of Spoiled Identity* (London: Penguin), esp. chapters 1 and 2.

Green, G. (2009) *The End of Stigma: Changes in the Experience of Long-Term Illness* (London: Routledge), esp. chapters 1 and 2.

Hunt, P. (1966) *Stigma: The Experience of Disability* (London: Chapman).

Nettleton, S. (2021) *The Sociology of Health and Illness* (4th edn, Cambridge: Polity).

Tyler, I., and Slater, T. (2018) 'Rethinking the Sociology of Stigma', *Sociological Review*, 66(4): 721–743.

主题十

政治社会学

Authority
权威

定义

一个人或群体对另一个人或群体所拥有的合法**权力**。

源起与历史

马克斯·韦伯(Weber [1925] 1979)的政治社会学是大多数权力、政治和权威研究的起点。在韦伯看来,权力是即使遭到反对,一个人或群体也能贯彻自己的意志的能力;但是,只有当这个人或群体能够发出命令,并且完全有理由预期这些命令会得到执行时,才能说他们处于权威地位。由此看来,权威的基础在于,接受命令的人相信,发出命令的人这么做是正当合法的。换句话说,发出命令的人的位置被认为具有权威。在亲子关系中,可以看到权威的运作;在家里,一家之主负责作出各种决定;在**组织**内部,管理者被认为有权下达各种指令;在军队,有严格的等级和权威制度;在政治领域,一旦政府制定了法律,公民就应该遵守。

含义与解读

韦伯认为,权威体系因社会和时间而异。他区分了历史上的三种权威:传统型、卡里斯玛型和法理型。然而,这三种都是**理想类型**,即一种启发性的理论工具,旨在帮助研究者更好地把握现实世界。尽管韦伯的分析框架看上去是按照时间顺序来排列的(从传统型到卡里斯玛型再到法理型),但任何一种都有可能成为主导,而且更常见的情况是两种或三种权威同时存在。

传统型权威指的是,通过尊重世代相传的悠久文化模式而合法化的权力。在这种体系里,人们服从命令是基于统治者的传统**地位**。传统型权威的合法性来自人们知道并认可这一点,即自古以来,事情就是这么安排的。韦伯给出的例子是中世纪欧洲贵族**家庭**的世袭制,我们现在还能在贵族和王室中看到它的影子。在传统型权威体系下,人们效忠于特定的人,而不是他们制定的规则。实际上,这意味着人们只听从统治者的,觉得自己应该对统治者个人而非规则忠诚。

卡里斯玛型权威往往会破坏传统型权威,在历史上是创新和变革的源泉。这种权威的基础是追随者对领袖的忠诚,因为领袖的非凡品质让追随者甘愿效忠。然而,卡里斯玛这个概念很难界定,因为说不清这种非凡品质究竟是领袖实际具备的,还是追随者想象出来的。历史上的典型案例包括耶稣基督和圣雄甘地等,尽管英雄士兵、"圣人"和政治领袖也被描述为有"卡里斯玛"。任何卡里斯玛型领袖都必须时不时"证明"一下他们的非凡品质,如果证明不了,这个领袖的地位就会受到挑战。在韦伯看来,这使得卡里斯玛型权威在本质上是不稳定的,而领袖一旦去世,信仰和合法性的危机很可能随之而来,这往往会加剧这种不稳定情况。当卡里斯玛型权威体系开始采用更为常规化的形式时,它们通常会转变成传统型或法理型权威体系。

随着**资本主义**的出现,韦伯认为,传统型权威会逐步让位于一种新的权威,即**法理型权威**。这是一种通过依法制定的规则和条例而合法化的权力,法理型权威把对法律的信仰和决策中的形式理性很好地结合到一起。这种权威可见于现代组织和科层机构,以及指导**社会**政治生活的民主政府系统。只有经过"正当的"程序,而不是依据传统或个人的心血来潮,来作出决定和发布命令,才能称为法理型权威。法理型权威的典型表现形式是**科层制**。

批判与讨论

对韦伯类型学的一个长期批评是,尽管他区分了四种社会行动,但却只有三种权威体系。"缺失"的类别似乎是**价值理性权威**,它的合法性基础是一系列规范的绝对价值。在本质上,这是一种意识形态形式的权威,领袖因其对目标或目的的追求而获得合法性。这第四种权威依赖的是对意识形态目标的服从,而不是对个人的服从;所发出的命令只要与终极目标有关,那它就是合法的。现实的例子包括强势的"意识形态"体系,比如宗教组织。

近年来,社会学家讨论了名人文化的出现,这种**文化**看重的是某个人在媒体上的表现而不是他们的个人成就。这在政治领域也有所体现,公众对一些重要政治人物的评价往往依据的是他们在**大众媒体**上所展现的个性。一些社会学家指出,这会破坏法理型的民主进程,并对民主价值构成威胁。比如,尼尔·波兹曼(Postman 1986)就警告说,政治有可能沦为娱乐行业的附庸。

意义与价值

韦伯的分类法允许三种类型的混合体存在,尽管其中一种可能占据主导地位。比如,现代英国有一个成熟的法理型权威体系,但与此同时,在政治上,代表贵族的上议院依旧在政府中发挥着作用,君主地位也受到宪法的保护。这些理想类型的混合,使韦伯的框架具备足够的弹性,因此政治社会学家至今仍然能够使用这些概念工具。然而,名人文化对政治生活的渗透,使政治领袖的权威基础开始受到质疑。

今天,政治家娴熟地经营自己的公众形象,各个政党也积极获取流行歌手、演员和运动员等社会名流的支持,这早已是司空见惯。类似地,在美国,演员罗纳德·里根和商人兼"真人秀"主持人唐纳德·特朗普都曾当选总统。这种名人文化对政治生活的侵入,以前被认为是一种非常不好的现象。然而,斯特里特(Street 2004)指出,名人政治可以追溯到18世纪,不仅如此,名人政治家与代议制民主也不是水火不容的。事实上,名人政治不仅没有违背民主代议原则,反而可以被看作这些原则的一种延伸。"代表性"并不是一个局限于政党宣言和政策建议的概念,它还包括政治家的个人风格、审美以及吸引力。

上述所有这些个人因素,可以帮助政治家在他们与所代表的民众之间建立起认同。正是通过政治风格和公开亮相,政治家传达了他们与选民的关系以及他们的未来计划,把复杂的政治争论简化成选民可以认同和理解的形式。

政治学家通常认为,规模较小的政党更可能依靠一个卡里斯玛型领袖,以缩小与大党之间的资源差距。但是,卡里斯玛型权威真的有助于小党赢得选票吗?范德布鲁格和马恩(Van der Brug and Mughan 2007)基于荷兰选举的经验证据,对这个问题进行了深入探讨。他们分析了三次选举,考察了右翼民粹主义政党的选举表现。结论是,与大党领袖相比,这些小党领袖的影响力没有任何优势。这项研究还否定了这样一种看法,即那些投票给右翼政党的选民,主要是出于对现状的一种模糊的不满情绪,并不是真正支持这些政党领袖所倡导的政策。范德布鲁格和马恩指出,支持右翼政党的选民与其他选民考虑的因素是一样的,他们在做出选择时,"理性"程度一点都不低,也不会被卡里斯玛型权威轻易动摇。

参考文献与进一步阅读建议

Morrison, K. (2006) *Marx, Durkheim, Weber: Formations of Modern Social Thought* (2nd edn, London: Sage), esp. pp. 361–373.

Postman, N. (1986) *Amusing Ourselves to Death: Public Discourse in the Age of Show Business* (London: Heinemann).

Street, J. (2004) 'In Defence of Celebrity Politics: Popular Culture and Political Representation', *British Journal of Politics and International Relations*, 6: 435–452.

Van der Brug, W., and Mughan, A. (2007) 'Charisma, Leader Effects and Support for Right-Wing Populist Parties', *Party Politics*, 13(1): 29–51.

Weber, M. ([1925] 1979) *Economy and Society: An Outline of Interpretive Sociology* (Berkeley: University of California Press).

Citizenship
公民权

定义

某个国家或政治**共同体**赋予某人的一种**身份**,它带有一定的权利和责任。

源起与历史

公民权(公民身份)的概念起源于古希腊的城邦,在那里,部分生活在城邦范围内的人可以获得"公民"身份。在这个意义上,公民身份是一种社会地位的象征。在许多前现代社会,君主或皇帝统治着大量的人口,这些人没有适当的手段参与管理。事实上,在很多识字水平较低的社会,大部分人对政府和政治知之甚少。在上述社会,普通人可以拥有个人权利或参与政治决策的想法是相当陌生的,因为这种特权只限于**社会**中地位较高的成员。今天,人们通常都生活在某个政治实体里,具有公民身份,拥有与这种身份相适应的权利和责任。T. H. 马歇尔(Marshall [1950]1973)认为,公民权是随着**工业化**出现的,并追溯了不列颠(特别是英格兰)公民权的演变,也就是从18世纪的民事权利,到19世纪的政治权利,再到20世纪的社会权利。

含义与解读

在现代社会,公民身份是国家根据居住地授予其成员的一种社会地位。因此,拥有公民身份,就意味着可以享受一些特权,当然,也必须承担相应的义务。比如,公民有权期待国家来保护自己,但国家也期待公民合理行事,不要拿起武器来攻击其他公民或政府。公民权的概念分为不同的类型,每一种新类型都建立在先前类型的基础之上。

民事权利是随着现代产权的出现而兴起的,要求人们承担相互尊重财产权的义务,由此衍生出维护社会秩序的共同责任。彼时,政治权利仅限于有产者,大多数人都被排除在正式政治之外。到了第二阶段,**政治权利**包括逐步扩大投票权,允许工人阶级和女性投票,引入某些自由结社的权利(比如成立工会),同时也出现了言论自由的想法。第三阶段的主角是**社会权利**,公民权拓展到了社会福利领域,集体有提供福利和其他津贴的共同责任。人们被期待为用于支持脆弱群体的社会基金作出贡献,相应的,一旦他们有需要,也有权从福利安全网中获得帮助。

近年来,一些人认为,我们正步入第四阶段,涉及的是**环境权利**。在这个阶段,公民拥有新的权利,可以要求清洁、安全的生存**环境**,但同时也要承担保护环境的新义务,不论是人类环境还是自然环境。一个更激进的版本是"生态公民权",它设想将公民权所包含的保护措施扩展到一些动物。生态公民权涵盖我们对非人动物、对人类的后代以及维护自然环境完整性的新义务。对子孙后代的新义务也意味着,要长期致力于可持续发展。从本质上说,生态或环境公民权要求我们认真考虑人类的"生态足迹",也就是人类活动对自然环境和自然过程的影响。

批判与讨论

马歇尔的公民权概念是有问题的,因为它仅基于一个民族国家即英国的经验。在法国、德国和其他国家,公民权并没有按照他描绘的轨迹"演化"。有学者认为,马歇尔的思路只是一种事后描述——历史本就如此,而不是真正的解释。比如,为什么在特定的历史时刻赋予了工人阶级和女性政治权利?这真的是自然"演化"的一部分吗?举例来说,工会为了扩大选举权而努力奋斗,其他团体则同样竭力反对。类似地,即使在英国,男性和女性的合法投票年龄直到 1928 年才相同。这可都进入 20 世纪了,比马歇尔的框架所预测的时间要晚得多。

简言之,是什么推动民事权利发展到政治权利,再扩展到社会权利?马歇尔没有给出一个明确回答。

20世纪80年代,美国和英国政府试图削减政府开支和"回撤国家"(roll back the state),这表明公民权从来没有稳固到无法逆转的程度。2008年金融危机后的紧缩政治,也迫使很多政府削减公共开支,为许多福利的获取设置了条件,从而改变了公民社会权利的内容。最近的**全球化**理论对源自民族国家的公民权模型的基础提出了挑战。比如,欧盟提供了一种区域性的公民身份,授予了公民某些权利,如旅行和工作的权利,民族国家必须尊重这些权利。欧盟公民还可以在欧盟层面挑战民族国家的法律决策。世界主义思想家认为,未来公民权有可能扩展到全球层面,个人将会拥有全球公民身份,尽管目前我们离实现这一愿景还很遥远。

意义与价值

尽管基于民族国家的公民权模型存在一些问题,受到了一些挑战,但包括权利和义务的公民权的基本概念还是站得住脚的。事实上,近期一些政治辩论反思了如何让公民变得更加积极,以此作为重振政治和社区生活的一种手段。扩大公民的权利及平衡权利与责任的压力不断变化,这也促使我们持续思考和探索,公民权到底是什么,以及它应该是什么。

雷德利和温伯格(Redley and Weinberg 2007)讨论了这样一个问题:自由主义的公民权模型能把有学习障碍的人整合进社会吗?这种要求以智力和独立为前提的民主模型,能在政治上给智力障碍者赋权吗?这个民族志研究探讨了我们能够从英国的一项倡议,即学习障碍者议会(PPLD)中学到些什么。学习障碍者议会支持有学习障碍的人的"自我倡导"(self-advocacy),这具有明显的自由民主倾向。然而,这项研究也发现,在现实操作层面会出现很多困难。有些参与者根本听不见,有些人在讨论时"话不对题"(也就是没有推动讨论),还有一些人在被邀请时没有发言。两位学者赞同自我倡导的基本原则,但同时也指出,要想让有学习障碍的人实现完全公民权,还需要得到社会关怀、保障和福祉等方面的支持。

数字革命正在重塑我们生活的很多方面,由此,一些学者提出,一种数字公民权正在出现。然而,其中一部分学者关注的是数字技术如何强化积极的公民身份,让国家和个体公民之间的关系民主化。例如,公民新闻和各种博客/播客的蓬勃发展挑战了新闻生产者和被动受众的等级关系;同时,线上的活跃正在改变人们的政治参与和交往。尽管如此,对数字化的看法却不那么乐观,批评者侧重于数据收集、人工智能,以及越来越严密的监控。欣茨等人(Hintz et al. 2019)把这些现象用理论术语解释为社会的"数据化"。在一个数据化的社会,数据就是商品,广泛和密集的监控成了企业和政府的常规动作。各种数字设备不再仅仅是我们使用的新工具,而是构成了我们生活环境的结构。在这种情况下,治理不可避免地转向利用这样一个数据丰富的社会世界,权力的天平从而由公民一边倒向了国家和企业一边。作者进而建议,我们可以发起"数据正义"运动,并努力促进加密通信等隐私增强技术的发展。

参考文献与进一步阅读建议

Bellamy, R. (2008) *Citizenship: A Very Short Introduction* (Oxford: Oxford University Press).

Dobson, A., and Bell, D. (eds) (2006) *Environmental Citizenship* (Cambridge, MA: MIT Press).

Hintz, A., Dencik, L., and Wahl-Jorgensen, K. (2019) *Digital Citizenship in a Datafied Society* (Cambridge: Polity).

Marshall, T. H. ([1950] 1973) *Class, Citizenship and Social Development* (Westport, CT: Greenwood Press).

Redley, M., and Weinberg, D. (2007) 'Learning Disability and the Limits of Liberal Citizenship: Interactional Impediments to Political Empowerment', *Sociology of Health and Illness*, 29(5): 767–786.

Civil Society
公民社会

定义

由公民形成的所有**网络**、志愿协会、企业、俱乐部、**组织**和家庭等组成的**社会**领域,与政府领域不同。

源起与历史

公民社会(市民社会)这个概念可以一直追溯到古代,当时它与文明和人们相互尊重的观念联系在一起。然而,现代意义上的公民社会,来自托克维尔在 19 世纪提出的"公民社团",比如他在美国发现的大量安置所、慈善机构和宗教团体。在托克维尔看来,数以千计的这类社团的存在,不仅发挥着有益的功能,而且维护了美国的民主文化的根本(Eberly 2000)。在 20 世纪的大部分时间里,社会学家和政治学家都没怎么提到这个概念,直到 80 年代,学界对它的兴趣才重新燃起。最近,人们的兴趣又转移到了有关全球公民社会的世界主义理论上,这类理论让人们第一次看到了有效的全球**公民权**的希望。

含义与解读

公民社会这个概念与**公共领域**的概念相近。但是,公共领域通常指的是所有可以对社会及其政治决策进行讨论和辩论的公共空间。相比之下,公民社会包括志愿团体、俱乐部和其他有组织的公民社团。公民社会究竟包含什么内容?目前还没有定论。一些人认为不应该包括企业,另一些人则要求把家庭排除在外,还有人提出存在国家、市场和公民社会三个领域。

学界对于公民社会的性质也莫衷一是。对一些人来说,它是公民积极行使权利的空间,是抵制专制的民主堡垒。这种观点掩盖了一种显而易见的可能性,即各种组织和志愿团体在某种程度上是相互竞争的(为了资源和成员),它们之间的关系可能不像一些乐观看法所描绘的那么温情脉脉。在马克思主义传统中,市民社会就更不是什么激励志愿精神和创新活动的进步舞台了。在马克思眼里,市民社会和其他文化上层建筑一样,与传播**资本主义**及其价值观的意识形态和文化的统治有关。然而,后来的新马克思主义者,尤其是安东尼奥·葛兰西(Antonio Gramsci),承认这种意识形态的统治从来没有完全实现,市民社会至少为发起反主流文化挑战提供了机会(Edwards 2014)。

20世纪80年代末,公民社会概念的重振看起来是受到了世界局势变化的刺激。加强公民社会似乎是平衡国家权力的有效途径。近年来,在北爱尔兰、科索沃和阿富汗等地,公民社会也被作为一种推动和平进程的手段(Harris 2003:2)。组建具有包容性的志愿社团和社会网络,有助于在政府行为的范围之外夯实强大的社会基础。

近年来,随着世界主义思想家的研究议程融入社会**科学**领域,公民社会的概念也得到了扩展。贝克(Beck 2006)指出,全球公民,以及全球公民社会的理念,在历史上是四处游历、人脉广泛的社会精英的专利,这些人自视为"欧洲人"或"世界公民"。时至今日,由于**全球化**的进程,这种观点现在看起来能在现实中找到支撑,有了实现的可能。随着全球沟通和互动变得更为普遍,全球公民社会或许正在浮现。比如,反对地雷、跨国公司避税行为和恐怖分子的活动家,如今可以在全球网络中与世界各地的支持者建立联系,这有助于建构一个全球公民社会(Kaldor 2003)。

批判与讨论

一些研究假定,一个强有力的公民社会必然促进**民主**,两者同步发展。然而,情况并不一定如此。许多志愿组织和俱乐部的运作远远谈不上民主,我们也没有理由认为它们应该是民主的。因此,鼓吹公民社会是修复正式政治中的民主缺陷的灵丹妙药,或者期待公民社会成为制衡专制权力的力量,可能是具有误导性的。有些志愿团体,比如美国全国步枪协会(National Rifle Association),社会资本雄厚,不必参与选举,就能够接触政府,比其他团体更有力地影响政治决策。

事实上,并不是所有人都认为公民社会处于非常健康的状态。罗伯特·帕特南(Putnam 2000)对美国公民社团的研究就发现,有许多证据表明公民关系纽带和志愿组织成员的数量实际上都在下降。他指出,自20世纪60年代以来,家长教师协会、全国女性俱乐部联合会、女性投票者联盟和红十字会的会员人数减少了大约50%。美国人与邻居之间的交往越来越少,信任也变得越来越脆弱。在英国和澳大利亚也发现了类似结果,只是没有美国那么明显。但瑞典、荷兰和日本的社会资本(社会网络)水平却维持稳定,甚至有所上升(Halpern 2005)。所以,情况喜忧参半,但对于全球公民社会这个理念来说,前景并不是那么乐观。

认为全球公民社会正在出现的世界主义理论,似乎没有得到有力证据的支持。迄今为止,世界主义的精神和实践似乎只限于热衷于此的西方活动家和学者,或者那些能够充分利用国际流动机会的富裕的全球旅行者。而对大多数人来说,自己热爱的国家或者本地社区依然是身份认同的主要来源。

意义与价值

与那些全情拥抱未来的全球公民社会的观点相比,2008年全球金融危机带来了一些并不那么乐观的分析。一个例子是皮安塔(Pianta 2013)关于公民社会内部是否能协调一致共同应对问题的研究。作者以欧盟的"民主赤字"(democratic deficit)为例,认为欧元区危机提高了人们对这个问题的认识,因为决策是在回避公民适当参与的情况下作出并强加给他们的。另一方面,欧洲各国的公民社会行动者都作出了强烈的反应,展示了公民团体的潜在力量。然而,直到今天,在如何最有效地促进民主参与这个问题上,这些团体的做法并不统一,依然各执己见。

阿拉托和科恩(Arato and Cohen 2019)研究了民粹主义政治与宗教团体和公民社会之间的矛盾关系。民粹主义运动和宗教团体似乎在公民社会中蓬勃发展,表明"政治"比正式的政党政治更为广泛,还包括抗议和社会运动、不同形式的自组织,以及线上沟通行动等。民粹主义者尤其注重揭发既有民主政治体系内部的腐败,以及这个体系只接纳文化和社会精英,对其他人缺乏开放性。然而,阿拉托和科恩认为,民粹主义和政治性宗教实际上与支撑公民社会和民主制度的原则是对立的,例如"言论、媒体、结社、集会、行动的自由,以及保护个人良知、个人隐私和身体完整性的自由"(ibid.: 100)。举个例子,民粹主义者宣称自己是唯一能够代表所有民众的真实声音,但他们的反建制话语把必要的公共批判变成了一种尖锐的、完全负面的力量,领导的个人化最终破坏了民主规范。同时,两位作者在美国的基层动员和地方动员中观察到了一些积极的抵抗迹象,它们反对时任总统特朗普推出的民粹主义版本。事实上,如果没有这种公民团体的重振,就不可能实现"民主的民主化"(democratization of democracy),也就无法成功阻挡民粹主义运动。

参考文献与进一步阅读建议

Arato, A., and Cohen, J. L. (2019) 'Civil Society, Populism, and Religion', in C. de la Torre (ed.), *Routledge Handbook of Global Populism* (Abingdon: Routledge), chapter 6: 98–111.

Beck, U. (2006) *Cosmopolitan Vision* (Cambridge: Polity).

Eberly, D. E. (ed.) (2000) *The Essential Civil Society Reader* (Lanham, MD: Rowman & Littlefield).

Edwards, M. (2014) *Civil Society* (3rd edn, Cambridge: Polity).

Halpern, D. (2005) *Social Capital* (Cambridge: Polity).

Harris, J. (ed.) (2003) *Civil Society in British History: Ideas, Identities, Institutions* (Oxford: Oxford University Press).

Kaldor, M. (2003) *Global Civil Society: An Answer to War* (Cambridge: Polity).

Pianta, M. (2013) 'Democracy Lost: The Financial Crisis in Europe and the Role of Civil Society', *Journal of Civil Society*, 9(2): 148-161.

Putnam, R. (2000) *Bowling Alone: The Collapse and Revival of American Community* (New York: Simon & Schuster).

Conflict
冲突

定义

社会群体之间为了争夺最高权力而进行的斗争,包括紧张、分歧和利益竞争等。

源起与历史

冲突与人类**社会**一样古老,尽管站在当下来看,这是一种不可接受的状况,需要预防,但在历史上,冲突和征服塑造了人类世界,推动了人类在全球的迁移。西方国家的殖民扩张,是对被殖民地区人民及自然资源的赤裸裸的剥削,但通过在更大的地理范围内制造新的冲突,也在客观上促进了世界各地的更多联系。在格奥尔格·齐美尔看来,冲突是人类联结的一种方式,通过冲突,人们相互接触,最终实现了团结。这是我们讨论冲突的一个重要起点,有助于我们避免这样的误解,即冲突是人际关系和**互动**的终结。齐美尔的观点是,冲突迫使双方承认对方的存在,即使两者可能势不两立。

通常认为,对冲突的社会学研究形成了一个"冲突传统",尽管除了普遍关注大的社会集团之间的利益冲突外,似乎没有什么共同的理论基础。大多数研究都采用马克思主义或韦伯主义的思路来分析冲突;其中大部分聚焦于社会内部的冲突,比如以主要的不平等为中心的冲突,关涉社会**阶级**、**性别**和**种族**等。在20世纪60年代,冲突社会学流行起来,这既是对占主导地位的结构功能主义范式的回应,也是对当时社会内部以及社会之间越来越多的冲突的回应。功能主义似乎更擅长解释共识和遵从,对冲突则束手无策,于是很多社会学家离开了帕森斯和涂尔干,转而向马克思和韦伯寻求灵感。今天,冲突理论已经非常成熟,社会学也更有能力理解和解释**社会运动**、恐怖主义和战争等现象。

含义与解读

冲突是一种非常宽泛的说法,冲突的范围很广,小到两个人之间的纠纷,大到国与国之间的战争,当然还包括处于这两个极端之间的一切。在实际研究过程中,社会学关注嵌入社会的结构性社会冲突,而不是**民族国家**之间的战争,这种情况直到最近才有所改观。对**权力**和财富的追求,获取**地位**的努力,以及各种社会不平等,使具有共同利益和身份认同的独特社会群体得以形成。因此,在冲突理论看来,纷争的可能性始终存在。

冲突视角是社会学几大传统之一,它又包括了许多理论思路。马克思主义、女性主义、各种韦伯主义观点等,都使用了某种版本的冲突理论。冲突理论探究了社会结构的重要性,正是这些社会结构造成长期的紧张和偶尔演变为暴力的对立。有些理论,比如马克思主义,把结构化的阶级冲突置于社会的中心位置,认为这是推动社会变革的动力。在这里,齐美尔的观点值得重申,即尽管社会阶级处于冲突之中,但它们同时也是相互依存的。在**资本主义**制度下,工人依赖资本家为他们提供生存所需的工作和收入,而资本家也需要工人来制造产品和提供服务以获取利润。

不是所有的冲突理论都是马克思主义的。许多冲突研究受马克斯·韦伯的影响更大。在韦伯看来,冲突不仅仅源自阶级对立,还可能来自政治分歧、地位竞争、性别分化以及种族仇恨,这些是与阶级相对无关或者独立于阶级的因素。无论男性在阶级结构中处于什么位置,男权制权力总是对他们有利,对女性不利,尽管阶级位置可能加剧工人阶级女性面临的多重问题。类似地,卢旺达的胡图族针对图西族的种族屠杀(1994)、在斯雷布雷尼察发生的塞族军队针对波什尼亚克族的大屠杀(1995),以及德国纳粹在第二次世界大战(1939—1945)期间对欧洲犹太人的大规模屠杀,都被认为是由传统的族群对抗和种族仇恨而不是阶级冲突引起的。当然,这并不是说阶级不重要,而是想说,阶级、性别、**种族**、族群等因素的真实重要性,只能在现实世界的研究中加以评估。

批判与讨论

有时候,冲突理论会模糊冲突和竞争之间的区别。为了获取资源,不同的社会群体可能会相互竞争,但竞争并不总是导致冲突行动。除非竞争关系带来了旨在彻底压制确定的敌人的行动,否则竞争不可能进一步发展。同样,把阶级关系说成阶级冲突是否正确?或许可以证明社会阶级群体有一些不同的利益,但是,只要这些利益分歧不会刺激人们去争取对阶级"敌人"的支配权,似乎就没有理由以冲突来理解阶级。

近几十年来,也出现了分析和平进程而不是只盯着冲突局势的趋势。社会学家已经开始投身对争端解决、和解过程、维和工作等的研究,不断增加的成果很可能将冲突理论推往不同的方向。

意义与价值

社会学中的冲突理论和冲突研究从未如此之多。在过去三十年里,对"文明的冲突"、反资本主义抗议、"新恐怖主义"、"新战争"、种族屠杀、仇恨犯罪等的研究不断扩大。社会学家被迫翻箱倒柜,寻找各种概念和理论工具来分析这些新的重大冲突事件。随着**全球化**进程的加快,以及冷战的结束,新的冲突不断出现。

在伯科维奇、克列梅纽克和扎特曼(Bercovitch, Kremenyuk and

Zartman 2009)合编的文集中,可以看到对有关冲突及其解决的学术研究的有用综述。作者提醒我们,历史经验表明,冲突是"正常的、普遍的且不可避免的……是人类存在的固有特征"(ibid.:3)。认清并接受这个事实是非常重要的。然而,应该有可能管理和/或控制冲突的暴力表现,这已经成为近期学术研究的重点。考虑到人类冲突的丰富多样,涉及政治议题、个体动机和不断变化的国际环境,对冲突解决的研究是一个多学科领域,这一点也不奇怪,这本书也提供了许多例证。

尽管如此,约翰·布鲁尔(Brewer 2010)对和平进程及其成功可能性的研究,提供了一个全面的社会学视角,而和平是过去长期被忽视的议题。布鲁尔确定了暴力冲突平息后的三种和平进程:征服、绘制地图(划界而治),以及妥协。一般来说,**征服**的情况出现在国家之间的战争结束之后,或者在内战和殖民战争中;**绘制地图**指的是通过地理分离来实现和平;**妥协**则是交战方不得不通过谈判,以各方都能接受的条件来结束暴力,并拿出一个合理的解决方案。然而,究竟最后采取哪种形式,既取决于共享民族性、价值观和规范的程度,也取决于当事方保留或失去自己的历史和文化资本的程度。布鲁尔提出这个框架的目的是,帮助人们更好地理解在冲突后的局势中什么是现实的和可行的。

参考文献与进一步阅读建议

Bercovitch, J., Kremenyuk, V., and Zartman, I. W. (2009) 'Introduction: The Nature of Conflict and Conflict Resolution', in J. Bercovitch, V. Kremenyuk and I. W. Zartman (eds), *The Sage Handbook of Conflict Resolution* (London: Sage).

Brewer, J. (2010) *Peace Processes: A Sociological Approach* (Cambridge: Polity).

Collins, R. (abridged and updated by Sanderson, S. K.) (2016) *Conflict Sociology: A Sociological Classic Updated* (Abingdon: Routledge).

Joseph, J. (2003) *Social Theory: Conflict, Cohesion and Consent* (Edinburgh: Edinburgh University Press).

Democracy
民主

定义

一种允许公民直接或通过选举政治代表参与政治决策的政治制度。

源起与历史

民主这个概念来自希腊语"demokratia",它将"demos"("人民")与"kratos"("统治"或"权力")相结合。这个概念的激进性质显而易见,它表明社会应该让"人民"自己来统治,而不是由皇帝、君主或未经选举的独裁者来统治。然而,尽管古希腊曾经实行过一种直接的大众民主参与,但重要的治理决定依然是由少数拥有特权的"公民"作出的,其他人则被排除在外。民主统治在不同时期和不同社会也有不同的形式,这主要是因为"人民"这个概念的含义随着时间和地点的变化而变化。在不同时期,"人民"可以仅限于成年男性,特指拥有私人财产的人,或者是成年的男性和女性——但必须超过特定的年龄。现在,代议制民主,即人民选出代表来参与政治决策,已经成为实现"人民统治"(rule by the people)的常见方法。20 世纪 90 年代以后,代议制形式的"自由"民主成为一种主要的民主模式。

含义与解读

民主通常被认为是最能确保政治平等、保护自由、捍卫共同利益、满足公民需求、促进道德的自我发展,以及促成考虑到每个人利益的有效决策的政治制度(Held 2006)。代议制民主是这样一种政治制度,在其中,影响**社区**的决定不是由社区成员直接作出的,而是由他们选出来的代表作出的。在国家政府中,代议制民主采取由选举产生国会、议会或类似国家机构的形式。代议制民主也存在于其他层次,比如国家中的省或州、市、郡、镇和其他地区。选民可以在两个或更多的政党中进行选择,而且大部分成年人都有投票权,这类国家被称为"自由"民主国家,包括英国、美国、日本和澳大利亚等。

自20世纪80年代初以来,拉丁美洲的一些国家,如智利、玻利维亚和阿根廷,都经历了从军事独裁向民主制的过渡。在非洲,一些非民主国家,包括贝宁、加纳、莫桑比克和南非,也陆续接纳了民主的理念。因此,民主不再主要集中在西方国家,现在已经成为世界很多地区的理想治理模式,至少在原则上是这样。

造成这种状况的一个原因或许是其他政治制度大多失败了。在这个意义上,也许民主证明了自己可以更好地满足广大民众的需求。然而,尽管的确有人如此认为,但我们不能忽视全球化在传播民主的过程中扮演的重要角色。越来越多的跨国接触为许多国家的民主运动注入了活力;与此同时,全球媒体和信息通信技术的进步,使更多的人能接触到民主理念,对一些国家的政治精英施加了内部压力。

更为重要的是,全球媒体和即时通信技术传播了政治革命和动员的消息。1989年波兰形势剧变的消息很快传到了匈牙利,给当地人带去了适合本地的抗议工具。信息传播的另一个例子是2011年所谓的"阿拉伯之春",突尼斯、埃及、利比亚和也门的抗议浪潮迫使执政者纷纷下台,并导致叙利亚爆发了一场破坏性极强的内战。与此同时,联合国和欧盟等国际**组织**在全球政治中扮演着越来越重要的角色,也给非民主国家施加了变革的外部压力。

批判与讨论

代议制民主并非唯一的民主形式。即使在今天,参与式民主也在国家中发挥着作用。例如,在美国新英格兰地区,一些小型社区还是会每年召开"镇民大会";而在很多国家,全民公投也越来越受欢迎。

这是因为可以就特定议题直接向公民提问,每次投票只需回答一两个问题,所以这种直接参与是可行的。在一些欧洲国家,全民公投经常用于国家层面,以为重大决策提供信息,比如国家政府是否应该签署一部新的欧洲宪法。全民公投还被用来决定一些地区有争议的民族分离问题,比如,加拿大以法语为主的魁北克省。英国在 2016 年举行了关于是否继续留在欧盟的全民公投,让每个人都有机会对此表达自己的意见。

走向民主的大趋势并非一个不可逆转的必然过程。在波兰、捷克共和国和匈牙利,自由民主似乎已经站稳脚跟。但在其他国家,比如中亚国家、前南斯拉夫国家,甚至是俄罗斯,民主仍然比较脆弱。另一个不能认为民主已经"获胜"的理由是,几乎在所有地方,已确立民主制的国家都面临着各种问题。克里克(Crick 2002)就注意到,这些年里,英国和美国的政治已经变得越来越"民粹",政治家专注于以直接亲近的方式诉诸民意,而不是关注连贯的政策纲领。自 20 世纪 90 年代初以来,英国的选民投票率大幅下降,特别是在 2020 年英国脱欧之前的欧洲议会选举中。人们认为政治精英并没有很好地代表人民的利益,在 2009 年"报销门"丑闻中尤其明显,这让人们对政治家和正式的民主政治失去了信任。另外,也有证据表明,人们或许会转向以不那么正式的方式来"参与政治",比如发起**社会运动**,或成立志愿组织,来为特定社会议题奔走努力。

意义与价值

弗朗西斯·福山(Fukuyama [1992] 2006)曾经提出,意识形态之争已成历史,我们现在正站在"历史的终结"之处。他的意思是,再没有人捍卫君主制、法西斯主义和共产主义了;**资本主义**已经赢得了与社会主义的长期斗争,自由民主制度获得了绝对的胜利。这可能会得到一些人的认同。然而,世界主义思想家却认为,国家层面的民主不再能够回应全球时代的社会、经济和政治进程的要求,与此同时,民粹政治运动在民主社会中的出现和蔓延拷问着许多社会学家和政治科学家,正如本书引用的一些研究所证明的。

在很多支持者眼里,世界主义民主是一项野心勃勃的后国家政治计划。然而,卡尔霍恩(Calhoun 2007)指出,这个计划不仅很不成熟,而且可能带来很大的风险。说它不成熟是因为,自20世纪90年代初以来,一系列的暴力**冲突**、种族屠杀事件(包括在欧洲的)、恐怖主义及对它的各种回应,还有国际经济衰退,都向我们表明,世界主义或许只是一个虚幻的梦想。它同时也是一个与**现代性**始终相伴的梦想,而且很可能与民族主义息息相关,而不是直接对立。不仅如此,民族主义是许多人和大量解放运动的主要认同来源,绝不是天生危险的。事实上,民族认同依然是争取民主、社会整合和**公民权**的重要力量,但很容易被世界主义思想家低估。卡尔霍恩的文章是目前对世界主义民主的更有启发性和建设性的批判之一。

近些年来,出现了一个主题,即"民主危机"。这种危机会带来些什么?它可能是什么样子的呢?普沃斯基(Przeworski 2019)列举了一系列在其他人看来会让民主走向危机的潜在威胁:反建制的民粹主义,对传统政党的支持率不断下降,既有民主制度下持续走低的投票率,对政治家的信任继续减少,对媒体、教会和企业等社会设置失去信心,持不同政见者无法再以文明的方式相互包容,如此等等。然而,普沃斯基呼吁对这些因素的组合是否真的表明民主正面临危机进行理性讨论。他用极简的术语定义民主,即民主是这样一种政治制度,民众可以选举他们的政府,并且有很大的机会罢免他们不喜欢的政府。他建议对所有危言耸听和世界末日意味的"这是……的终结"理论持怀疑态度,这些理论通常会夸大其词。他还提示我们从一个零假设开始:"事情来来去去,目前没有什么特别之处。"(ibid.: 2)普沃斯基的书并没有针对"民主危机"命题提供一个简单的答案,但确实为我们重新定位了思考的坐标,告诉我们应该从哪里开始讨论这个命题,以及什么样的经验证据会支持或反驳它。

参考文献与进一步阅读建议

Calhoun, C. (2007) *Nations Matter: Culture, History and the Cosmopolitan Dream* (London: Routledge).

Crick, B. (2002) *Democracy: A Very Short Introduction* (Oxford: Oxford University Press).

Fukuyama, F. ([1992] 2006) *The End of History and the Last Man* (London: Hamish Hamilton).

Held, D. (2006) *Models of Democracy* (3rd edn, Cambridge: Polity).

Przeworski, A. (2019) *Crises of Democracy* (Cambridge: Cambridge University Press).

Nation State
民族国家

定义

大规模共同体(民族)和管辖一定领土的政治形式(国家)的结合,形成了一个文化—政治实体,是目前世界上最为常见的"生存单元"(survival unit)。

源起与历史

民族国家似乎是现代世界中最常见的,甚至是最自然的政治—文化实体。但是,像所有社会现象一样,民族国家也是有历史可以追溯的。大多数学者都认同,现代意义上的民族国家是相对晚近才出现的,最早可见于17世纪末和18世纪。从15世纪到18世纪,欧洲由绝对君主制和君主立宪制统治,大的政治单元吸收了许多较小的政治单元,由此产生了数量较少但更为强大的国家,在竞争性的权力斗争中并存。这种主权国家体系催生了威斯特伐利亚体系之下的国际法概念(1648),其基础是国家的自治权,国家间的争端可以诉诸武力来解决。

威斯特伐利亚体系奠定了向现代民族国家过渡的基础,1640—1688年的英国革命和1789年的法国大革命引领了这一进程,标志着封建制社会关系的终结。然而,正是由于**工业化**的需求,建设一个更加高效的政府和行政体系变得极为迫切;同时,由于**社会**的基础不再是乡村或小镇,而是更大规模的单元,大众**教育**和基于"官方语言"的有规划的教育体系,就成为组织和凝聚大规模社会的主要手段。一般认为,民族国家之所以成为一种主导形式,是因为它们垄断了合法征税和使用暴力的**权力**,这使得它们既拥有强大的军事力量,又拥有大量忠诚的人口。

含义与解读

民族、民族国家、民族主义和民族**认同**等,是整个社会学领域最有争议和最难确定的一系列概念。然而,它们可能看起来很简单。比如,民族就是一个大规模共同体,而国家是保证这个共同体安全的政治形式。但国族可以有多种语言、历史和传统,不一定只存在同质的文化。举个例子,英国就是由英格兰、苏格兰、威尔士和北爱尔兰组成的民族国家,有好几种语言和不同的历史传统。它同时也是一个多元文化社会,文化和传统丰富多样。因此,英国公民是一个拥有多种语言、众多**宗教**的极其多样的群体。

本尼迪克特·安德森(Anderson 2006)指出,民族是"想象的共同体",而不是具体的"实体",不同的群体通过对是什么构成了他们自认为从属的文化实体的认知或想象而联系在一起。当然,不能因为是"想象出来的",就认为它们不真实。当这么多人在他们认识到的民族共同体的基础上行动时,就会产生将他们凝聚在一起的共享的民族认同。

在某种意义上,民族主义是一个很现代的事物,但它也离不开可以追溯到过去的情感和符号象征形式。A.D.史密斯(Smith 1986)认为,民族通常是某个历史上的族群共同体(他称之为"族类")的延续。随着时间的推移,西欧国家和地区出现了某个族类占据主导地位而其他族类逐渐边缘化的现象。比如,在法国,操不同语言的若干社群长期相互竞争,一直持续到19世纪。然而,一旦国家宣布把法语作为官方语言和唯一的学校教学语言,其他族类很快就节节败退。英国的情况也类似,在那里,英语逐渐成为联合王国各成员的主要语言。在这个过程中,其他语言并没有完全消失。例如,英国的某些地区依然说威尔士语、苏格兰盖尔语(Gaelic)和爱尔兰盖尔语;同时,西班牙和法国的部分地区(巴斯克地区)也继续使用巴斯克语(Basque)。这些语言的保存非常重要,可以让使用这些语言的人牢记过去和当下是紧密联系在一起的。

批判与讨论

社会学家更喜欢讨论国家而不是民族,原因很简单,民族这个概念很难讲清楚。然而,民族国家概念的边界也很模糊,因为世界上也有一些"没有国家的民族"。一个民族国家可以接受国内少数族群的文化差异,允许他们在一定程度上自主发展,比如英国整体中的苏格兰、威尔士和北爱尔兰。在1999年,苏格兰议会和威尔士国民议会分别成立,苏格兰和威尔士都获得了更多的自治权。但苏格兰和威尔士并不是独立的民族国家。苏格兰于2014年举行了全民公投,结果是多数人反对独立,支持继续留在联合王国。在发达的政治实体里,还有两个有民族而无独立国家的例子,即魁北克国民议会(加拿大一个说法语的省份)和弗拉芒议会(比利时东北部一个说荷兰语的地区)。许多其他国家里的民族仍然没有合法地位或得到承认,比如居住在亚美尼亚、土耳其、叙利亚、伊朗和伊拉克的部分地区的库尔德人。

发展中世界的民族建构和民族国家通常没有遵循与发达国家相同的道路。在很大程度上,这是因为很多发展中国家曾被西方国家殖民,在 20 世纪后半叶才陆续获得独立。发展中世界的许多民族国家之间的边界划分往往很随意,没有充分考虑历史上形成的族群和文化区分。在独立之后,多个族类和其他群体混合的状况,使得建立独特的民族认同变得非常困难,容易引发各种政治争议。同样的问题和困难并没有出现在那些没有沦为殖民地的地区,比如日本、中国等,它们的文化相对统一。

意义与价值

可以说,在今天,**全球化**是改变民族认同的重要因素之一,它让我们不得不面对集中化和去集中化之间的矛盾所产生的压力。一方面,商业**组织**和政治单元(比如跨国公司和机构)的权力变得越来越集中;但另一方面,也存在着去集中化(权力下放)的趋势。因此,全球化给民族认同带来了双重威胁:集中化施加了自上而下的压力,而去集中化则造成了自下而上的压力。一些学者甚至预测,随着全球化的力量创造出一个"无国界的世界",国家权力将不及市场力量,民族国家作为国际政治中的关键行动者的历史会走到终点。大前研一(Ohmae 2007)探讨了欧盟等区域性经济体的崛起,以及各国对此作出了什么反应。他发现,尽管区域化还远达不到完全全球化的程度,但它可能表明,对关键经济功能的控制权由民族国家之手转移到了新兴的"区域国家集团"手中。

参与有关全球化、世界主义和民族国家等的讨论的另一种方式,是通过文化的视角。举个例子,尼格斯(Negus 2019)借考察全球流行音乐经济和数字媒体来探讨上述议题。他认为,流行音乐是由一系列紧张关系塑造的,涉及试图控制国家边界的民族国家,寻求跨越或超越这些边界的公司,以及挑战边界的世界主义文化实践。在早期,人们对数字化和全球化的潜力充满了乐观情绪,期待它们塑造一个更好的世界,届时流行音乐的影响将遍及全球,文化多元化也会蓬勃发展。

但很快,20世纪90年代的一系列事件,如巴尔干半岛的教派冲突,亚洲地区的抗议运动的结束,以及全球恐怖主义的蔓延,给这种乐观主义泼了一盆冷水。尼格斯指出,这个领域的学者应该把注意力更多地放在权力问题上,即在流行音乐形式的创作中,权力是如何以及在哪里被运用、体验和争夺的。

参考文献与进一步阅读建议

Anderson, B. (2006) *Imagined Communities* (London: Verso).

Eriksen, T. H. (2007) 'Nationalism and the Internet', *Nations and Nationalism*, 13(1): 1–17.

Held, D. (1989) *Political Theory and the Modern State* (Cambridge: Polity), esp. chapter 1.

Negus, K. (2019) 'Nation-States, Transnational Corporations and Cosmopolitans in the Global Popular Music Economy', *Global Media and China*, 4(4): 403–418.

Ohmae, K. (2007) *The End of the Nation State: The Rise of Regional Economies* (London: HarperCollins).

Smith, A. D. (1986) *The Ethnic Origins of Nations* (Oxford: Blackwell).

Power
权力

定义

一些人、群体或社区,在即使遇到挑战和阻力的情况下,依然可以按自己的方式行事或实现预定目标的能力。

源起与历史

权力或许是政治社会学的核心概念,但其确切含义和性质却存在争议,直到现在,学界对于权力究竟是什么仍然没有达成任何共识。在社会学领域,研究权力问题就必须考虑到马克斯·韦伯的思想。在韦伯看来,权力可以被定义为"一个人或一些人在命令行动中贯彻自己意志的可能性,即便是在面对参与行动的其他人的抵抗的情况下"。许多社会学家追随韦伯的思路,区分出了具有强制性的权力,以及具有**权威**且根植于合法性的权力。比如,按照韦伯的观点,美国2003年入侵伊拉克就体现了一种强制性权力,由于这一行动没有得到联合国的明确授权,因此可以认为它缺乏国际合法性。

自韦伯以降,对权力这一概念研究得最为系统的是史蒂文·卢克斯(Lukes［1974］2021)。他在韦伯定义的基础上,把权力扩展到了更多的情况。卢克斯认为,韦伯的权力概念是一维的,而我们有可能发展出二维和三维的权力概念。米歇尔·福柯的研究同样影响深远。他没有把权力看成人们可以占有、赠送或从他人手中夺取的东西,而是认为权力是社会关系的产物,贯穿整个**社会**,与知识有着紧密的联系。权力通过**话语**发挥作用,而话语为我们提供了理解这个世界的框架。

含义与解读

对政治社会学家来说,韦伯的权力视角依然是一个有价值的起点,它的正确性似乎不言而喻。在**冲突**形势下,弄清楚谁有权力看起来很简单,因为拥有更大权力的个人、群体或军队将战胜另一方。按自己的意愿行事的能力决定了你有多大的权力。我们还可以在决策的过程中看到权力的作用,因为一些团体能够确保作出的决策符合特定人的利益,而不利于其他人。然而,上述理解具有很大的局限。

卢克斯(Lukes［1974］2021)认为,二维的权力视角更进了一步。一些团体会运用权力来设置决策议程,而这些议程能影响公众注意的分配。在权力的运作下,一些议题被完全排除在政治过程之外,这有效地阻止了一部分社会群体争取自己的利益。比如,政府运用权力的一种手段,就是对媒体可以报道的内容进行限制。这样一来,政府就可以阻止不满情绪和有争议的事情被公开并获得广泛的支持。要想充分理解权力的运作过程,我们不仅需要分析那些可以观察到的决策,还应该关注决策过程本身是如何产生的。

卢克斯还提出了一个三维的或"激进"的权力观,简言之,就是对人们的渴求和欲望的操控。欲望的塑造可以通过非常微妙的方式进行。法兰克福学派就认为,资本家凭借媒体、广告和其他**社会化**手段来塑造工人的欲望,从而让工人心甘情愿地变成"消费者",这正是他们运用权力的方式。这种诱导式的和意识形态化的权力运作,非常隐秘且不易察觉,甚至没法测量,但我们还是可以从人们以违背自己利益的方式行事来间接推断这种权力的存在。近年来,发达经济体的个人债务水平备受关注,但个人可能还是无法抑制购买更多消费品的欲望。操纵人们的欲望,让他们以违背自己利益的方式行事,消费**资本主义**的权力在这个过程中体现得淋漓尽致。这样一来,比起韦伯的权力概念,卢克斯的三维权力概念能够讨论更为多样的状况。

社会学还受到米歇尔·福柯思想的影响。福柯指出,权力并不集中于国家这样的设置,也不由社会群体或个人掌握。之前的权力模型,包括卢克斯的模型,都认为权力是与有意图的行动相关的。相反,福柯相信,权力运作于社会**互动**的各个层面和所有的社会设置,每一个人都牵涉其中。权力贯穿整个社会,促进我们的互动,这是一种权力的"微观物理学",必须在这个层面上进行分析。福柯还强调,权力和知识紧密相连,相互增强。比如,声称拥有科学知识也就意味着拥有权力,因为它们在各种社会背景下被付诸实践。

批判与讨论

卢克斯和福柯的权力概念看上去明显超出了韦伯的原初概念,但有一些事件似乎更适合用韦伯的模型来分析。福柯的观点受到了普遍欢迎,他的权力版本打破了以往对权威性权力和强制性权力的简单区分,代之以一个单一的权力概念,即权力存在于所有社会关系中,并非为某个主导群体所独享。批评者认为,福柯确实更细致地描绘了权力在日常互动中的运作方式,但他的权力概念低估了权力在特定制度情境(如在军队)或某些社会**阶级**中真正累积的方式,这些群体可以把自己的意志强加于他人,这与韦伯的强制性权力概念更为接近。

卢克斯的激进权力观也很容易遭到这样的指责,即社会学家永远无法弄明白其他人的真正利益是什么。我们如何作出决定?卢克斯的激进权力观需要建立在对这个问题的回答之上,但事实证明,这个问题很难回答。即使我们挨个去问当事人,三维权力观也会告诉我们,他们给出的答案可能是"错误的",因为他们的渴求和欲望不再属于自己,而是受到操控的。第二个相关的问题是,三维权力观敦促我们关注"不决策"以及意识形态对人类欲望的无形影响。但我们怎么可能研究那些从未实际发生的事情呢?有学者指出,这个概念根本就称不上真正的权力理论,只不过是承认了社会结构会对个体生活产生影响。

意义与价值

不管如何定义,权力概念都是政治社会学的根本,学生必须对它是什么以及它如何运作有自己的看法。在2004年推出的《权力》第二版中,卢克斯增加了两篇新文章,更新了自己的观点,在为三维权力观辩护的同时,也表明了对福柯更为一般的权力概念的反对。福柯关于社会中的话语权的观点,最好放到现实世界的情境中来理解,正如亨德森(Henderson 1994)对重症监护情况下的护理实践的研究所做的。她认为,重症监护的重点是病人的生理状况,而非情绪状态。这种认识极大地影响了护士和病人之间互动的质量。护士因具备解读医学指标的能力而获得了医疗权力,但与护士传统的"护理"角色相比,他们的权力却有所削弱。这一分析或许可以帮助我们更好地理解近期发生在医院和护理机构的医疗丑闻。

在2016年,曼纽尔·卡斯特,我们这个时代最杰出的社会学家之一,回顾了自己在1965年到2015年这五十年职业生涯里,是如何发展权力概念的。卡斯特(Castells 2016:1)告诉我们,在他的各种研究中,贯穿的指导思想是寻找一种"权力的扎根理论"。他指出,"在我看来,权力关系是社会所有领域的基础性关系"。然而,不同的社会有自己的权力形式和"反抗权力"的形式,卡斯特最近的研究都与当代网络社会有关,在这些社会中,权力是由多维网络来运作的,也是通过多维网络来运作的。这篇文章的观点充分发展了一种分析框架,卡斯特认为这个框架对社会学家适应今天的权力关系来说是必要的。很明显,社会学离不开权力概念,尽管对于权力是什么及其如何运作不太可能达成任何共识。但卡斯特提醒我们,或许最好是在特定社会的背景下来定义这个概念,而不是用抽象和普遍的术语。

参考文献与进一步阅读建议

Castells, M. (2016) 'A Sociology of Power: My Intellectual Journey', *Annual Review of Sociology*, 42: 1-19.

Henderson, A. (1994) 'Power and Knowledge in Nursing Practice: The Contribution of Foucault', *Journal of Advanced Nursing*, 20(5): 935-939.

Lukes, S. ([1974] 2021) *Power: A Radical View* (3rd edn, London: Red Globe Press).

Nash, K. (2010) *Contemporary Political Sociology: Globalization, Politics and Power* (Oxford: Wiley-Blackwell), esp. chapter 1.

Sen, A. (1999) *Development as Freedom* (Oxford: Oxford University Press).

Social Movement
社会运动

定义

一种集体性尝试,往往通过松散的组织化网络,以在**公民社会**领域开展动员和行动的方式,而不是在既定的政治体系内或通过既定的政治体系,来追求共同的利益。

源起与历史

在20世纪的大部分时间里,社会学家都把社会运动看作一种异常的甚至是非理性的现象。与暴乱、群聚和革命一样,社会运动被视为一种集体行为,它们在主流社会学研究中似乎处于边缘地位。从20世纪20年代起,芝加哥学派把对集体行为事件的研究转变成了一个专门领域。赫伯特·布鲁默(Blumer 1969)认为,社会运动是社会变迁的推动者,而不仅仅是社会变迁的产物。他还发展出一个关于社会不安的理论,来解释正式政党政治之外的社会运动。尼尔·斯梅尔瑟(Smelser 1962)是20世纪50年代的功能主义理论的代表人物,他提出了一个"增值"模型(value-added model),识别了社会运动的不同发展阶段,认为每个阶段都会"增加价值"。到了20世纪60年代和70年代,新一波社会运动看起来是如此不同,学界因而从理论上将其统称为"新社会运动",它们以新的方式组织和行动,呼唤新的分析视角和方式。社会运动在社会学中的发展轨迹,就是从边缘化的"外人"逐渐变成稳固的主流专业。

含义与解读

社会运动是改变**社会**的各种集体性尝试。这方面的例子包括劳工和工会运动、女权运动、环保运动、反堕胎运动、同性恋权利运动等。可以说,社会运动是最强大的集体行动形式。如果组织得当,且持续时间够长,社会运动可以取得巨大的成果。例如,20世纪60年代的美国民权运动,成功推动了重要的立法,禁止学校和公共场所的种族隔离。女权运动为女性在经济和政治平等方面争取到了许多重要的利益。近年来,环保运动以各种非常规的方式来倡导可持续发展,极大地改变了公众对**环境**的态度。

社会运动通常都有"生命周期",包含若干发展阶段(Goodwin and Jasper 2014)。首先是"社会发酵期",人们对某个问题感到愤怒和不满,但相关的活动没有重点,也没有组织起来。然后会发展到"大众兴奋期",不满的原因变得更加清晰,公众的理解也更加到位。到了第三个阶段,正式的**组织**开始出现,协调和管理逐渐成形的运动,斗争效果也更加明显。最后,运动逐渐制度化,并被接纳为社会的政治过程的一部分。当然,有些社会运动只获得了部分成功,另一些则彻底走向失败。有些运动持续了很长的时间,而其他的则因资金短缺和参与者热情很快消散而不了了之。

社会学家发展出了一系列理论来理解和解释社会运动。斯梅尔瑟(Smelser 1962)的功能主义理论把社会运动看成结构性紧张的产物。这一理论指出,社会运动的产生有六个必要条件:(1)社会环境必须有利于运动的形成。(2)积极分子需要感受到自己的期望和现实之间的结构性紧张,有挫败感,开始寻求变革。(3)公众普遍认识到问题的原因。(4)还需要有一个触发事件,比如警察镇压抗议活动,或一个关键的标志性事件,让运动的信息深入人心。如果前四个要素都具备,那么就有可能进行动员。(5)建立抗议者和积极分子的社会网络。(6)当局的反应。它们是最后的关键阶段,往往决定了运动是起飞还是消散。

在斯梅尔瑟之后,研究社会运动的学者逐渐转向各种版本的理性选择理论,尤其是资源动员理论(RMT)。这个理论兴起于20世纪60年代末和70年代,是对把社会运动看作"非理性"现象的理论的回应,强调社会运动参与者的行为是理性的,运动本身有明确的目的,不是杂乱无章的。它关注的是各种社会运动如何获得必要的资源来有效地发起各种斗争。资源可以是资金、组织运动的专业知识、成员和支持者,或者有影响力的社会网络。因此,资源动员理论探讨哪些资源是有用的,积极分子如何获取这些资源,以及在追求共同利益的过程中如何分配这些资源。

在20世纪60年代末到80年代中期,一大波社会运动席卷了世界许多国家,包括学生运动、民权运动、失能者权利运动、女权运动、反核和环保运动以及同性恋权利运动等。这些运动被统称为"新社会运动"(NSMs),参与者把很多新的公共议题,比如环境和失能等,带入了政治。新社会运动通常采用松散的组织形式,行动策略丰富多样且具有新意,包括非暴力的直接行动,能够吸引许多"新"中产阶级加入。这些新中产一般都在福利国家的科层机构、创意和艺术领域以及**教育**领域工作。这种特征催生了关于社会运动的诸多新理论,认为社会运动是象征性信息的载体,能够让公众认识到现代社会中很多长期被忽视的问题(Melucci 1989),有助于提振许多国家日渐疲软的民主**文化**。

批判与讨论

关于社会运动的社会学理论遭到了很多批评。资源动员理论被广泛使用,但它无法解释为什么一些社会运动能在资源非常有限的条件下获得成功。美国的"穷人运动"和英国的失业者运动,还有20世纪50年代美国的黑人民权运动,在改变立法和态度方面都取得了巨大的成功,但这些运动拥有的资源却很少。参与者似乎用高昂的热情和积极的行动弥补了资源的不足。事实上,随着组织化程度的提高,他们失去了最初的热情。

新社会运动理论也受到了一些尖锐的批判。所有上面提到的所谓"新"特征,其实在"旧"社会运动中都可以找到。后物质主义价值观在19世纪的小规模公社中很明显,许多旧社会运动也是从松散网络演变成正式组织的。一些新社会运动的组织也走了类似的道路,并且科层化程度比新社会运动理论所预想的要高很多。绿色和平组织就是最典型的例子:起初是一群志同道合的人组成了一个松散的**网络**,他们参与了许多直接行动,随着时间的推移,绿色和平变成了一个类似公司的超大**组织**,成员和资金规模都大得惊人。

意义与价值

社会运动在社会的政治生活中变得越来越重要。**全球化**和数字化让国家或地区间的联系变得更加直接、全面和深入,为国际性或全球性的社会运动创造了可能。有人认为,我们正在步入一个"社会运动社会",之前局限于国家的社会运动正让位于那些超越国界的运动(Meyer and Tarrow 1997)。这些条件有利于社会运动活动的开展,因为在社会—经济快速变化的过程中,我们越来越感到自己失去了对生活的控制。成为社会运动的支持者或积极参与者,可能会让人们觉得自己有能力影响社会的发展方向。

贝克威思(Beckwith 2016)研究了1984—1985年英国矿工罢工期间一个煤田社区的女性活动。她提醒我们存在这样一种可能:社会运动确实取得了成功,但并没有实现参与者的目标。无论是成功还是失败,社会运动都会对参与其中的个体、运动的未来走向、各种反对力量以及周遭环境产生影响。例如,失败会助长反对者的气焰,挫败积极分子的信心,破坏运动的集体身份认同,但也可能激励积极分子加倍努力,扭转局面。想知道会有什么结果,需要进行详细的经验研究。在这篇论文中,贝克威思指出,女性积极分子的行动目标是捍卫社区,而不仅仅是矿工的工作。罢工最后痛苦地结束了,虽然未能阻止政府关闭矿井的计划,但她们仍然受到了支持者的热烈赞扬。这个案例告诉我们,即使运动失败了,"政治学习"的过程也可能成为未来的运动可资利用的宝贵资源。用贝克威思自己的话来说,"当一场社会运动失败时,我们并没有失去一切"(ibid.:63)。

参考文献与进一步阅读建议

Beckwith, K. (2016) 'All is Not Lost: The 1984-85 British Miners' Strike and Mobilization After Defeat', in L. Bosi, M. Giungni and K. Uba (eds), *The Consequences of Social Movements* (Cambridge: Cambridge University Press), pp. 41–65.

Blumer, H. (1969) 'Collective Behavior', in A. McClung-Lee (ed.), *Principles of Sociology* (New York: Barnes & Noble).

Crossley, N. (2002) *Making Sense of Social Movements* (Buckingham: Open University Press).

Goodwin, J., and Jasper, J. (eds) (2014) *The Social Movements Reader: Cases and Concepts* (3rd edn, Oxford: Wiley-Blackwell).

Melucci, A. (1989) *Nomads of the Present: Social Movements and Individual Needs in Contemporary Society* (London: Hutchinson Radius).

Meyer, D. S., and Tarrow, S. (1997) *The Social Movement Society: Contentious Politics for a New Century* (Oxford: Rowman & Littlefield).

Smelser, N. J. (1962) *Theory of Collective Behaviour* (New York: Free Press).

索 引

加粗的页码表示详解这个概念的页面。此处页码为本书边码。

A

advertising 广告 165
ageing process 老化过程 133
agency/structure 能动/结构 **48–51**, 90
AIDS 艾滋病 67, 170, 200, 201, 202
alienation 异化 2, **52–55**, 81, 86
 labour 劳动 53–54, 86, 154
 Marxist critique 马克思主义批判 2, 36, 52, 53, 54
al-Qaeda "基地"组织 26, 30
alternative medicine 替代医疗 168, 170–171
Amazon.com 亚马逊（网站）24
American dream 美国梦 185
Anderson, Benedict 本尼迪克特·安德森 220
animal advocacy politics 倡导动物权利的政治 157, 207
anomie 失范 183, **184–187**
architecture 建筑 18

ARPANET 阿帕网 5
artificial intelligence (AI) 人工智能 5, 6, 81
asceticism 禁欲主义 31
austerity politics 紧缩政治 207–208
authority 权威 12, 29, 103, **203–206**, 222
 bureaucratic 科层权威 76
 ideal types 理想类型 29, 203, 205
 organizations 组织 92
 religious 宗教 79

B

baby boomers 婴儿潮一代 133
Baudrillard, Jean 让·鲍德里亚 19, 162
Bauman, Zygmunt 齐格蒙特·鲍曼 13, 19, 24, 77
Beck, Ulrich 乌尔里希·贝克 39, 41, 64, 65, 66, 67, 210
Becker, Howard 霍华德·贝克尔 191
biodiversity loss 生物多样性丧失 46–47
biological reductionism 生物还原论 110

biomedicine 生物医学 **168-171**, 172, 173

'black' status "黑人"身份 123

Blauner, Robert 罗伯特·布劳纳 53-54

body, the 身体

    identity and 身份认同与身体 152, 200

    models of disability 失能模型 177-180

    obesity 肥胖 114, 175

    patriarchal power 男权制权力 109

    sex-gender distinction 生理性别—社会性别的区分 38, 103

    stigma 污名 200-202

    see also health and illness 也见 健康与疾痛

Bourdieu, Pierre 皮埃尔·布尔迪厄 49, 50, 124, 143, 146, 147

Brewer, John 约翰·布鲁尔 215

Brundtland report《布伦特兰报告》68

bureaucracy 科层制 **75-78**, 204

    capitalism and 资本主义和科层制 76, 78, 79, 91

    digital 数字科层制 8

    Holocaust and 大屠杀和科层制 24, 77

    ideal type 理想类型 23, 75, 76

    legal-rational authority 法理型权威 204

    networks and 网络和科层制 77, 136

    persistence of 科层制的持续存在 78, 136

    power 权力 23, 75, 76

    rationalization and 理性化和科层制 22, 23, 24

business elites 商业精英 93

C

capital, forms of 资本的类型 146

capitalism 资本主义 12, **78-81**

    adaptive capacity 适应能力 80

    alienation and 异化和资本主义 52, 53-54

    bureaucracy 科层制 76, 78, 79, 91

    civil society and 公民社会和资本主义 210

    class and 阶级和资本主义 78-79, 99, 100, 155, 213

    consumerism and 消费主义和资本主义 82-84, 83, 223

    education and 教育和资本主义 89

    'family capitalism' 家族资本主义 79

    gig economy 零工经济 6, 101

    globalization and 全球化和资本主义 11, 80

    industrial capitalism 工业资本主义 40, 76

    inequality and 不平等和资本主义 53, 78, 80, 155

    institutional 制度资本主义 79-80

    managerial 管理资本主义 79

    Marxist critique 马克思主义批判 8, 78, 79, 80, 81, 106, 108

    neo-liberal 新自由主义的资本主义

157
patriarchy 男权制 108
platform capitalism 平台资本主义 6
power 权力 108,223
rationalization and 理性化和资本主义 22,23
social control 社会控制 197
surveillance capitalism 监控资本主义 6,81
urbanism and 都市主义和资本主义 72
'varieties of capitalism' debate 关于"资本主义多样性"的辩论 80-81
Weber on 韦伯论资本主义 29,78-80
welfare capitalism 福利资本主义 79
caste system 种姓制度 100
Castells, Manuel 曼纽尔·卡斯特 224-225
cathexis 情感投注 103-104
celebrity, political 政治名人 166,204-205
celebrity culture 名人文化 123,162,167,204,205
charismatic authority 卡里斯玛型权威 203,204,205
Chicago School 芝加哥学派 71,72,73,225
childbirth 分娩 172,173
childhood 童年 132-133
child abuse 虐待儿童 131

child labour 童工 133
gender identity 性别身份认同 153
juvenile delinquency 青少年犯罪 197,199
labelling and 贴标签和童年 192-193
medicalization of conditions in 儿童状况的医疗化 172,173
self-formation 自我形成 181,182,201
social control 社会控制 198,199
socialization 社会化 141-142,143,188,198
street children 流浪儿童 192-193
Christianity 基督教 52,95,96
cinema 电影 18
cities see urbanism; urbanization 城市 也见 都市主义;城市化
citizen-journalism 公民新闻 208
citizenship 公民权 113,114,178,**206-209**,210,218
civil 市民权利 207
consumer-citizens 消费者—公民 84
digital 数字公民权 208-209
disability and 失能和公民权 178
environmental 环境公民权 207
migrants 移民 62,63
political 政治权利 207
rights and duties 权利和责任 208
civil citizenship 市民权利 207
civil rights movement 民权运动 110,117,123,207,226,227

· 321 ·

civil society 公民社会 27,107,167,**209–212**,225

claims-making, politics of 提出主张的政治 45,46,47

class 阶级 14,**99–102**
 alienation and 异化和阶级 52
 anomie and 失范和阶级 185–186
 capitalism and 资本主义和阶级 78–79,99,100,155,213
 conflict 冲突 59,66,79,122,213–214
 crime and 犯罪和阶级 185,186,189
 education and 教育和阶级 89,90,100,133
 identity and 身份认同和阶级 152,153,183
 industrialization and 工业化和阶级 59,66
 intersectionality 叠变 105–107
 life chances and 生活机会和阶级 20,40,49,89,99,100,101,102,106,120
 life course and 生命历程和阶级 133
 occupation and 职业和阶级 99,100,101,152
 power and 权力和阶级 224
 public sphere 公共领域 166
 relational class schemes 关系型阶级框架 100
 religion and 宗教和阶级 95
 social control and 社会控制和阶级 197
 social mobility 社会流动 100,101,118–21,123
 social movements and 社会运动和阶级 227
 status and 地位和阶级 51,99,101,121,122,123,124
 structure/agency and 结构/能动和阶级 49,51

climate change 气候变化 37,57,66

Cohen, Stanley 斯坦利·科恩 193,194,195

colonialism 殖民主义 13,15,16,27,62,118,221
 colonial model of migration 迁移的殖民模式 62
 conflict relationships 矛盾的关系 212,215

communication 沟通
 digital 数字沟通 5–7,81,160
 non-verbal 非语言沟通 158–159
 speech acts 言语行为 149
 see also digital technology; discourse; media 也见 数字技术；话语；大众媒体

communism 共产主义 19,53,62,78,79,80,96,97,157,204,216

community 社区/共同体 **126–129**
 communities of choice 基于选择的社群 73

communities of interest 利益共同体 127

global 全球社区 8,126,128

identity and 身份认同和社区 122,127

'imagined communities' "想象的共同体" 220

industrialization and 工业化和社区 59,60

nation state as 民族国家作为共同体 219

online 线上社区 128-129

risk and 风险和社区 65-66

socialization 社会化 142

society and 社会和共同体 25-26,126

territorially based 基于疆域的社区 127

urbanism and 都市主义和社区 71,72,73

competition 竞争 214

see also conflict 也见 冲突

Comte, August 奥古斯特·孔德 42,48

concept development in sociology 社会学概念的发展 1-2

contestation 争鸣 2,3

conflict 冲突 26,**212-215**,218

class 阶级 59,66,79,99,213-214

division of labour and 劳动分工和冲突 85,86

healthcare 医疗保健 176

migration and 移民和冲突 62,63

organizations 组织 92

postmodernity 后现代性 19

power 权力 222-223

religious 宗教 96,97

self-formation and 自我形成和冲突 182

see also terrorism; violence; war 也见 恐怖主义;暴力;战争

conformity *see* social control 一致性 也见 社会控制

conservation biology 保护生物学 46

consumer capitalism 消费资本主义 82,223

consumer-citizens 消费者—公民 84

consumer society 消费社会 82,83,124,146

consumerism 消费主义 2-3,6,**81-84**,98,101,124,146,152,223

control *see* social control 控制 可见 社会控制

Cooley, Charles H. 查尔斯·库利 38,39,141,151

cosmopolitanism 世界主义 11,124,208,209,210,211,218,221

countercultures, online 线上反(主流)文化 128-129

Covid-19 pandemic Covid-19 大流行 10,44,67,114,170

crime 犯罪

acquisitive crime 获取性犯罪 185,186

323

anomie 失范 184-187

critical realist approach 批判实在论思路 37

discourses of 关于犯罪的话语 149,150

gendered patterns 性别化模式 198

human trafficking 贩卖人口 64

interactionism and 互动主义和犯罪 191,192

labelling 贴标签 187,188,191-192

moral panic 道德恐慌 195

social constructionism and 社会建构论和犯罪 45

see also deviance; social control 也见 越轨；社会控制

criminal justice system 刑事司法体系 185,191-192,198-199

critical realism 批判实在论 35-38,56

cultural capital 文化资本 34,102,146,215

cultural globalization 文化全球化 9,11

cultural reproduction 文化再生产 88,142,143,146

culture 文化 **145-148**

  bureaucracy and 科层制和文化 75

  consumer culture 消费文化 84

  ethnicity 族群 115,116,117

  family forms 家庭形式 130

  high culture 高雅文化 146,147

  ideal types and 理想类型和文化 31

  ideology and 意识形态和文化 156

  mass culture 大众文化 145-147,156

  material culture 物质文化 145,150

  modernity 现代性 13

  nation states 民族国家 219-220,221

  postmodern turn 后现代转向 18,19,21,147

  risk variables 风险变量 66

  surveillance culture 监控文化 147-148

  taste cultures 品味文化 147

culture industry 文化工业 156,165

D

dark web 暗网 128

datafication of society 社会的数据化 208-209

death 死亡 52,95,129,132-133,134

decolonizing sociology 社会学去殖民化 15,16,17-18

'decorative sociology' "装饰社会学" 37,147,150

de-industrialization 去工业化 59

democracy 民主 **215-219**

  bureaucracy and 科层制和民主 76

  celebrity politics 名人政治 205

  citizenship 公民权 208

  civil society and 公民社会和民主 209,210-211

  crisis of democracy thesis 民主危机命题 218

liberal 自由民主 216,217,218

modernity and 现代性和民主 11,12,13,14

participatory 参与式民主 215,217

public sphere 公共领域 164-165,166

referenda 全民公投 217,220

representative 代表性 216,217

social movements and 社会运动和民主 227

transition to 向民主过渡 216

deprivation 剥夺

relative 相对剥夺 113,186

see also poverty 也见 贫困

development, sustainable 可持续发展 68-70

deviance 越轨 187-190

anomie and 失范和越轨 184,185

cinematic 电影的 18

deviancy amplification 越轨放大 192

functionalist accounts 功能主义的解释说明 189

labelling 贴标签 139,187-189,190-193,194,195,198

medical approach 医学思路 168

moral panic and 道德恐慌和越轨 193-195

online 线上越轨 193

positive functions 积极功能 188,189,190

primary and secondary 初级越轨和次级越轨 188,191,192

see also social control 也见 社会控制

digital media 数字媒体 128,163,221

digital revolution 数字革命 2,3,5-8,21,81,128,208

digital technology 数字技术

cultures of surveillance 监控文化 147-148

digital citizenship 数字公民权 208-209

disabled people's use of 失能者的使用 179-180

division of labour and 劳动分工和数字技术 87

educational resources 教育资源 89

fake news 假新闻 196

globalization and 全球化和数字技术 9,10

industrialization and 工业化和数字技术 59

interactions 互动 20,156

networks 网络 135,136

online countercultures 线上反（主流）文化 128-129

online deviancy 线上越轨 193

online interactions 线上互动 160

online networks 线上网络 128-129,135,136

organizations and 组织和数字技术 92

postmodernity and 后现代性和数字技

325

术 19,20,21
socialization 社会化 142
disability/disabled people 失能/失能者
　　citizenship 公民权 208
　　impairments 损伤 178-179
　　intellectual disabilities 智力障碍 178,179,208
　　media representations 媒体表征 147,162,163
　　self-advocacy 自我倡导 208
　　social model 社会模型 4,177-180
　　social movements 社会运动 45,178,201,227
　　stigma 污名 152,200
discourse 话语 **148-151**,155,157
　　crime 犯罪 149,150
　　human rights 人权 97
　　identity 身份认同 153
　　migration 移民 150
　　patriarchal 男权话语 110
　　power 权力 149,150,222,224
　　risk 风险 65
　　sustainable development 可持续发展 69
　　warfare 战争 150-151
division of labour 劳动分工 8,9,59,**85-87**,101,103,131
　　global 全球劳动分工 86,87,101
divorce 离婚 40,49,65
Durkheim, Émile 埃米尔·涂尔干
　　anomie 失范 184,185,186

crime and deviance 犯罪和越轨 187,188,189,199
division of labour 劳动分工 8,85,86
education 教育 88
quantitative research 定量研究 32
religion 宗教 95,96,97
state-based concept of society 基于国家的社会概念 25,26,27
structure/agency 结构/能动 48

E

eating disorders 进食障碍 202
ecological citizenship 生态公民权 207
ecological modernization 生态现代化 61
ecology, urban 城市生态学 71,72,73
economic capital 经济资本 102,123,146
economic globalization 经济全球化 9,10
economic growth 经济增长 13,58,118
education 教育 **88-91**
　　class and 阶级和教育 89,90,100,133
　　cultural capital 文化资本 146
　　cultural reproduction 文化再生产 88,146
　　gender issues 性别议题 89,90
　　'hidden curriculum' "隐性课程" 88,89
　　Marxist critique 马克思主义批判 88,89
　　networks 网络 136
　　social mobility and 社会流动和教育 121

socialization and 社会化和教育 8,88,
89,142
Elias, Norbert 诺贝特·埃利亚斯 26,
30,158
emigration 移民出境 62
  see also migration 也见 移民
emotional labour 情感劳动 60
Engels, Friedrich 弗里德里希·恩格斯
78,108
Enlightenment 启蒙运动 8,11,12
environment 环境 29,**55-58**
  biodiversity loss 生物多样性丧失 46-
  47
  consumerism and 消费主义和环境
  82,83,84
  critical realist perspective 批判实在论
  视角 56
  environmental catastrophe 环境灾难
  19
  environmental citizenship 环境公民权
  207
  'green' public sphere "绿色"公共空
  间 167
  industrialization and 工业化和环境
  55,56,60-61
  modernity and 现代性和环境 14
  risk and 风险和环境 65,66
  social constructionism 社会建构论 46-
  47,55,56,57
  social movements 社会运动 152,226,
  227
  sustainable development 可持续发展
  68-70
  urbanism 都市主义 71-74
environmental sociology 环境社会学 36,
55-57
equality/inequality 平等/不平等
  anomie and 失范和平等/不平等 185-
  186
  biological inequality 生物不平等 109
  bureaucracy and 科层制和平等/不平
  等 76,77
  capitalism and 资本主义和平等/不平
  等 53,78,80,155
  class and 阶级和平等/不平等 99-
  102,104-105,106,107,155,185-
  186
  crime and 犯罪和平等/不平等 185
  digitization and 数字化和平等/不平
  等 7
  education and 教育和平等/不平等
  88,89-90
  family life 家庭生活 130-131
  gender 性别 14,47,90,93,94,102-
  105,108-111
  globalization and 全球化和平等/不平
  等 11
  ideology and 意识形态和平等/不平
  等 155,156,157
  intersectionality 叠变 105-107

    modernity and 现代性和平等/不平等 12,13,14
    poverty 贫困 111-114
    race/ethnicity and 种族/族群和平等/不平等 94,105-107,110,115-118
    social mobility 社会流动 100,101,118-121,123
    social policies 社会政策 104-105,107,113
    society and 社会和平等/不平等 26,27
    status 地位 122-125
    sustainable development and 可持续发展和平等/不平等 68-70
ethnicity see race and ethnicity 族群 可见 种族和族群
ethnomethodology 常人方法学 48,158,159
European Union 欧盟 9,10,208,217,221
eurozone crisis 欧元区危机 211
evangelism 福音布道 97
Extinction Rebellion 反抗灭绝 6

F

facial expressions 面部表情 158-159
fake news 假新闻 196
family 家庭 65,**129-132**
    cultural capital 文化资本 146
    cultural variety 文化多样性 130
    dark side of family life 家庭生活的阴暗面 130,131
    diversification of family structures 家庭结构的多样化 130,131
    education and 教育和家庭 88,89
    health 健康 168,175
    interaction 互动 49,158
    names 名字 152
    networks 网络 135,137
    nuclear family 核心家庭 109,130,131
    parenting 做父母（承担亲职）131,153
    patriarchy 男权制 109,110
    sexual diversity 性的多样性 130
    social control and 社会控制和家庭 197
    socialization 社会化 49,103,141-142,143
'family capitalism' 家族资本主义 79
fast-food restaurants 连锁快餐店 24
femininities 女性气质 104
feminist scholarship 女性主义学者
    black feminist scholarship 黑人女性主义学者 105,110
    critical realism 批判实在论 38
    family 家庭 131
    gender 性别 93,102-105,153
    intersectionality 叠变 105
    medicalization of women's lives 女性生活的医疗化 172
    patriarchy 男权制 108-110
    public sphere 公共领域 166
    social constructionism and 社会建构论

和女性主义学者 45,47
feudal society 封建社会 79
Feuerbach, Ludwig 路德维希·费尔巴哈 52
Feyerabend, Paul 保罗·法伊尔阿本德 43-44
Fordism 福特主义（福特制）82-83,87
Foucault, Michel 米歇尔·福柯 153,157,171
 on discourse 论话语 149-150
 on power 论权力 222,223-224
 on sexuality 论性存在 138
 on surveillance 论监控 92
Frankfurt School 法兰克福学派 145,155-156,165,223
free-market economic development 自由市场经济发展 87
free will 自由意志 48
friendship 友谊 22,73
 networks 网络 135,137
Fukuyama, Francis 弗朗西斯·福山 217
functionalism 功能主义
 deviance 越轨 189
 education 教育 88-89
 gender 性别 102
 media 大众媒体 161-162
 organizations 组织 92
 sick role 病人角色 174,176
 social movements 社会运动 225,226
 socialization 社会化 141,142

structure/agency 结构/能动 48
fundamentalism, religious 宗教原教旨主义 24,210

G

gated communities 封闭社区 51
Gemeinschaft and *Gesellschaft* 共同体和社会 71,126,127
gender 性别 2-3,**102-105**
 class and 阶级和性别 101
 conflict 冲突 213,214
 crime/delinquency 犯罪/违法行为 198
 education and 教育和性别 89,90
 equality/inequality 平等/不平等 14,47,90,93,94,102-105,108-111
 identity 身份认同 152,153,182
 intersectionality 叠变 105,106
 labour and 劳动和性别 60,93,103,109,131
 media representations 媒体表征 103,108,109,162
 medicalization and 医疗化和性别 172
 migration and 移民和性别 63-64
 networks 网络 94,136
 non-verbal communication 非言语沟通 159
 organizations and 组织和性别 91,93
 patriarchy 男权制 103,108-111,150,214
 performativity 表演性 104

public sphere and 公共领域和性别 109,166

queer theory 酷儿理论 38,104

sex-gender distinction 生理性别—社会性别的区分 38,103

social constructionism and 社会建构论和性别 45,47,103,110

social mobility and 社会流动和性别 120

socialization and 社会化和性别 103,141-142,143,182-183,198

status and 地位和性别 123

Giddens, Anthony 安东尼·吉登斯 2,39,41,50,65

gig economy 零工经济 6,101

Glasgow Media Group 格拉斯哥媒介研究小组 156

global warming 全球变暖 6,32,36,55,56,57,65,66

globalization 全球化 3-4,**8-11**,21

 capitalism and 资本主义和全球化 11,80

 citizenship and 公民权和全球化 208,210

 civil society and 公民社会和全球化 209,210,211

 community and 社区和全球化 126,128

 conflict and 冲突和全球化 214

 cultural dimension 文化维度 9,11

 democracy and 民主和全球化 216-217,218

 division of labour 劳动分工 86,87,101

 economic dimension 经济维度 9,10

 family and 家庭和全球化 131

 local-global relations 本土—全球关系 9,126,128

 media and 大众媒体和全球化 161,162,165

 migration and 移民和全球化 61,62,63-64

 nation states and 民族国家和全球化 9,10,25,27,66,221

 networks 网络 128,135,136

 political dimension 政治维度 9

 risk and 风险和全球化 66,67

 self-identity and 自我身份认同和全球化 182

 social movements 社会运动 227

 society and 社会和全球化 25,26,27

 urbanism and 都市主义和全球化 71

glocalization 全球在地化 9,11

Goffman, Erving 欧文·戈夫曼 152-153,200-201

Google 谷歌 81

green political parties 绿色政治党派 66

greenhouse gas emissions 温室气体减排 69

Greenpeace 绿色和平组织 163,227

greenspeak 绿色话语 167

grounded theory 扎根理论 33
guest workers 外来劳工 62

H

Habermas, Jürgen 尤尔根·哈贝马斯 14,165,166
habitus 惯习 50,121
health and illness 健康和疾痛
    alienation and 异化与健康和疾痛 54
    biomedical model 生物医学模型 168-171,172
    doctor-patient relationship 医患关系 170,176
    media reports 媒体报道 174
    medicalization 医疗化 171-174
    mental illness 精神疾病 149-150,168,171-172,173
    risk and 风险与健康和疾痛 67,114
    sick role 病人角色 174-177
    social and environmental interventions 社会和环境干预 169
    stigma 污名 67,200,201,202
    see also disability/disabled people 也见 失能/失能者
hegemonic masculinity 霸权男性气质 103-104
heterosexuality 异性恋本位 103,106,130,138,139
hierarchies 等级制 23-24,75,76,77,89,93,111,136
    see also bureaucracy; patriarchy 也见 科层制;男权制
high culture 高雅文化 146,147
Hirschi, Travis 特拉维斯·赫希 197,198,199
historical materialism 历史唯物主义 53
HIV/AIDS 67,170,200,201,202
Hobbes, Thomas 托马斯·霍布斯 196
Holocaust 大屠杀 24,77,214
homelessness 无家可归 33
homophobia 恐同症 201
homosexuality 同性恋 104,106,130,138-139,153,168
    stigma 污名 104,201
human rights 人权 81,97,207
human trafficking 贩卖人口 64
humour 幽默 110
hybridity 混合 11
hyperreality 超现实 19,162

I

iatrogenesis 医源病 169,172
ideal type 理想类型 **29-31**
    authority 权威 29,203,205
    bureaucracy 科层制 23,75,76
    constructs 建构物 29
    science 科学 29,43-44
    sensitizing concepts 敏化概念 30
idealism 观念论 35
identity 身份认同 2-3,20,49,65,**151-154**
    class and 阶级和身份认同 152,153,

183

collective 集体身份认同 152,153

consumerism and 消费主义和身份认同 82,83

deviance and 越轨和身份认同 188,191,192

embodiment 具身性 152,200

ethnic 族群 115,152

gender 性别 152,153,182

impression management 印象管理 43,152-153,166,167

interaction and self-formation 互动和自我形成 151-152,181-182

looking glass theory 镜中我理论 151

names 名字 152

national 民族认同 118,219,220,221

political 政治身份认同 167

primary identities 初级身份认同 152

secondary identities 次级身份认同 152

self-identity 自我身份认同 25,103,176,183,188,200

shaping through discourse 通过话语影响身份认同 149

socialization and 社会化和身份认同 103,142-143,152

stigma and 污名和身份认同 200,201,202

work and 工作和身份认同 152-153

see also social self 也见 社会自我

ideology 意识形态 103,**154-158**,162,166,185

of consumerism 消费主义的意识形态 82,83

Marxist theory 马克思主义理论 155-156,157

of race 种族意识形态 115,116

of religion 宗教意识形态 95,96

of sustainable development 可持续发展的意识形态 69

illness *see* health and illness 疾病 可见 健康和疾病

immigration 移民入境 62

see also migration 也见 移民

impression management 印象管理 43

individualism 个人主义 60,71,73,85,86,88,188,197

individuality 个体性 71,73,82,182

individualization 个人化 11,40,124,152

industrial capitalism 工业资本主义 40,76

Industrial Revolution 工业革命 58,59,82,178

industrialization 工业化 **58-61**,68

alienation and 异化和工业化 53-55,86

anomie 失范 184

class conflict 阶级冲突 59,66

consumerism and 消费主义和工业化 82

digital era 数字时代 59

division of labour 劳动分工 85, 86

environment and 环境和工业化 55, 56, 60–61

migration patterns and 迁移模式和工业化 61

modernization 现代化和工业化 12–13, 14, 58, 61

nation state and 民族国家和工业化 219

post-Fordist flexibility 后福特制的弹性 83, 87

social mobility and 社会流动和工业化 118, 119

see also post-industrialization 也见 后工业化

inequality see equality/inequality 不平等 也见 平等/不平等

information technology see digital technology 信息技术 可见 数字技术

institutional capitalism 制度资本主义 79–80

intellectual disability 智力障碍 178, 179, 208

interaction 互动 26, 34, **158–161**

    community and 社区和互动 126

    crime and 犯罪和互动 191, 192

    deviance and 越轨和互动 188

    digital 数字互动 20, 156

    ethical behaviour 道德行为 160

    focused/unfocused 有焦点/无焦点 158

    media 大众媒体 162

    moral panic and 道德恐慌和互动 195

    online environments 网络环境 160

    power and 权力和互动 223

    reflexivity and 反身性和互动 38–39

    self-formation and 自我形成和互动 151–152, 182

    social constructionism 社会建构论 45

    social media 社交媒体 6, 34–35, 160

    status and 地位和互动 122, 124

    stigma and 污名和互动 200

    structure/agency 结构/能动 48, 49

    symbolic interactionism 符号互动论 48, 158, 162, 191

    urbanism and 都市主义和互动 71–72

    see also socialization 也见 社会化

interculturalism 跨文化主义 11

internet 互联网 5, 6, 7, 9, 21, 59, 101, 163, 166

    Internet of Things 物联网 5, 8, 81

    see also digital technology 也见 数字技术

intersectionality 叠变 3, **105–108**, 110

J

Japanese management practices 日本管理实践 54

juvenile delinquency 青少年犯罪 197, 199

K

Kinsey, Alfred 阿尔弗雷德·金西 138,

139

kinship networks 亲属关系网络 135,137

knowledge, sociology of 知识社会学 155

Kuhn, Thomas 托马斯·库恩 43

L

labelling 贴标签 187,188,189,**190-193**,194,195,198,202

labour 劳动

    alienation 异化 53-54,86,154

    bureaucrats 官僚 76,93

    capitalism and 资本主义和劳动 79,81

    child labour 童工 133

    class divisions 阶级分化 99

    division of 劳动分工 8,9,59,85-87,101,103,131

    domestic 家务劳动 109,131

    feminization of the workforce 工作场所的女性化 60

    gender and 性别和劳动 60,93,103,109,131

    industrialization and 工业化和劳动 58-59,60,85

    low-trust systems 低信任系统 86

    migrant 移民 61,62,63,87

    news reporting 新闻报道 156-157

    post-industrialization 后工业化 60,86-87,101

    sick leave 请病假 176-177

    specialization 专业化 85,86,93

    wage-labour 雇佣劳动 79

work-life boundary transitions 工作—生活边界转换 40-41

workplace identities 工作场所身份认同 153-154

    see also occupations 也见 职业

language 语言

    discourse 话语 148-151

    ethnomethodological study 常人方法学研究 159

    nation states 民族国家 219-220

learning disabilities 学习障碍 208

legal-rational authority 法理型权威 204,205

Lemert, Edwin 埃德温·莱默特 188,191

LGBTQ+community "LGBTQ+"群体 111

    see also homosexuality 也见 同性恋

life course 生命历程 65,**132-135**

    ageing process 老化过程 133

    consumerism and 消费主义和生命历程 84

    family experiences 家庭生活体验 130

    inequality 不平等 106

    migration and 移民和生命历程 64

    socialization 社会化和生命历程 141-143

    young adulthood 成年早期 133-134

    see also childhood 也见 童年

lifestyle 生活方式

    lifestyle migration 生活方式型移民 64

medicalization 医疗化 171-174
poverty 贫困 111,113
urban 城市 71-72
looking glass theory 镜中我理论 151
low mood, medicalization of 情绪低落的医疗化 173
Lukes, Steven 史蒂文·卢克斯 222,223,224
Lyotard, Jean-François 让-弗朗索瓦·利奥塔 18-19

M

McDonaldization 麦当劳化 24
Malthus, Thomas 托马斯·马尔萨斯 68
managerial capitalism 管理资本主义 79
marriage 婚姻 40,65,91,100,103,116,129,130,131,138
    gay 同性恋 130
    see also family 也见 家庭
Marx, Karl/Marxism 卡尔·马克思/马克思主义
    alienation 异化 2,36,52,53,54
    capitalism 资本主义 8,78,79,80,81,106,108
    civil society 市民社会 210
    class 阶级 99,122,199
    colonialism 殖民主义 15
    conflict 冲突 213
    culture 文化 145-146
    education 教育 88,89
    historical materialism 历史唯物主义 53

on ideology 论意识形态 155-156,157
modernity 现代性 13
religion 宗教 95
social control 社会控制 197
society 社会 27
status 地位 122
structure/agency 结构/能动 50
masculinity, hegemonic 霸权男性气质 103-104
mass culture 大众文化 145-147,156
master statuses 主要身份 123,188
material culture 物质文化 145
Mead, George Herbert 乔治·赫伯特·米德 38-39,141,151-152,181-182
media 大众媒体 149,150,**161-164**
    audience studies 受众研究 163
    bias 偏见 156-157,163
    democracy and 民主和大众媒体 164,165,216-217,218
    digital 数字媒体 128,163,221
    disinformation 虚假信息 163
    fake news 假新闻 196
    functionalist accounts 功能主义的解释说明 161-162
    gender presentation 性别表征 103,108,109,162
    health reports 健康报道 174
    hyperreality 超现实 19
    mass media 大众媒体 161,162,163,

164,165,166,167

media convergence 媒介融合 6

moral panic 道德恐慌 193-194,195-196

news reporting 新闻报道 156-157,193-194,194,216-217

ownership 所有权 162

patriarchy and 男权制和大众媒体 108,109

political celebrity 政治名人 166,204-205

postmodern 后现代 19,20

public sphere 公共领域 164-165,166,167

social media 社交媒体 6,34-35,77,160,164

socialization and 社会化和大众媒体 141,142,143

trust in 163-164 对大众媒体的信任

medicine 医学

    biomedical model 生物医学模型 168-171,172,173

    disability, models 失能模型 of 177-180

    ethical concerns 伦理关切 171

    medical gaze 医学凝视 169

    medicalization 医疗化 171-174

    power dynamics 权力动态 171,172,173,224

    see also health and illness 也见 健康和疾痛

mental illness 精神疾病 149-150,168,171-172,173

Merton, Robert 罗伯特·默顿 184-186

metanarratives 宏大叙事(元叙事)19

migration 移民 9,**61-64**

    classic model 经典模式 62

    colonial model 殖民模式 62

    discourse of 关于移民的话语 150

    displaced people 流离失所的人 62

    globalization and 全球化和移民 61,62,63-64

    guest worker model 外来劳工模式 62

    illegal 非法移民 47-48,62-63

    lifestyle migration 生活方式型移民 64

    migrant communities 移民群体 128

    migrant labour 移民劳工 61,62,63,87

    push and pull factors 推拉因素 9,58,61-62,63

    racism and 种族主义和移民 117,118

    regional 区域性迁移 62

    rural-to-urban 从农村到城市 58

    self-identity and 自我身份认同和移民 182

    social illegality 社会性非法 47-48

    see also mobilities 也见 流动

Mill, John Stuart 约翰·斯图尔特·密尔 68

mindfulness 正念 84

minority groups 少数族裔 107,115,116,

117,130,137,189

mobilities 流动 25,27,63

    poverty and 贫困和流动 114

    social mobility 社会流动 100,101,118-121,123

    see also migration 也见 移民

modernity 现代性 **11-15**,18,20,22,24,65,79

    anomie 失范 184,186

    bureaucracy and 科层制和现代性 75-76,77,78

    consumerism and 消费主义和现代性 82,83,84

    democracy and 民主和现代性 11,12,13,14

    industrialization and 工业化和现代性 12-13,14,58,61

    multiple modernities 多重现代性 14

    racism and 种族主义和现代性 118

    reflexive modernity 反身现代性 14,39,40,41

    see also postmodernity 也见 后现代性

modernization theory 现代化理论 12-13,15

    ecological 生态现代化理论 61

moral panic 道德恐慌 **193-196**

multicultural societies 多元文化社会 20,97,117,220

multinational corporations 跨国公司 9,26,61

music 音乐

    pop 流行音乐 221

    punk 朋克音乐 128,137

    rationalized 理性化 23

mysticism 神秘主义 31

N

nation state 民族国家 9,20,63,215,**219-222**

    citizenship 公民权 206-209

    globalization and 全球化和民族国家 9,10,25,27,66,221

    'imagined communities' "想象的共同体" 220

    nation-building 国家建构 221

    power 权力 13,196,219,223

    risk and 风险和民族国家 66,67

    society and 社会和民族国家 25,26,27

    see also social control 也见 社会控制

national minimum wage 全国最低工资 113

nationalism 民族主义 47,218,219,220

natural sciences 自然科学 2,29,37,42-43,44,56-57

nature 自然 36,46,55

    see also environment 也见 环境

neo-liberalism 新自由主义 87,113,157

Neolithic Revolution 新石器革命 59

networks 网络 **135-137**

    bureaucracy and 科层制和网络 77,136

business elites 商业精英 93

gender and 性别和网络 94,136

globalization and 全球化和网络 128,135,136

kinship networks 亲属关系网络 135,137

networked organizations 网络化组织 23-24,93,136

occupational 职业网络 136

online 线上网络 128-129,135,136

power and 权力和网络 225

social capital 社会资本 146,211

social movements 社会运动 225,226,227

status and 地位和网络 123

new social movements (NSMs) 新社会运动 178,225,227

news reporting 新闻报道 156-157,193-194,194,216-217

 see also media 也见 大众媒体

non-verbal communication 非语言沟通 158-159

nuclear family 核心家庭 109,130,131

O

occupations 职业

 class and 阶级和职业 99,100,101,152

 networks 网络 136

 social mobility 社会流动 119,120

offshoring 外包 87

online life 线上生活 7

 see also digital technology 也见 数字技术

oral cultures 口头文化 161

organization 组织 **91-95**

 bureaucracy 科层制 75-78

 conflict of interests 利益冲突 92

 formal organizations 正式组织 91

 and institution, contrasted 与社会设置（制度）对比 91

 mechanistic organizations 机械型组织 92

 networked organizations 网络化组织 23-24,93,136

 organic organizations 有机型组织 92

 racialized organizations 种族化组织 94

 social action perspective 社会行动视角 92

 social movements 社会运动 226,227

orientalism 东方主义（东方学）15,16

P

paradigms 范式 43,149

Parsons, Talcott 塔尔科特·帕森斯 26,31,48,88-89,141,142,174-175,176,196-197,198,213

patriarchy 男权制 103,**108-111**,150,214

peacemaking/peacekeeping 缔造和平/维持和平 9,151,210,214,215

phenomenology 现象学 48,158

platform capitalism 平台资本主义 6,101
play 玩耍 181
political citizenship 政治权利 207
political globalization 政治全球化 9
pollution 污染 55,56,60,61,66,207
popular culture 流行文化 75,147
population growth 人口增长 59,68,71
populism 民粹主义 57,124,154,157,
　　205,211-212,218
positivism 实证主义 35,39,42,44
postcolonialism 后殖民主义 2,13,**15-18**
post-feudal societies 后封建社会 12
post-industrialization 后工业化 59,60,
　　101
postmodernity 后现代性 14,**18-21**,24,
　　134,147
poverty 贫困 66,69,87,**111-114**,124
　　absolute and relative 绝对和相对 112,
　　　　113,114
　　system-blaming 归咎系统 113
　　victim-blaming 归咎受害者 112-113
power 权力 **222-225**
　　authority see authority 权威 可见 权威
　　bureaucratic 科层权力 23,75,76
　　civil society and 公民社会和权力 211
　　coercive 强制性 222,224
　　consumerism and 消费主义和权力
　　　　83,223
　　deviance and 越轨和权力 188,189
　　discourses and discursive practices 话
　　　　语和话语实践 149,150,222,224
　　gender relations 性别关系 103,108-
　　　　111,129,150,159
　　ideology and 意识形态和权力 155,
　　　　156
　　labelling and 贴标签和权力 190-193
　　media 大众媒体 162
　　medical 医疗权力 171,172,173,224
　　multinational corporations 跨国公司 9
　　nation states 民族国家 13,196,219,
　　　　221
　　non-verbal communication 非语言沟通
　　　　159
　　organizations and 组织和权力 91,92,
　　　　93
　　patriarchal 男权制权力 108-111,150
　　social constructionism and 社会建构论
　　　　和权力 47,48
　　society and 社会和权力 26,27
　　status and 地位和权力 122
　　symbolic 符号(象征)权力 156
　　urban 城市 71
powerlessness 无力感 52,53
pregnancy 怀孕 172
pre-industrial societies 前工业社会 99
private sphere 私人领域 47,108,109,
　　131,166
process sociology 过程社会学 26
psychiatry 精神病学 139,149-150,153,
　　171

public sphere 公共领域 109,131,**164-167**,209-210
punk 朋克 128,137,194
Putnam, Robert 罗伯特·帕特南 211

Q

qualitative/quantitative research 定量/定性研究 **31-35**,39,44,101-102,106
    mixed-methods approach 混合方法思路 34
queer theory 酷儿理论 38,104

R

race and ethnicity 种族和族群 49,**115-118**
    conflict 冲突 213,214
    identity and 身份认同与种族和族群 115,152
    intersectionality and 叠变与种族和族群 105,107
    media representations 媒体表征 162-163
    migration and 移民与种族和族群 62
    nation states and 民族国家与种族和族群 220,221
    patriarchy and 男权制与种族和族群 110
    race as biological concept 种族作为生物学概念 115,116,117
    race as ideological construct 种族作为意识形态建构 116

racialized organizations 种族化组织 94
    status and 地位与种族和族群 123
race science 种族科学 115,117
racialization 种族化 116
racism 种族主义 90,110,115,116,117,118
    scientific racism 科学的种族主义 115
rational-legal authority 法理型权威 204,205
rationalism 理性主义 22
rationalization 理性化 11,12,**21-25**,78,79
    formal rationality 形式理性 22-23
    practical rationality 实践理性 22
    substantive rationality 实质理性 22
    theoretical rationality 理论理性 22
    Weber's thesis 韦伯的命题 22-24,78
Reagan, Ronald 罗纳德·里根 205
realism 实在论 **35-38**,57
're-enchantment of the world' "重新赋魅世界" 24
referenda 全民公投 217,220
reflexivity 反身性 **38-41**,42,43,49
    individual 个人反身性 38-39
    social 社会反身性 39-41
regionalization 区域化 221
religion 宗教 **95-98**
    alienation and 异化和宗教 52
    anomie and 失范和宗教 184
    fundamentalism 原教旨主义 24

ideology 意识形态 155

lived religion 生活宗教 97-98

modernity and 现代性和宗教 12,14

new age practices "新时代"实践 31

rationalization and 理性化和宗教 22, 24

social change and 社会变迁和宗教 96

research methodologies 研究方法论

  ideal types 理想类型 29-31

  online environments 网络环境 7-8

  qualitative/quantitative 定性/定量 31-35,39,44,102,106

  realism 实在论 35-38

  reflexivity 反身性 38-41

    social constructionism 社会建构论 45-48

    sociology as science 社会学作为一门科学 41-44

  structure/agency dichotomy 结构/能动二分法 48-51

resource mobilization theory（RMT）资源动员理论 226-227

risk 风险 40,55,**64-67**

  gender and 性别和风险 198

  high-consequence risks 后果严重的风险 65

  management 管理风险 66

  manufactured risks 人为风险 65

  medical modelling of 风险的医学建模 114,172

  risk assessment 风险评估 65

  sexuality and 性存在和风险 140

risk politics 风险政治 66,67

risk society 风险社会 39,66,67

rituals 仪式 31,93,96

robotics 机器人技术 5,6

roles 角色

  familial 家庭角色 131

  gender 性别角色 93,102,103,104, 142,153,162,198

  sick role 病人角色 174-177

  status and 地位和角色 123

romantic relationships 浪漫关系 182

Rostow, Walt 沃尔特·罗斯托 12,13

rules 规则 91,92-93,94,188,196,197

  rule-breaking see deviance 打破规则 可见 越轨

  see also social control 也见 社会控制

S

salon culture 沙龙文化 166

schooling 学校教育 88,89,90,134,136, 199

  see also education 也见 教育

science 科学 **41-45**

  biomedicine 生物医学 168-171

  critical realism 批判实在论 35-38

  ideal types and 理想类型和科学 29, 43-44

  modernity and 现代性和科学 11,12

  natural sciences 自然科学 2,29,37,

42-43,44,56-57

postmodernity and 后现代性和科学 18,24

qualitative/quantitative research 定性/定量研究 33

sociology as science 社会学作为一门科学 41-44

scientific racism 科学的种族主义 115,117

scientific revolutions 科学革命 42,43

secularization 世俗化 11,12,59,95,96,97

self-fulfilling and self-defeating prophecies 自我实现和自我挫败预言 38,39

self-harming 自残 202

service-sector employment 服务部门就业 60,87

sex-gender distinction 生理性别—社会性别的区分 38,103

sexuality 性存在 65,103,105,106,**138-141**

  biological and social factors 生物和社会因素 138

  discourse 话语 153

  online activity 在线活跃 140

  sexual orientation 性取向 138

  stigma 污名 201,202

shame 羞耻 111,152

sick role 病人角色 **174-177**

sickness see health and illness 患病 可见健康和疾痛

Simmel, Georg 格奥尔格·齐美尔 71,72,73,135,212-213

single mothers 单身母亲 150

slavery 奴隶 64,79,99,110,116

sleep, medicalization 睡眠问题的医疗化 of 173-174

Smelser, Neil 尼尔·斯梅尔瑟 225,226

Smith, Adam 亚当·史密斯 78,85

social capital 社会资本 102,146,211

social class see class 社会阶级 可见 阶级

social constructionism 社会建构论（社会建构主义）**45-48**

  contextual constructionism 基于情境的建构主义 46

  critical realism and 批判实在论和社会建构论 35,36,37

  environment and 环境和社会建构论 46-47,55,56,57

  gender and 性别和社会建构论 45,47,103,110

  labelling and 贴标签和社会建构论 189

  life course and 生命历程和社会建构论 132,133,134

  reflexivity and 反身性和社会建构论 38,39

  strict constructionism 严格的社会建构论 46

social control 社会控制 **196-199**
    culture as form of 文化作为一种社会控制的形式 145-146
    labelling and 贴标签和社会控制 187,188,189,190-193,192,198
    medicine as form of 医疗作为一种社会控制的形式 171
    moral panic and 道德恐慌和社会控制 193-196
    stigma and 污名和社会控制 201
social exclusion 社会排斥 34,113
social media 社交媒体 6,34-35,77,160,164
social mobility 社会流动 100,101,**118-122**,123
    intragenerational/intergenerational 代内/代际流动 119,121,123
social model of disability 失能的社会模型 4,**177-180**
social movement 社会运动 217,**225-228**
    alternative media 替代性媒体 163
    collective identity 集体身份认同 153
    disabled people 失能者 45,178,201,227
    globalization and 全球化和社会运动 227
    life cycles 生命周期 226
    new social movements (NSMs) 新社会运动 178,225,227
    resource mobilization theory (RMT) 资源动员理论 226-227
    social constructionism and 社会建构论和社会运动 45,47
    structural strain theory 结构紧张理论 226
    structure/agency 结构/能动 49
    urbanism and 都市主义和社会运动 71
social network analysis 社会网络分析 128,137
    see also networks 也见 网络
social reflexivity 社会反身性 39-41,42,43
social self 社会自我 **180-183**
    life-course transitions 生命历程的过渡阶段 134
    presentation management 形象管理 43,152-153,166,167
    reflexivity 反身性 38-41,42,43
    self-formation 自我形成 181-182
    self-identity 自我身份认同 103,151-152,181,182,183,201
    socialization 社会化 141-143
social solidarity *see* solidarity 社会团结 可见 团结
social stratification 社会分层 100,122
    see also class 也见 阶级
socialization 社会化 **141-144**
    childhood 童年 141-142,143,188,198
    education and 教育和社会化 8,88,

89,142

family and 家庭和社会化 49,103,141-142,143

gender 性别社会化 103,141-142,143,182-183,198

heteronormative 异性恋规范 143

primary and secondary 初级社会化和次级社会化 141,142

self-identity and 自我身份认同和社会化 103,142-143,152

social control and 社会控制和社会化 197,198

societalization 社会形成 27

society 社会 **25-28**

alienation and 异化和社会 52-54

bureaucracy and 科层制和社会 75

civil society 公民社会 27,107,167,209-212,225

community and 共同体和社会 25-26,126

consumer society 消费社会 82,83,124,146

environment-society relations 环境—社会关系 55,56,57

industrial 工业社会 58,59,60

migration, impact of 移民的影响 62

rationalization of 社会的理性化 22-24,78,79

reflexivity 反身性 38,39,41,42

risk society 风险社会 39,66,67

self-perpetuating 自我持存 26

social solidarity 社会团结 85-86

sociology as science of 社会学作为一门关于社会的科学 41-44

structure/agency dichotomy 结构/能动二分法 48,49

see also socialization 也见 社会化

sociology 社会学

decolonizing 社会学去殖民化 15,16,17-18

digital 数字社会学 7-8

Eurocentric 欧洲中心主义 15,16

process sociology 过程社会学 26

'two sociologies' "两种社会学" 49,50

sociology of scientific knowledge (SSK) 科学知识社会学 37,45,46

solidarity 团结

mechanical 机械团结 85-86

'minority' groups 少数群体 116

racial 种族团结 154

religion and 宗教和团结 96,97

social 社会团结 60,85-86,88,96,97

Solidarity movement 团结运动 96

Spanish flu (1918-1920) 西班牙流感 67

speech acts 言语行为 149

Spencer, Herbert 赫伯特·斯宾塞 48

spirituality 灵性 22

see also religion 也见 宗教

statistics 统计 32,33,34

status 地位 **122-125**
    ascribed and achieved 先赋地位和自致地位 123
    authority 权威 203
    citizenship 公民权 206,208
    class and 阶级和地位 51,99,101,121,122,123,124
    consumerism and 消费主义和地位 82,83,124,223
    deviance and 越轨和地位 188
    identity and 身份认同和地位 146
    lifestyle symbols 生活方式符号 122,124
    master statuses 主要身份 123,188
    nation states 民族国家 220
    populism and 民粹主义和地位 124-125
    religious 宗教 97
    social mobility and 社会流动和地位 121
    status conventionalism 地位约定主义 101
    status set 地位丛 123
    structure/agency 结构/能动 51
    symbolic capital 符号资本 146
stigma 污名 152,174,193,**200-202**
    discredited 显性污名 200-201
street children 流浪儿童 192-193
structural strain theory 结构紧张理论 226

structure/agency 结构/能动 **48-51**,90
subcultures 亚文化 52,89,132,186,187,194,195
surveillance 监控
    digital cultures of 监控的数字文化 146-147
    organizations 组织 92
    surveillance capitalism 监控资本主义 6,81
sustainable development 可持续发展 57,61,**68-70**
symbolic capital 符号资本 146
symbolic interactionism 符号互动论 48,158,162,191

T

terrorism 恐怖主义 10,26-27,30,55,65-66,149,195,210,214,218,221
Tocqueville, Alexis de 亚历克西·德·托克维尔 209
Tönnies, Ferdinand 斐迪南·滕尼斯 71,126,127
tourism 旅游业 9,70
trade 贸易 154
    fair trade products 公平贸易产品 10
    regional 区域贸易 10
    supranational 跨国贸易 9
trade unions 工会 49,79,94,156,207,226
transgender identities 跨性别身份认同 104

transnationalism 跨国主义 10,11

tribes/neo-tribes 部落/新部落 97

trivialization of politics and cultural life 政治和文化生活的细碎化 167

Trump, Donald 唐纳德·特朗普 110, 154,196,205,212

U

underclass 下层阶级 113

United Nations 美国 9,46,133,217

urban ecology 城市生态学 71,72,73

urban planning 城市规划 51,73

urban regeneration 城市再生(更新) 72, 73

urbanism 都市主义 12,55,**71-74**

urbanization 城市化 12,13,59,71,86, 127

V

value-rational authority 价值理性权威 204

Verstehen 理解 29

violence 暴力

    against women 对女性的暴力 33,108, 109,131

    conflict theory 冲突理论 213,214,215

    family 家庭 130,131

    genocidal 屠杀 24,77,214,218

    homophobic 恐同症 201

    moral panic 道德恐慌 194

    state use of 国家暴力 219

    street violence 街头暴力 195

    see also conflict; terrorism; war 也见 冲突;恐怖主义;战争

W

wage-labour 雇佣劳动 79

Wallerstein, Immanuel 伊曼纽尔·沃勒斯坦 8-9

war 战争

    conflict theory 冲突理论 213,214,215

    discourses of 关于战争的话语 150-151

    media reporting 媒体报道 19,151

    migration and 移民和战争 62,63

Web 2.0 5

Weber, Max 马克斯·韦伯

    on authority 论权威 203-204,205

    on bureaucracy 论科层制 75-78,91, 136

    on capitalism 论资本主义 29,78-80

    on class 论阶级 99

    on conflict 论冲突 213

    on ideal types 论理想类型 29-31

    on modernity 论现代性 12

    on power 论权力 222,223-224

    rationalization thesis 理性化命题 22-24

    on religion 论宗教 95-96

    on status 论地位 122,123

welfare 福利 8,23,76,81,113,134,150, 154,207,208

welfare capitalism 福利资本主义 79

Westernization, conflation of modernization with 将现代化等同于西方化 14

Westphalian system 威斯特伐利亚体系 219

white identity politics 白人身份政治 154

Wi-Fi 6

Wirth, Louis 路易斯·沃思 71,72

women *see* gender 女性 可见 性别

work *see* labour; occupations 工作 可见 劳动;职业

working class 工人阶级 79,89,101-102, 106,121,124,133,152,185,186, 197,207,213

world risk society 世界风险社会 66,67

World Systems Theory 世界体系理论 8-9

Y

young adulthood 成年早期 133-134

youth cultures 青年文化 52,132,133, 134,187,193,194

译 后 记

凭借两位作者的力量,2019年初面世的《社会学基本概念(第二版)》(中译本),连续重印10次,累计印刷4.4万余册,成为本人从事学术翻译近二十年来最为畅销的一本译著。印象中豆瓣评分最高冲到9.5,最终稳定在9.2。第5次重印,销量即将破两万之际,正值2019年末,我给吉登斯教授写了一封邮件,致以新年问候的同时,告知这本书在中国颇受欢迎的情况。吉登斯教授很快回复,说特别高兴看到这个消息,还把我的邮件转发给了Polity Press的同事。

2021年4月,英文第三版更新,北京大学出版社的陈相宜编辑再次联系我,希望我能继续承担新版的翻译工作。经典难题再次摆在眼前:一边是绵薄的稿费报酬和对现行考核评价体系几乎没有任何助益的"负向激励";另一边是繁重的科研、教学和服务负荷,以及已经被各种杂务切割得零星稀碎的日程表。翻译,于我来说,似乎注定成为一条食之逐渐寡淡、弃之难免可惜的"不归路"。

那就继续"用爱发电"。

第三版新在哪里?

接到邀约,第一个反应是:更新和改动的篇幅有多大?需要我承担的工作量有多少?通篇比较、翻译和校对下来,不完全统计,大概是三分之一。主要体现在以下几处:

一、词条增补和删减

1. 新增两个概念词条:数字革命和后殖民主义。均在主题一部分,其中前者被放在全书第一个词条的位置。

2. 删去第二版主题九中的第五个词条恢复性司法(Restorative Justice)。

3. 调整了结构/能动、污名、话语这三个概念的位置。

二、内容完善和更新

第三版较第二版,通篇均有修订及完善,这部分主要是语句表达、引文校对、新文献增补和笔误修正。

大幅修改和更新,主要集中在每个词条的最后一部分"意义与价值"。这个部分,有相当大比例(不完全统计,至少超过三分之二)的词条几乎是完全重写,其余则有不同程度的更新。这使得新版内容更加贴合近几年全球社会剧烈变革后的新语境和新形势,有利于帮助读者更好地在本书所选的基本概念和当下现实之间,建立起某种切合自身感受和生活体验的联系。

新版翻译工作流

新译稿的工作流程大致如下:

1. 转换原文pdf格式为Word文件,用Word的文档比较功能,逐个词条找出第三版相较于第二版的差异。

2. 人工对比剩余部分的两个版本是否一致,以免机器识别出现差错。

3. 重新翻译增减、改动和调整的部分,梳理新译文和旧版文字之间的逻辑关系,看是否自洽,以及上下文和段落之间的衔接是否顺畅。

4. 抛开原文,通读新译稿,遇到不通顺或费解的地方,再次对照原文,调整语法结构和表述方法,确保译文通俗、流畅。

5. 按照上述工作流,我翻译完一个主题,转手交给我的太太孙晓舒女士校读一遍,然后我开始下一个主题的翻译。2022年3月,经过近一年的零星累积和寒暑两个假期的集中工作,第三版中译本初稿完成。

6. 2022年春季学期,我邀请第一批三位读者试读全文,根据她们的反馈和建议,在2022年暑假再逐一校对、润色译稿。这样加起来,新译稿至少反复过了五遍。

7. 因疫情加上其他杂务耽搁,2022年12月初才完成最终稿的自我校对、清洁、整理、汇总后,发给出版社交活。

感谢第一批读者

孙晓舒女士始终是我的译著和其他作品的第一个忠实读者。这次她也放弃休息时间,利用她短暂的假期,帮我打印校对译稿,逐字逐句通读全文。2021年暑假,我们主要在国家图书馆和红楼公共藏书楼度过。我用电脑翻译新的主题,她带着打印出来的前一部分译稿仔细逐句校读。读到我翻译得好的地方,她在一边实时表扬,不吝赞美,给我继续工作的动力;读到佶屈聱牙、晦涩拗口的语句,她大笔批注,用一连串问号和感叹号表达不愉快的阅读体验,督促我反复字斟句酌,打磨译文,重视读者友好。她的校读带有浓厚的批判色彩,读到不满意的地方,或者想到更合适妥当的中文表达,恨不得自己上手取而代之。一年后,她独立启动了一个翻译项目,用大半年业余时间,翻译了戴秉衡(Bingham Dai, 1899—1996,博士毕业于芝加哥大学社会学系,中国首位精神分析治疗师)写于1937年的博士论文《芝加哥毒瘾》(*Opium Addition in Chicago*)。

我还邀请中央财经大学社会与心理学院2021级社会学硕士研究生凌超、刘沁源,和北京邮电大学计算机学院2019级本科生潘畅三位同学,作为第一批试读读者通读整本译稿。我允诺赠送签名版新书,希望她们把阅读过程中遇到的任何问题、疑惑和不懂的地方,逐一记录并标注出来,并反馈她们的阅读感受和修改建议。

凌超同学是我带的研究生,本科是管理学和金融学背景,跨专业且跨校考入中财社会学读研。让她通读新译本初稿,一是帮助她补一补社会学理论的基础知识,二是借助她的社会学初学者视角,为译稿

"捉捉虫"。凌超同学中文和英语功底都很好,看得也非常认真,读到中途,问我要了英文原书,逐一对照中英文反复校读,不仅把译稿梳理得更加通顺,也订正了多处"的地得"使用错误。

刘沁源同学本科是社会学科班出身,专业功底扎实,又有踏实较真的学者气质。她从一开始就要去原文,花了整整一学期,不仅从专业内部人士视角提出了很多建设性意见,还设身处地站在读者,特别是非社会学专业普通读者角度,建议用更多译者注和引申文献等帮助入门读者更好地理解和把握本书。

潘畅同学则更多站在非社会学专业的普通读者立场,从语句通顺及词义表达等方面,给我提出了很多极富启发性的建议和反馈。她自称"门外得不能再门外汉"的阅读感受,其实给了我"跳出庐山"面向更大范围受众群体思考的难得机会。

豆瓣读者和学术公器

学术应该是一种公器,一经印刷出版,就具有某种自主的"社会生命",脱离作者控制,是非曲直留给学界和读者评说。第二版中译本问世后,我以译者身份与豆瓣网友及读者有较多互动和交流。我在该书的豆瓣信息页下面开了一个帖子,取题"X 印勘误征集"(X 是数字,意思是第几次重印),逐一记下读者的反馈和修改建议。我还把第二版的译后记也发到豆瓣上,保持和读者沟通的同时,也征求到了很多宝贵的修改意见。有豆瓣网友比较了日译本和中译本,还通过豆邮发来日译本的若干书影,建议增加对参考文献的翻译,以及添加部分晦涩术语的注疏。还有一些豆友也反馈了细致、精到的意见。

华东政法大学政治学与公共管理学院行政管理专业 2019 级本科生邹福同学发来两封长邮件,对译文提出了一大两小三个具体且深入的建议。我们就大众媒体(Mass Media)词条最后一段的原文理解和中文翻译表述,反复进行了好几轮邮件讨论,交流文字加起来接近 5000 字。我觉得这个讨论非常有意义,很好地体现了"如切如磋、如琢如磨"的美好状态,在征得邹福同学本人同意后,予以实名致谢。

还有 11 篇书评、66 篇读书笔记、76 篇摘录的豆瓣作者,以及 1247 位参与豆瓣读书评分的网友,在此一并作揖感谢。

在历次重印过程中,陈相宜编辑与我保持持续沟通,每次印刷之前都询问我是否有新的修订想法。新版译稿,也是在她的不断督促和持续关注下才得以尽早付梓。两次合作,让我对她的专业素养及尽职精神印象深刻。我们还就如何实现一个作者、译者、出版社和读者合作共赢的美好愿景,做了坦诚深入的交流和探讨。

最后,中译本的所有问题,责任都在我一个人。期盼学界同仁和读者继续批评指正,共同打磨这件学术公器。

王修晓
中央财经大学社会学系
2023 年 8 月 22 日
于北京新寓所